U0827946

《太平记》的核心人物——后醍醐天皇

两次提出倒幕计划，建立建武政权，笃信儒学，以宋朝皇帝为样板重建天皇权威——一位雄才大略却时运不济的君主，拉开了南北朝的序幕。

文观开眼《绢本著色后醍醐天皇御像》（清净光寺藏，重要文化财产）

▲ 后醍醐天皇亲署名讳“尊治”（出自《鹿王院文书·文保二年十二月二十九日后醍醐天皇御消息》）

▼ 元弘之乱后被幕府幽禁的后醍醐（出自《太平记绘卷》，埼玉县立历史与民俗博物馆藏）

▼ 元弘之乱后流落山中的后醍醐（出自《太平记绘卷》，埼玉县立历史与民俗博物馆藏）

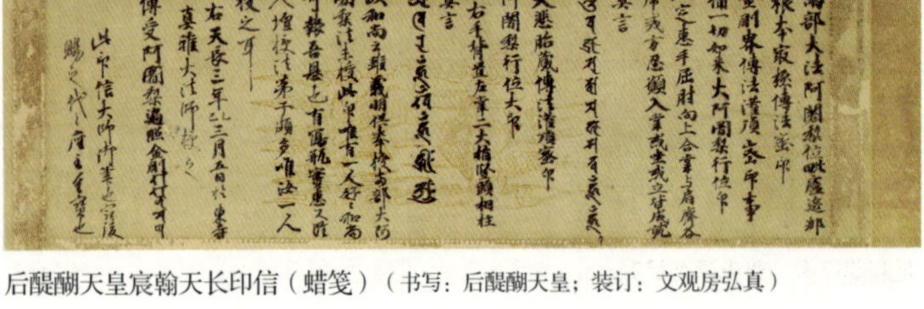

后醍醐天皇宸翰天长印信（蜡笺）（书写：后醍醐天皇；装订：文观房弘真）

室町幕府的建立者

足利氏是源氏嫡系，地位仅次于北条氏，在打倒镰仓幕府的战争中起到关键作用，在武士阶层有极高威信。后醍醐建立建武政权之后，与尊氏的矛盾激化，最终爆发了战争。

足利尊氏像。尊氏原名足利高氏，“尊”字来自于后醍醐天皇讳“尊治”（净土寺藏）

描绘了足利尊氏与楠木正成的战斗，右上方是尊氏 （胜川春亭《和州如意轮堂合战》）

室町幕府二代
将军足利义诠
（神护寺藏）

南朝妙法殿 （金轮王寺，吉野朝皇居遗址）

与京都朝廷并立的吉野朝廷

在足利氏的支持下，皇位由另一支皇室血脉“持明院统”的光明天皇继承，后醍醐天皇携带“三种神器”逃出京都，在吉野宣布恢复自身皇位与年号。

▲ 南朝重臣楠木正成，在《太平记》中被刻画为一位目光长远的兵法家 （东京皇居外苑的楠木正成像）

▼ 后世对“南北朝正闰（正统）”问题的争论，关键在于“三种神器”在谁手中 （图片是想象图，实物未公开）

▲《洛中洛外图屏风》上杉本中描绘的"花之御所"，因其景色秀美而得名，是足利家的府邸以及政权中心，位于京都室町小路，也被称作"室町殿"（京都市生涯学习总合中心藏）

室町幕府的巅峰——三代将军足利义满时期

义满以十岁之龄继承将军职位，缔造足利幕府的全盛时期，被明朝永乐帝册封为“日本国王”。

足利义满像 （鹿苑寺藏）

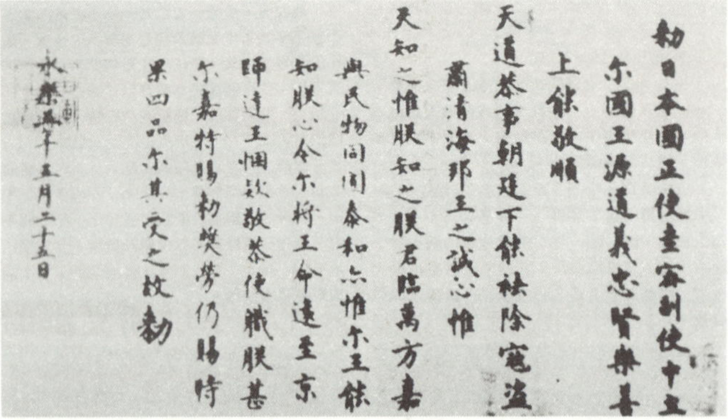

勅日本國王使圭密副使中立
尔國王源道義忠賢樂善
上欽敬順
天道恭事朝廷下欲袪除寇盗
肅清海邦王之誠心惟
天知之惟朕知之朕君臨萬方嘉
與民物同間泰和亦惟尔王欽
知朕心令尔將王命遠至京
師達王悃款敬恭使職朕甚
尔嘉特賜勅奬勞仍賜時
果四品尔其受之故勅
永樂[illegible]年五月二十五日

明永乐帝敕书，上书：“尔国王源道义忠贤乐善。”“源道义”是义满在国书上使用的名字（相国寺藏）

讲谈社
日本的历史
06
HISTORY
OF JAPAN

《太平记》的时代

南北朝时代
室町时代

[日] 新田一郎 —— 著　钟放 —— 译

文匯出版社

新经典文化股份有限公司
www.readinglife.com
出　品

講談社・日本の歴史06

太平記の時代

【编辑委员】

网野善彦
大津　透
鬼头　宏
樱井英治
山本幸司

“横看成岭侧成峰”
——日本人书写的日本历史

2014年，理想国出版十卷本的“讲谈社·中国的历史”中文版，引起中国读者广泛关注：有人敬佩成立已达百年的讲谈社打造学术精品的底蕴与担当，有人惊叹日本史学家对中国历史理解的深度与广度。

阅读过这套丛书的读者，体味到“从周边看中国”的观念刺激与知识冲击，继而衍生出对日本历史的好奇与兴趣。如今，新经典文化推出十卷本的“讲谈社·日本的历史”，既与前述“讲谈社·中国的历史”成双，也契合了中国读者积聚多年的阅读趣味和需要。

放眼国际史学界，“日本历史”是重要的热点之一。从东方视角观之，因独特的地缘及紧密的文化纽带，日本史与周边国家的历史互相交织，自然而然成为各国观照自身的镜鉴；以西方立场视之，从古代神秘的“黄金岛”传说到现代经济腾飞的神话，无不触发西方人的探秘欲望与破译冲动。因此，日本历史研究的热潮，无论在东方还是西方均经久不衰。

以中国为例，从3世纪末的《三国志》到20世纪初的《清史稿》，历代正史专设日本传凡十七篇，时间跨度超过一千五百年，是研究日本历史不可或缺的原始史料群。加之，日本古代多以汉文撰写史书，依托此种得天独厚的史料解读优势，以周一良等主编的“中日文化交流史大系”为标志，中国史学家的研究在中日关系史及中日文化交流史领域别开生面，颇有建树。然而，中国史学家少有人通晓日本古代“和文”系统文献，如古代的宣命体、中世的武士文书、近世的候文等，因其解读难度大，所以迄今尚无一部获得公认的日本史丛书问世。

再举欧洲的例子，在英语读书界最受追捧的无疑是马里乌斯 · B. 詹森（Marius B. Jansen）等人主编的“剑桥日本史”（*The Cambridge History of Japan*）。这套集多国史学精锐撰写的六卷本，在西方史学理论框架下梳理日本历史脉络，无论其宏观视域还是研究方法，尤其是对政治史、社会史的叙述视角，都有颇多可取之处。然而，西方史学家的短板也同样存在。如第四卷至第六卷叙述近现代四百余年历史，而远古至中世数千年历史仅占全套书一半篇幅，薄古厚今的倾向明显；又如第一卷《古代日本》（*Ancient Japan*）拘泥于“成文史”的史观，将叙述重点置于弥生晚期以后，对日本历史黎明期的无土器时代、绳纹时代一笔带过。

总之，中国的日本史研究与欧美的日本史研究，属于“旁观者”书写的日本历史，虽各有建树，但存在不足。那么，作为“当事人”的日本史学家，他们书写的日本历史，又会具有什么特色呢？正如苏轼《题西林壁》中的诗句："横看成岭侧成峰，远近高低各不同。"面对名为"日本历史"的"山"，倘若从中国望去是"峰"，站在西方看到的是"岭"，那么映现在立足于本土的日本史学家眼中的，又是何种"山容"呢？

大凡了解日本图书现状的读者都知道，历史题材受到的关注从未减弱。这方面笔者有亲身体验，但凡关涉圣德太子、鉴真、阿倍仲麻吕、最澄、圆仁等历史人物，每次演讲的听众动辄数百上千，报纸专栏、杂志特辑、系列丛书等的稿约应接不暇。正因为有众多历史爱好者旺盛的需求，日本大型出版社均有底气倾力打造标志性的日本历史丛书。此次新经典文化译介的"讲谈社·日本的历史"，便是代表日本史学界水准的学术精品。

该丛书原版共二十六卷，中文版萃取其中十卷，大致展示弥生时代至明治时期约两千年的日本历史进程。大而观之，第一卷《王权的诞生》叙述弥生时代至古坟时代，第二卷《从大王到天皇》聚焦古坟时代至飞鸟时代，第三卷《律令国家的转变》起自奈良时代、迄于平安时代前期，第四卷《武士的成长与院政》重点置于平安时代后期，第五卷《源赖朝与幕府初创》大抵等同镰仓时代断代史，第六卷《〈太平记〉的时代》跨越南北朝时代与室町时代，第七卷《织丰政权与江户幕府》聚焦战国时代，第八卷《天下泰平》侧重于江户时代前期，第九卷《开国与幕末变革》框定江户时代后期，第十卷《维新的构想与开展》铺叙明治维新时期迈入近代化的进程。

前述中国学者周一良等主编的“中日文化交流史大系”与美国学者詹森等主编的“剑桥日本史”，邀约各领域专家共同执笔，因而能确保历史脉络的连贯性及叙述层面的完整性。与此相较，中文版“讲谈社·日本的历史”各卷均为单人独著，各卷时段难免偶有重叠，每位著者叙述重点不一，但这将最大限度发挥著者“术业有专攻”的优势。日本史学界专业壁垒森严，史学家大多博通不足而深耕有余，浸淫擅长领域，积淀十分深厚，对相关史料掌控无遗，对学界动态紧追不懈，这既是日本史学界的严谨风格，也是这套丛书的一大看点。

这套丛书呈现的是日本人书写日本历史的成果，既不是从中国侧视的“峰”，亦非西方人横看的“岭”，置身此山的日本人，虽然未必能俯瞰延绵起伏的山脉，纵览云雾缭绕的山势，但可以肯定的是，他们作为“当事人”，比任何“旁观者”更能对溪流的叮咚、山谷的微风、草木的枯荣感同身受。比如在第二卷《从大王到天皇》中，“治天下大王”的“治”字读作“治（シラス）”久成定论，著者则将其训读为“治（オサム）”，二者间微乎其微的差异，绝非外国学者所能体味。而著者对此的解读是：前者“强调统治者拥有绝对性的统治权”，后者“强调互酬性……的统治权”，从而定性大王具有“以人身依附关系为纽带的原始性统治权”，区别于具有“以绝对君权和国家机器为后盾的强制性统治权”的天皇。关于大王称号的前缀“天下”，在著者细致入微的考证下，此“天下”与中国语境中蕴含“德治”与“天命”要素的“天下”观迥异，是指在众神群居的“高天原”之下，王权中心的所在地，与排斥“天命”且“万世一系”的天皇观一脉相承。诸如此类，抽丝剥茧地推演日本历史的内在机理，是该丛书的又一大亮点。

相对于其他学科，日本史学界给人的印象较为刻板、固守传统，连臭名昭著的“皇国史观”也尚存一席之地，右翼学者炒作的新历史教科书便属此类。然而，“讲谈社·日本的历史”带给我们的是开放式、客观性、国际化的史学新风。还是以第二卷《从大王到天皇》为例，朝鲜半岛南部曾有一个小国林立的地区，名为加罗，日本史书《日本书纪》称该地为“任那”，大和朝廷在那里设有“日本府”。长期以来，日本史学界偏信《日本书纪》，认为任那是大和朝廷的屯仓，也有朝鲜学者愤而反驳此观点，双方论战火药味甚浓。本卷著者持论公允，指出加罗地区虽然存在倭人势力，但尚未沦为日本的殖民地，而“任那”一词暴露了“日本古代国家的政治立场”，所以史学家不应使用该词。在墨守成规的日本史学界，这些看似微弱的声音，实如惊天霹雷，让我们看到现代日本史学家的良知与果敢，值得我们赞赏。

前面说过日本史学家“博通不足而深耕有余”的特点，穷尽史料、追根问底是其优势，局限性则体现在研究古代史的绝不涉猎中世史、近世史，攻日本史的鲜少涉足中国史、朝鲜史，总体而言多在日本框架下研究日本史。然而，“讲谈社·日本的历史”向读者呈现出些许不落窠臼的气象，从“从世界史和现代角度看王权诞生”（第一卷）、“东亚世界中的倭国”（第二卷）、“国际秩序构想的转变”（第三卷）等章节标题可见，一些著者不再局限于在日本列岛之内观照日本历史，而是从东亚乃至世界的联系中洞察日本历史的脉搏，剖析文明发展的机制。虽然上述气象还比较微弱，但也是这套丛书令人耳目一新之处。

《题西林壁》下联有云：“不识庐山真面目，只缘身在此山中。”置身此山的日本史学家，能够在至近距离凝视日本历史之“山”，可以鼻闻花草之芬芳，耳听虫鸟之啼鸣，眼观云雾之聚散，手触泉水之冷暖——一切都是那么自然、真实、细腻、神奇，深耕之下或许还能发现地下的根须、山中的矿石、溪流的水源，这是日本史学家与生俱来、得天独厚的优势。但正因为置身此山，未必能看清庐山真容。比如日本古代历史以“和汉”两条主脉交织而成，近代以来则形成“和洋”交叠的结构，而这套丛书呈现的基本上是“和”之一脉，甚至对国外同行的研究成果也有所忽略。然瑕不掩瑜，此不赘言。

临近尾声，笔者突然想起禅僧青原惟信的珠玑之语：参禅之初，看山是山；禅有悟时，看山不是山；禅中彻悟，看山仍是山。这说的是参禅的三重境界，化用到本文主题，中国人侧观、西方人横看、日本人仰视的“山”，属于第一境界；领悟到山有岭峰之姿、高低之相、远近之别，大抵迈入第二境界。何谓第三境界呢？或许等我们凝聚众人之眼，阅遍千姿万态，才能彻悟“山”之真容吧！

最后附言几句：大概因为笔者是“讲谈社·中国的历史”日文原版的作者之一，又曾强烈建议早日推出“讲谈社·日本的历史”中文版，这两套精品丛书的策划人杨晓燕女士嘱我写一篇序言。自忖国内日本史专家人才济济，还轮不到笔者这般资历尚浅、学养未丰之辈担纲作序。但念及“讲谈社·日本的历史”足可填补国内日本史学界的一块空白，身为行内一员有责任和义务为之推介，故不揣浅薄，勉草一文塞责。是为序。

浙江大学日本文化研究所

王勇

辛丑槐月吉日

写于武林桃花源

目 录

序章

作为历史的《太平记》

《太平记》的成书

良史不采传说与臆测，而是依据文书和日记等同时代的优质史料，以事实为基础，构建符合逻辑的历史。然而，这只是理想状态，实则难以实现。因为依据史料推断和复原出来的历史只是“点”而已，若想重构“线”与“面”的历史，还原某一时代的历史图像，还必须填补“点”与“点”之间的空白。这并非“说谎”，各类历史叙述的背景中都包含着无法从史料直接推导出来的“物语”。物语作为历史的大背景，赋予孤立的历史事实以不同的意义并使其相互关联。物语的差异即“历史认识的差异”，往往造成政治问题。以物语为媒介，对照现在与过去——历史就诞生于这种行为，而并非存在于某处，等着被人发现。对我们来说，有必要意识到历史背后的物语，并不断向其提问。

占据了 14 世纪大部分时期的是“南北朝时代”，而我们对这段历史的认识绕不开《太平记》。现存通行本的《太平记》从后醍醐天皇的治世（文保二年［1318］践祚）写起，到足利义满接管政务、细川赖之就任管领的贞治六年（正平二十二年，1367）为止，描写了约半个世纪的历史。现行的四十卷（但是第二十二卷在 16 世纪已散佚，通行本的该卷是根据前后卷的内容补写的）鸿篇巨制生动再现了那个动乱时代的众多形象。通过以水户藩《大日本史》为代表的近世修史事业，以及以这些史书为蓝本的近代历史叙述,《太平记》为我们提供了认识这个时代的基本框架,也规定了我们面对过去的方式。

例如,关于镰仓幕府的灭亡,我们经常能看见这样的说明:末期的镰仓幕府政治衰败,引发了社会不安,各阶层对镰仓幕府统治的不满化为倒幕运动,直至建立起以后醍醐天皇为核心的建武政权。实际上,集结在后醍醐天皇身边的倒幕各集团利益诉求种类杂多,仅在"反幕府"一点上一致,而战前[1]的"皇国史观"却将其功利主义的一面包装成"尊皇"思想,认为镰仓幕府从衰退走向灭亡是必然的历史潮流,而且这种观点基本上没有变过。这与《太平记》的看法一脉相承,是将"太平"的到来作为物语结尾,从现在回顾过去。《太平记》承载着诸多现代历史的认知——南北朝对立的基本构图,室町幕府在北朝的成立,"下克上"所表现出的旧有秩序的崩溃,等等。

原本就个别事件来看,《太平记》的叙述与更为优质的史料阐述的史实相比有所出入。近代日本的历史学是从推敲和批判《大日本史》开始的,而《大日本史》最主要的依据就是《太平记》。其中,重野安绎断定《太平记》描写的南朝忠臣儿岛高德是杜撰的人物,并因此得名"抹杀博士";另外,久米邦武逐一指出了《太平记》中的虚构之处,并道破"《太平记》

1 战前,指二战前。

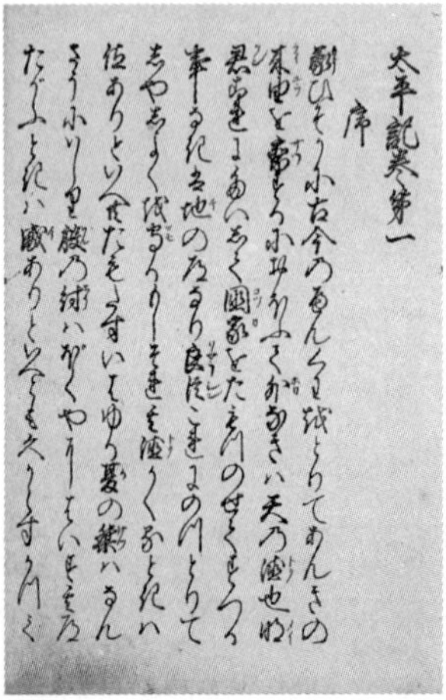

《太平记》第一卷序 “蒙窃采古今之变化，察安危之来由，覆而无外天之德也。”庆长十四年（1609）版（日本国立公文书馆藏）

无益于史学”。然而，《太平记》原本就不是从超然的立场来记录的、不带任何主观色彩的事实，而是叙述者根据发生在不久之前的事来讲述的、与其生活的“现在”有关的物语。毫无疑问，在物语成型的过程中，细节时常遭到扭曲，作品中加入了润色和虚构。

尽管如此，却很难认为其中存在某个叙述者一以贯之的意志。《太平记》本不是个人作品，也不能被归结为某个特定集团的构思。其初版自问世以来便不断遭到加工，根据不同加工者的“现在”，吸收了多种不同的意图，经过很长的时间才形成现在的样子。

《太平记》的初版成书较早，这可以从长期出仕于足利氏的九州探题今川贞世（了俊）的《难太平记》（应永九年［1402］成书）中得知。据记载，法胜寺的惠镇上人携三十多卷《太平记》进献给足利直义，而直义让玄惠法印审读书稿，发现了很多错误，于是下令修订。因为直义在贞和五年（正平四年，1349）失势，所以这则逸闻应是发生在那之前，也就是说，《太平记》在14世纪上半叶就已成型，后来又经过修订。有学者推测，初版的写作意图可能是为在延元四年（历应二年，1339）去世的后醍醐天皇镇魂。关于后来的修订工作，《难太平记》说："（《太平记》的修订）中断了，至近代又不断续写。"中断可能是由于直义失势，以及玄惠（观应元年 / 正平五年［1350］去世）、惠镇（延文元年 / 正平十一年［1356］去世）相继死去。一度中断、脱离直义掌控的《太平记》修订工作直到今川贞世所说的"近代"才重新启动。现在的《太平记》写到了直义死后的事情，便是此事最好的证明。

很难判断究竟是谁主导了重启的《太平记》修订工作。可以猜想足利义满和细川赖之曾参与其中，也有学者猜测第二十二卷的缺失可能就与政治压力有关（兵藤裕己《解读〈太平记〉的可能性》）。就算不谈室町幕府是否曾直接参与，在修订过程中，初版的构思遭到了多少改动，修订者的意图又在多大程度上得以体现，这也不好判断。《难太平记》中说，"因为不断有人希望增加内容，结果不知道记载了多少人的功绩"，"这项记载十有八九是虚构吧？虽然大体不错，但人物功绩有很多是假的"。诚如《难太平记》所说，很多人要求将自己的"大名"写入书中，吸收了这些人的意图，《太平记》就变得更加错综复杂了。

《难太平记》指出了《太平记》的错误，并说："想必有很多作者既未寻访，我们也未指出的事，结果疏于记录。"可以推断书中确有遗漏之处，但反过来，这段叙述也让我们能够推

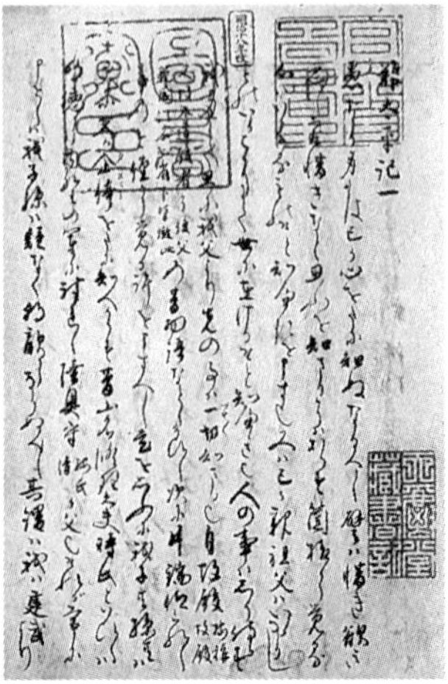

新井白石《难太平记》抄本的开头 （宫内厅书陵部藏）

测，在进行修订时，作者有可能直接访问了相关人员并搜集材料。而关于实际参与这种修订的“作者”，有“近江国人”之说和受比叡山庇护的“物语僧”之说，总之，可以推测很多人参与了修订。《洞院公定日记》应安七年（文中三年，1374）五月三日条记载：“传闻去廿八九日之间，小岛法师圆寂云云。是近日玩天下《太平记》作者也。”长期被视作《太平记》的作者而真实身份不详的“小岛法师”，只不过是参与修订、使物语成型的众多作者中的一人而已。

另外，《难太平记》本是今川贞世根据他从父亲今川范国那里听来的今川氏历史以及从参与了应永之乱（参见第六章第一节）的自身立场来叙述的作品。书名最初并非如此，只因其中有一部分是对《太平记》的补订才被后世这样称呼。例如，《难太平记》批评《太平记》“作者是与宫方（南朝）亲近之人，对很多不熟悉的事情也乱写”，是从足利方立场出发来批判支持宫方的《太平记》。但实际上，这是在责难《太平记》作者对足利方的战果和功勋记载不详尽，信息过于偏向宫方，对足利方的事情并不熟悉，推测过多。《难太平记》指出，虽然经历了“近代”的修订,《太平记》中还是有很多这样的不足之处，对由于作者调查不彻底而没能提供详尽信息而表示遗憾，并说“希望有所补充”，期待对此书做进一步的修订，但并未否定《太平记》的总体构想。

经历了这样的过程,《太平记》的现存文本（缺少第二十二卷的原型）是何时形成的，还没有定论。有人推测最终“定稿”是在应永年间（1394—1428）。生于乱世之人那些鲜活的记忆，被雕琢成更多人所共享的物语。而这样编织出来的物语，就成为人们认识时代的样板，流传开来。

描述世界的物语

这不仅仅是后代回顾过去时的历史认识的问题。人们对现代世界的认识也与这类物语密切相关，往往具有政治意味。这一点首先表现在，人们特别关心《太平记》对自己族人和相关人士的描写。《难太平记》担心那些虽有战功但“未被《太平记》记录姓名”的人物，并说“他们的子孙很可怜”，还说：“若写得不好，此人的子孙会很丢脸。”后来在永正十四年（1517），前权大纳言中御门宣胤从三富宗观处借阅了《太平记》的抄本，发现其中记录了自己的五世祖中御门宣明照顾后醍醐皇子之事（第四卷），当即大喜，说这是“我们家的名誉”，还做了摘抄；发现书中并未记载他家流传的足利义诠上洛时曾下榻于宣明府邸的逸事，又很不甘心地说“太遗憾了”，为《太平记》对其祖先的描写而忧喜参半。不论对武家还是公家来说，《太平记》中的描述都不仅仅是一种怀古趣味，而且与各自家族的“名誉”有关，具有相当现实的意义。

中御门宣胤还根据《太平记》判断他持有的《屏风和歌并御游等绘》是贞治年间（1362—1368）的“古董”，大喜过望。且不论宣胤对屏风画年代的判断是否准确，他把《太平记》作为判断的标准，是值得注意的。

江户时代，水户藩为编纂《大日本史》收集、校对了多个版本的《太平记》，收录于《参考太平记》，其中“今川家本”的跋文中，可见称《太平记》“实我朝之《史记》也”的评语。这条评价，说中了《太平记》的特征：它是一个讲述家族来历的共同舞台，是人们讲述自身存在的地方，也就是说，它是一部众人共享的“历史”。《太平记》的叙述形成了某种“公共空间”，为人们提供了世界的框架。正因为人们拥有共同的物语，世界才得以安定。因为被当作人们行动的前提，物语规定了对现实的解释和评价。借用兵藤裕己的话说，“物语创造了现实”（《解读〈太平记〉的可能性》）。

《太平记》的故事背景常被批评为过分强调“君德”与“忠孝”等大义名分，从其对历史进程的解释中可以看出儒家的“名分论”，但并非一贯如此。例如，第一卷的“德治论”

把镰仓幕府的灭亡归结为最后一任得宗[1]北条高时的恶政，就与儒家思想有关。类似论调在整部《太平记》中时有出现。但这个主题并未贯彻始终。实际上，《太平记》虽然渲染了楠木正成、楠木正行父子等为大义名分殉节者的悲壮，但他们的行动在现实面前经常是无力的。可以说，佛教的"因果报应论""无常论"和"末法论"等曾经出现在日本思想史上的各种思想之碎片都可见诸《太平记》的字里行间。但是，其中任何一种都不足以从根源上统领《太平记》的物语世界。总而言之，《太平记》并非形成于某种一贯的原理原则之上。借用丸山真男等学者的说法，这本书是在接受了"既成事实"（なる）与"大势所趋"（なりゆく）之后，不断与现实妥协而形成的。正因如此，人人都能从《太平记》具体的故事中发现自己的来历，将各自的"现在"寄托于这种具体的连续性，并从中发现重要意义。

那么，这样的"物语"又创造了怎样的"现实"呢？实际上，这部名为《太平记》的书，不仅仅是对南北朝历史进程的简单叙述。诚然，故事的主线是从后醍醐天皇践祚至足利义满继承将军、细川赖之就任管领之间五十年左右的历史。但是，在叙述过程中，经常有各种言论插入，有时甚至会牺牲故事全体的流畅性。例如，从《史记》和《汉书》等中国史籍中采录

1 得宗，北条氏嫡系的家督。

的逸闻、各种佛教说话、关于《日本书纪·神代卷》的各种中世异说（日本当代学者称之为“中世日本纪”），等等，这些复杂繁多的物语群以在主线剧情中登场的语言和构思为线索，插在全书各处。例如，第十六卷讲述了南北朝分立初期，足利尊氏与后醍醐天皇决裂、转而尊奉持明院统的光严上皇的经过。在这一节之后，马上以这件“立定皇统”之事为线索，插入了“日本朝敌事”，回溯“日本开辟之始”，讲述“朝敌灭亡”的故事和“中世日本纪”中极具代表性的“第六天魔王”（日本原是魔王的领地，天照大神隐瞒本意与魔王订约，建立国家）的传说。《太平记》中遍布此类插话，宛如对主线的批注，引出各种值得参考的信息。

通读《太平记》，大概看不到一贯的统一性。不如说，这部作品缺乏物语的统一性，需要极大努力才能通读。然而，重要的并非评价《太平记》作为一部作品的完成度。《太平记》之所以不是一部一以贯之的“作品”，是因为这个故事不断与“现在”发生关联，被重新讲述，逐渐演变。再加上前文提到的那种穿插信息的手法，故事的结构就变得更加错综复杂。结果，就像有学者形容它是“最全面的教科书”和“百科全书式”的作品（大隅和雄《中世——在历史和文学之间》），《太平记》成了一部方便的指南书——“只要读了它，就能掌握一套世间的常识”，在中世后期和近世得到广泛阅读。数百年来，《太平记》不以文字为媒介，而是由被称为“太平记讲师”的说书人在人群中传播。借由反复的讲述，《太平记》中收录的故事最终成了“谁都知道的故事”，甚至可以说作为对世界结构的思考，被反映在政治思想上（若尾政希《〈解读太平记〉的时代》）。

中世后期陆续成书的许多“军记物语”也反映出《太平记》的影响。例如，讲述室町时代关东争乱的《镰仓大草纸》（作者不详，室町时代后期成书）也被称作“《太平后记》”就是因为它的构想源自讲述《太平记》未收录的逸闻。还有，以应仁之乱为题材的《应仁记》（作者不详，文明年间［1469—1487］成书？）也多处运用了《太平记》中的插话和描写技法，有时甚至会原封不动地借用《太平记》中的文章。总之，这些作品都是以《太平记》中世人皆知的常识为前提来构思并形成的。

类似的现象也体现在近世文艺作品的改写技法中。例如，《太平记》第二十一卷中有一则逸闻说高师直因觊觎盐冶高贞之妻而谗言陷害高贞。人形净琉璃《假名手本忠臣藏》（二世竹田出云、并木千柳、三好松洛合著，宽延元年［1748］初演，后被收录进歌舞伎剧目）取材自“赤穗事件”，剧情方面则以这个故事为蓝本，只不过将浅野内匠头换成盐冶高贞，将吉良上野介换成了高师直。[1] 借用因《太平记》而为人所熟知

1 浅野内匠头即浅野长矩，江户时代赤穗藩的藩主。吉良上野介即吉良义央，在 1701 年的赤穗事件中被浅野长矩砍伤，后遭其家臣报复而殒命。赤穗事件即“忠臣藏”故事的原型。盐冶高贞、高师直均为南北朝时代武将。人形净琉璃，日本传统表演艺术，是一种傀儡戏。

的恶人形象——高师直，这部戏剧就在不公开浅野和吉良真名的前提下，既让观众领会，又提升了表演效果。

这样，小到一个个具体事件和人物形象，大到“日本开辟”以来的宏观历史，《太平记》的物语世界作为人们不可或缺的“常识”被固定下来，对人们的思考方式和社会构成产生了决定性影响。一般常识是由对世界的认知构成的，而这种认知的框架则来自物语。尽管物语不具备一以贯之的主题和系统性，而只是表现为一个个具体的故事，但这种现象本身便具有重要意义，因为人们接受了这些故事，将其当作常识并彼此分享，而这关系到他们对世界的认知。

但是，《太平记》又是因何而生呢？作为普遍世界观线索的物语，为何会诞生在这个时代？吸收了各种故事而形成的《太平记》，又怎样改变了日本社会？

本书各章追寻《太平记》诞生时代的历史，探讨14世纪日本社会的巨大结构性变化，最后再回到这里，尝试思考《太平记》这种“物语”在这个时期形成且为人们所共有的意义。或许，这也将有助于我们回顾支撑着现代社会的物语及其本质。

第一章

动乱前夜

第一节 | “蒙古袭来”的遗产

公武均衡

镰仓时代幕府与朝廷间的关系错综复杂且富于变化，不能简单理解为幕府“支配”朝廷。

例如，在镰仓后期，每当皇位继承问题出现争议的时候，朝廷都会向幕府征求意见。这种意见具有决定性的分量。在某些场合，幕府的意见以“天意”的形式表现出来，公家内部往往借“天意”否定政治对手的“合法性”。特别是在皇统分裂导致皇位继承之争激化的镰仓末期，为了让有利于自己阵营的“天意”出现，朝廷曾频繁地对幕府做工作。正中二年（1325）正月，皇太子邦良亲王希望早登大位，而后醍醐天皇则极力阻止，双方明争暗斗，都不断向幕府派遣使者，请求支持。花园上皇在日记中写道：“近年两方使者同时驰向，世号竞马。”打算在邦良亲王之后继承皇位的量仁亲王（花园上皇的侄子）也以自嘲的口吻说自己的命运被卷入了这场“竞马”。皇嗣之争使京都的政治空气紧张而诡谲，“东使”（关东的使者）带来的消息，常常令相关人士忧喜参半。

但若就此得出结论，认为皇位的继承必须经过幕府同意或者说皇位继承的决定权在幕府手中，却是不正确的。左右公家社会的“天意”虽然来自幕府，但并不意味着幕府像“天”一样居于众人之上。幕府的意向作为令“天意”显现的手段被导入当事人之间，起到牵连所有当事人的作用。在争夺皇位的持明院统和大觉寺统之间，以及两大皇统内部都是矛盾重重。有时因为没有可以协调各类主张的准则，在关系内部无法形成均衡，于是便从外部导入变量，以形成双方都可以接受的条件，这样问题就解决了。

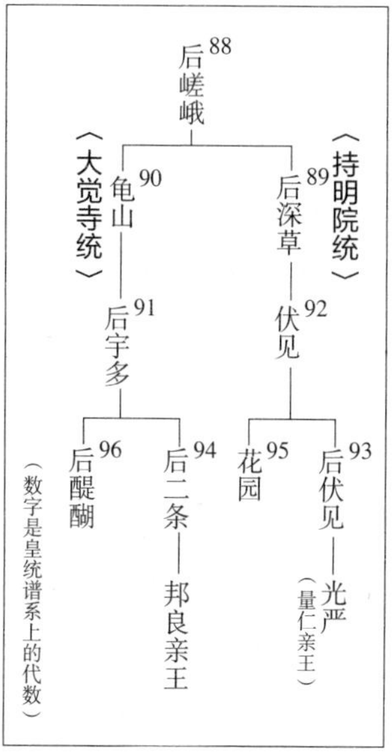

镰仓末期的天皇谱系路图

但这并不意味着幕府在积极干预皇位继承。承久之乱（承久三年，1221）后，幕府废掉了仲恭天皇，倒幕派的主谋后鸟羽与顺德两位上皇遭到流放。后鸟羽的哥哥行助法亲王执掌院政，即后高仓院[1]，其子茂仁王被立为天皇，即后堀河天皇。无疑，幕府的主导思想是排除后鸟羽上皇系的继承人。此后，幕府对皇位继承并没有积极介入，对于来自公家的咨询或其他举动，宣称要依靠“圣断”即天皇或上皇的判断，最终还是由公家社会自行决定的。

1 院，指日本的太上天皇（上皇、法皇）及其院号，原本是指上皇或法皇（上皇出家后即称法皇）的御所，后引申为御所之主。

对公家社会的成员来说，关东带来的“天意”是可以利用的资源。例如，仁治三年（1242），四条天皇没有立皇太子就去世了，邦仁王（后嵯峨天皇）的即位就是幕府假托“鹤冈八幡宫神签”做了推荐后才确定的。本来，忠成王因受公家的实力派九条道家支持而被视作后继者，但他是承久之乱中被流放的顺德天皇的皇子；另一方面，邦仁王是与承久之乱没有直接关系的土御门上皇的皇子，于是外戚土御门家做了各种工作，并获得成效。如果称之为“权力”，那也是公家社会催生并依赖于幕府的这种权力。

从维持所谓的庄园公领体制就可以看出，正因为幕府存在于其外部，公家社会才能灵活行动。幕府在全国的庄园和公领设置地头[1]，这些人经常因为在庄园推行“新法”而被斥为“非法”，他们还试图实行苛政，结果不断引起摩擦。然而，地头也是庄园公领体制的一部分，与其利益分配有关。话说回来，幕府的首长“镰仓殿”本身就是一大庄园领主，在维持庄园公领体制的问题上与公家社会一致。由此，公家社会希望幕府能够统领、驯服武士阶层，使之成为庄园和体制的守卫。朝廷与幕府出于各自的立场，希望“无为”地度过每一日，并为此而在各自领域发挥着作用，以此为前提，双方互不侵犯，这种平衡正是镰仓时代社会成立的基本条件。

1 地头，镰仓幕府、室町幕府所设统治、管理庄园和公领的职位。

战时状态的建立

而改变这种社会构造的契机是来自大陆的外部压力。

蒙古兴起于中国北方的草原，吞并了中国本土的平原地区，横扫东起朝鲜半岛、西至黑海沿岸的大半个欧亚大陆，建立起巨大的统治区域。蒙古大汗忽必烈（后采用中国式的国号“元”，初代皇帝元世祖）隔海向日本列岛发出了敦促臣服的国书，由高丽使者交给镇西奉行（大宰少贰）武藤资能，再由资能递送给幕府，而幕府没有处理此类事务的经验，只能依据先例由“关东申次”（负责与幕府联络和交涉的公卿）西园寺实氏呈奏朝廷。

当时，日本并无应对外事并做出政治判断的专门机构。即便如此，幕府至少意识到朝廷继承了从隋唐至宋的交涉先例，于是将蒙古的国书转给了朝廷。但中世朝廷的官僚机构只能处理每日例行公事，缺乏应对预想之外事态的行动模式，面对久已断绝的外交，还是绝对称不上友好的要求，究竟该如何决策，谁也没有信心。最终，朝廷遵照幕府的意见不予回复，数次让使节空手而归。而蒙古将之视作事实上的拒绝，在文永十一年（1274）十月率大军来到了北九州（文永之役）。

文永之役的时候，幕府动员住在九州的御家人参加“异国警固番役”，同时，动员居住在东国但有领地在九州的御家人，要么派代官、要么亲自前往九州，在各国守护的指挥下准备防御，但这仍不足以对抗强大的蒙古军队。

这时，人们认识到需要一种与过去不同的、新的动员方式，于是要求御家人以外的“堪武勇之辈”也加入守护麾下，承担军役。在朝廷支持下，幕府获得了动员所有人——无论他是否和“镰仓殿”有主从关系——的可能性。幕府因为蒙古袭来的“天下大难”而获得了大义名分，宣布将惩罚不服从命令的人，另外，还向朝廷要求了在九州和山阴地区征收“本所领家一圆领[1]”的收益以及富人贮藏米为军粮的权限。不过，即便做了以上准备，也不能说就足以应对弘安四年（1281）的蒙古军再次进攻（弘安之役）。这次进攻的规模远超文永之役。众所周知，是由于气候等外因，日本才勉强免于被征服。

虽然如此，“针对外敌入侵的国土防御”这种观念仍在很大程度上改变了日本人的意识。不仅对那些身处战场的北九州人、远赴西海“抵御外侮”的御家人及其随从来说如此，就连远离战场的人们也无法置身事外。西日本各地的领地都要承担“异国警固番役”并提供军粮，包括东国在内日本各地的诸国寺社也受命祈祷敌国投降。就这样，这场战争以应对“天下大难”为共同目标，将众人或直接或间接地卷入其中，并使他们

1 本所、领家都是庄园制下的庄园所有者、领主。平安时代中期以后，庄园的开发者（开发领主）为了保护自己对庄园的支配、管理权，避免庄园被国衙没收，会将庄园进献给势力较大的贵族或寺社。接受进献的一方就称领家，其中地位最高、拥有实际统治权的则称本所。一圆领，也叫一圆知行地或一圆领地，是为单个领主所有的一片土地（庄园），不受国衙或其他领主干涉。

模模糊糊地意识到在需要守卫的“日本”和其外部之间有一道不算明确的分界线，防卫民众之归属——“日本”的职责则被界定为一种公共义务。于是，蒙古袭来扩大了武家权能的涉及范围，迫使公家和武家的关系、武家与民众的关系重组。

战时状态的延续

文永、弘安之役后，日本社会并未恢复平静。谁都说不准蒙古人何时会发动第三次进攻。事实上，也有学者认为确实存在第三次进攻的小规模尝试（海津一朗《神风与恶党的世纪》），或许不是有组织的征讨，而只是小规模的掠夺。重要的是，蒙古袭来后，日本社会始终很担心“下一次”。在这种状况下，战时状态没有迎来明确的终点，而是一点点地向和平时期延续。

弘安四年（1281）闰七月初，接到蒙古军队再度入侵的战报后，实务官员之间流传着这样的消息：为了防备外敌，就连寺社本所一圆领的庄官都必须依武家之命奔赴战场，这是朝廷在幕府授意之下下达的命令。然后，同月下旬又传来蒙古军队撤退的消息，便有人说这种防御措施已经没有意义，尽管如此，据记载，幕府还是实际下达了上述命令（《壬生官务家日记抄》）。而且，包括非御家人在内的九州常驻武士仍要继续承担多项义务，如筑造、修缮为防御蒙古袭来而设置在北九州沿岸地带的石墙（即“元寇防垒”），以及负责沿岸的警卫工作。为了应对不可知的下一次“蒙古袭来”，在战争时期临时扩大的武家权能就这样被延续为常态。另一方面，御家人和非御家人之间的制度性差别也逐渐变得模糊。

由于这种环境条件的变化，日本社会中被众人当作“理所当然之事”不断实践且相互期待的行为模式，也即所谓言行举止的规范，便逐渐被重组为与过去不同的形式。在这里，不仅需要摸索军事指挥权的新规范，为防御外敌而从东国移居到九州领地的所谓西迁御家人就是典型。他们迁往西国领地，在新环境中面对新的邻人，构筑起新的关系。这些御家人将出生地东国的习惯带到西国，与本地的习惯产生了摩擦。例如，东国御家人惯于驱使隶属性很强的农民经营其领地，而西国居民的独立性很强，反对他们带来的新做法，双方经常因此发生纠纷（网野善彦《中世再考——列岛的地域与社会》）。

本来，这类问题在镰仓前期创设地头职时就存在。也有人认为制定《御成败式目》[1]就是为了解决这类问题（古泽直人《镰仓幕府的法与裁判》）。然而，发生在这一时期的大规模社会融合使上述问题更加普遍。结果，为了在战争状态下更迅速高效地处理来自不同地域、拥有不同习惯的当事人之间的纠

1《御成败式目》，也叫《贞永式目》，是镰仓幕府在贞永元年（1232）制定的武家法。

纷，幕府就被频繁要求介入。这种事一多，幕府的职能便更加深入人心，逐渐将社会关系的规范推广至各地。

话说回来，蒙古袭来时，众神也参加了对异国的战争。“诸国神灵举行作战会议，让天野大明神打头阵奔赴战场”“香椎之神在战斗中负伤”，这类传说广泛流传，煽动了人们的危机感和对神灵的敬仰之情，并促使他们为鼓励众神奋勇作战而祈祷（海津一朗《神风与恶党的世纪》）。其中无疑也有神官意图趁机获得恩赏和信众并有意操控消息。但是，另一方面，动员众神参战，也就意味着这场战争变成了信仰众神之人的战争，通过这种方式，众人之间出现了一条以公共性为媒介的通道。不同的敬神观念在朝廷和幕府的主导下融合，成为政治整合的“关键词”，给中世之人留下了难以磨灭的印象。所谓神国思想，是在后来才形成了明确的形式，即“日本是受众神加护的神国，由天照大神的子孙——天皇统治”。但是，动员众神进行政治整合，这种行为的源头之一无疑就在这里。

在这种新环境下，人们摸索着新的均衡，形成了新的规范和新的职责分配形式。通过幕府与朝廷的协作，政治整合力与凝聚力增强，“权力”发挥作用的方式也发生了变化。这成了即将到来的“南北朝动乱”的前提。

第二节 | “德政”的归宿

德政——社会结构的重组

弘安之役后，朝廷进行了被称作“弘安德政”的政治改革，幕府也采取了相应形式的改革。所谓“德政”，并非像室町幕府的“德政令”那样，指制定废除债务的措施，而是指这个词的本义——“有德的政治”，关键在于重建社会秩序，纠正社会的存在方式。

弘安德政的内容繁多，其中最重要的变化发生在领地纷争的裁决机制上。

说得通俗一些，在中世，特别是中世前期的社会中，对“领地所有权”而言，最重要的是它是“在与谁的关系之上成立的”。某块领地是谁转让的、从谁手中购买的或者谁委托管理的，领地所有权的根据与由来只在相关当事人之间有效，而对外人来说其有效性完全取决于当事人的社会势力。因此，所谓“权门”这种强大势力所提供的根据就格外重要。典型的例子是，所谓的“职”，指与经营权门领地相关的职务及其附带收益，而只要担任这种“职”，就可以在权门的庇护之下保全领地。这样，就形成了授予“职”的本所与担任“职”的“代管人”之间的关系。领主将自己的土地暂时进献给权门，再从权门手中获得“职”——这种做法也广为流行。围绕这种关系发生的争执，实际上是代管人要求作为本所的权门对“本所－代管人”的关系进行确认并提供庇护。当代学者称之为本所裁判。本所裁判独立存在于“本所－代管人”的关系之中，照惯例，不受公家和武家政权干涉。

让本所裁判发挥“正确的”作用，在两者之间重建肉眼可见的关系，这正是镰仓后期德政的特征之一。弘安之役六年后，也即弘安十年（1287），正月，在龟山院政之下，朝廷要求统治众多领地的各个权门“究理非之渊奥，行成败之道理”。据此，从前只在个别社会关系中作为惯例实行的本所裁判就成了朝廷公认的规则。德政不是指分别处理在社会各处相继发生的纠纷，也不是指委托给地方法律，而是让各本所明示应遵守的秩序及其标准，以便从地方社会的外部普及规范。

因此，公家德政的目的是让作为本所的权门切实发挥其职能。结果，因为受到执政的治天[1]（亲政的天皇或者行院政的上皇）的制约，权门职能的自律性被削弱了。这样，对从前一直由本所管理的“众人家领”的内部事务，治天要求“不论是非，一概裁决”（断然介入纷争），而本所则谴责这种行为是“不妥当之事”（《花园天皇宸记》），两者发生了权能上的冲突。

另一方面，在治天的统治下，德政无疑从更广阔的语境中

1 治天，“治天之君”的略称。

赋予了权门合理性。而这又催生出政治权力的新作用，并不断向地域社会渗透。这里所说的“政治权力的新作用”并不是某种需要依赖于主人与仆人、本所与代管人之类个别社会关系的作用，而是对任何人都有效的作用。换句话说，就是公共权力的作用为社会提供了新秩序的模型（新田一郎《日本中世的社会与法》）。

与公家相呼应，镰仓幕府在北条贞时担任执权时也开展了名为“德政”的改革。永仁五年（1297）发布的“永仁德政令”虽然常被当作债务废除法的前身，但其要旨实际上在于“只要得到幕府承认，御家人就对其知行[1]领地拥有正当权利”。这项法令虽然暂时只限于御家人的领地，但镰仓幕府的意图在于让“知行领地”成为一种正当权利，在幕府的统治下得到普遍认可。

于是，全国统一的秩序逐渐形成，人们与政治权力关联的方式也发生了变化。这当然不是朝廷或幕府能够单独完成的改革。在这里，朝廷与幕府尝试通过紧密协作推行结构性改革，重组公武关系，结果诞生了主宰新秩序、维系众人的新存在，也即所谓“公方”。朝廷和幕府都被重新定义为能够承担公方职能的主体。

---

1 知行，原意是指执行事务、行使职能；平安时代，其含义延伸为获得知行国并执行国务；中世时指直接支配土地、财产，行使其用益权；近世时又指将军或大名将土地支配权作为俸禄授予家臣，亦指这种土地。

作为反作用的“恶党”

从外部规范地方社会，构筑全国统一、均等的秩序，人们的日常生活因这种尝试而改变。但不了解地方情况，强行从外部介入的行为起到了反作用，时而引起激烈的反抗。有些人试图维护自己的既得利益、扩大现有利益，于是抵抗外部干涉，被当时的政权称作“恶党”。但所谓“恶党”的上述行动并非从这个时期才开始，而是原本就存在于各自的地域社会和当地事务中。正因为朝廷和幕府试图规范并合理化本所统治，这些人才会在相关政策的对照之下被评价为“恶党”。恶党的实质是时代变化中地方社会对新秩序的反抗。

实际上，被判定为恶党的人有不少曾是经营庄园的庄官。本所想要将地方实践所积累的习惯做法替换为公方的“正确”模式，但仍有人试图用惯例来维护自己的既得利益。例如，德治二年（1307），关于京都红梅殿旧址（菅原道真旧宅），北野宫寺提出“虽然并无先例，但因为现在是敬神的时代，所以应该下令进行神事”，打着当时公方的政治口号“敬神”，将该地置于北野宫寺治下，并将本应由北野宫寺承担的税役转嫁给当地居民，还得到了当时的治天后宇多上皇的院宣许可。于是，抵抗的居民被定性为“朝敌”“恶党”，六波罗探题[1]

1 六波罗探题，镰仓幕府的职务名，设置在六波罗，南北各有一名，负责警卫京都、监视朝廷，一般从北条一族中选任。

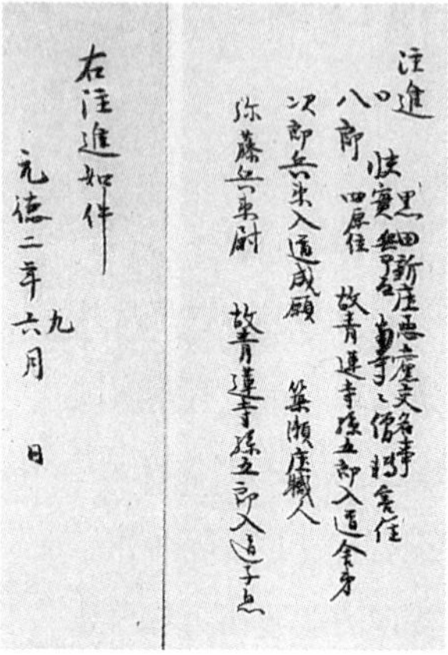

“东大寺文书”中的“恶党名单” 这份“名单”列出了镰仓末期元德二年（1330）在东大寺领地伊贺国黑田新庄反抗该寺统治的“恶党”。其首领快实曾在该庄园担任“预所[1]”，后以未缴纳大米为由被解职（东大寺藏，东京大学史料编纂所藏影写本）

通过动员武士、行使武力，断然修改了当地规则（海津一朗《中世的变革与德政》）。

学界向来十分关注在将抵抗者判定为恶党、进行打压的过程中，“敬神”的观念到底发挥了怎样的作用。打着所谓“敬神”的旗号，让人很难从正面对抗，实现这个口号的政策被正当化，众人都被卷入“敬神”的话语体系中，整合在掌握话语权的公方之下。其代表就是神领兴行法。该法规定：“过去曾以某种形式与神关联的领地，不论现在情况如何，都应归还给神。”这既是为了犒赏击退蒙古大军的众神，也是为了以公方的标准来规范领地知行、大规模重组社会秩序。抵抗者被视作与“敬神”敌对的恶党，受到严厉处罚，该法则被强制执行。神领兴行法是由公武共同构想、武家负责执行、公方主宰的物语，正是它催生出了反抗物语的恶党。

1 预所，在庄内代替领主对庄地、庄官、年贡等进行管理的职务。

重要的是，这些恶党的行动并不一定是“反幕府”的。将他们的立场视作“反幕府”，反映了这样一种看法：因为镰仓时代的国家权力掌握在镰仓幕府手中（朝廷被排除在外），所以镰仓幕府的倒台是恶党反权力斗争的必然结果。实际上，不如说恶党行动的特征是“反本所”。公方规范诸本所并与之协作，庄园公领体制的性质改变，其反作用就是恶党。因为实际应对恶党行动的是统领全国武力的幕府，所以形成了这种“幕府对恶党”的构图。

确实，自 13 世纪末以来，幕府周围的环境变得越来越不稳定。但这种“不稳定”并非幕府独自的问题，它来源于社会结构为寻求新平衡而产生的动荡，而这种社会结构正是幕府与朝廷共同的存在基础。可以说，幕府和朝廷正在携手重建“公权力”，若其反作用造成了不稳定，并使幕府陷入危机，那么朝廷自然也会面临同样的危机。然而，幕府最终倒台，朝廷暂时掌握了政权。这种命运的不同究竟是什么造成的呢？和镰仓幕府一起消亡的是什么，代替它登场的又是什么？

话说回来，镰仓幕府的倒台和朝廷的夺权是历史必然吗？还是说其中偶然的因素比较多呢？在了解后续发展的现代历史学家看来，14 世纪初叶的镰仓幕府已然行至“末期”，但其同时代的人却未必看出了什么末期症状。比如说，在元亨四年（1324），后醍醐天皇企图讨伐幕府，而近臣吉田定房以“关东未现颓势”为由表示反对，劝谏主君不要草率行事（《吉田定房奏状》)。在定房眼中，幕府仍然坚如磐石。结果，那之后过了不到十年，幕府就轰然倒塌。这件事恐怕并不能被简单归结为身处历史旋涡当中的人视野受限。

以这种时代状况为背景，本书最初的主角——后醍醐天皇就要登场了。同时，他也是这个时代最重要的人物。正是他掀开了“南北朝时代”的序幕。

第二章

帝王后醍醐

第一节 | 后醍醐亲政

后醍醐的立场

文保二年（1318），后醍醐天皇即位。后醍醐天皇讳尊治，是大觉寺统后宇多法皇的皇子。原本，后宇多法皇的后继者是尊治的兄长后二条天皇，但因后二条天皇早逝，在其子邦良亲王继位前，身为旁系的尊治便被推举为过渡性天皇。出生于正应元年（1288）的尊治时年三十一岁，在这个时期算是以高龄践祚。邦良亲王被立为皇太子，按执掌院政的后宇多法皇的意见，不仅后醍醐天皇之后的皇位，连后宇多法皇让给后醍醐天皇的领地都应传给邦良亲王，后醍醐的子孙应向邦良亲王及其后代行臣子之礼。后醍醐天皇仅为“一代之主”，大觉寺统的嫡系依然是后二条天皇－邦良亲王一系。

早在延庆元年（1308）后二条天皇去世时，随着持明院统的花园天皇践祚，后宇多院政停止、持明院统的伏见院政开始，大觉寺统的尊治被立为皇太子，两皇统间的政治主题就变成了尊治亲王何时践祚。文保元年（1317）四月的所谓“文保和谈”，就是两皇统在幕府的暗示之下进行交涉。其时幕府提出一项调停方案：花园天皇让位、尊治践祚后，立大觉寺统的后二条皇子邦良亲王为皇太子，邦良亲王继位后，再立持明院统的

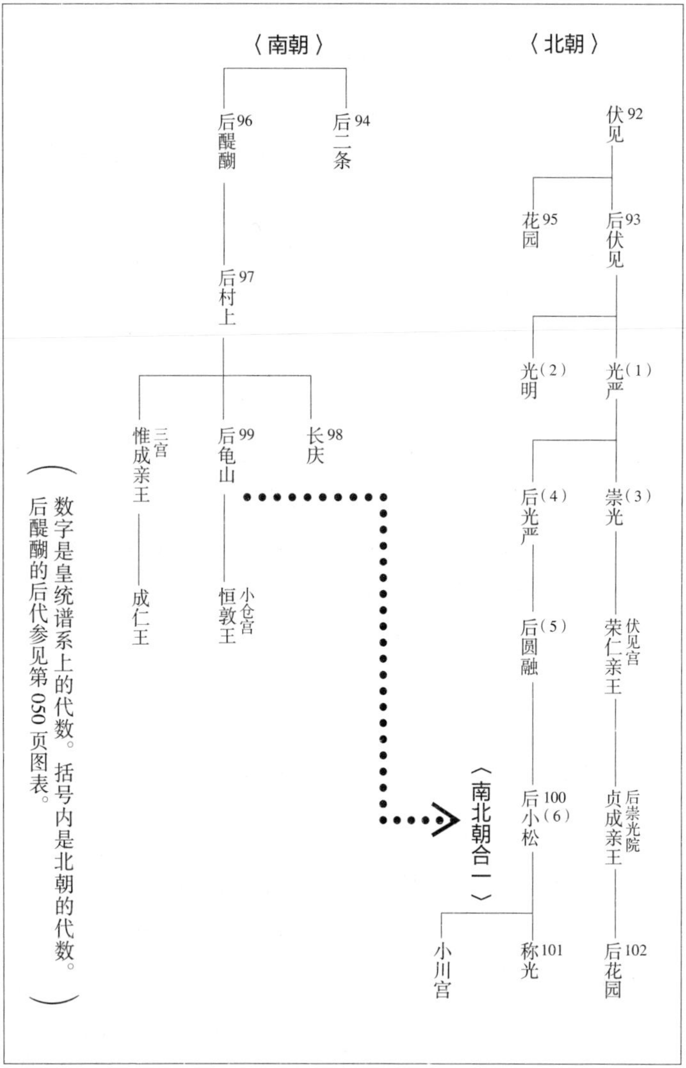

南北朝时期天皇谱系略图

后伏见皇子量仁为太子。因为该方案对大觉寺统更加有利，所以持明院统无法接受，最终未能解决问题。

事情的转机出现在文保元年（1318）九月，持明院统的中心人物伏见法皇逝世，大觉寺统一派借机逼花园天皇让位，并得到幕府支持。翌年，尊治践祚，后二条皇子邦良亲王也被立为太子。虽然后伏见上皇主张立量仁亲王为太子，但遭到拒绝。这时，从结果上来看，事态的解决方式恰与上一年和谈中的草案相符。后来，也有人将其解释为“文保和谈”确立了两皇统迭立的原则。然而实际上，这么做只是为了解决眼下的问题，对后宇多法皇来说，最重要的还是立邦良亲王为太子。随着大觉寺统的后醍醐天皇即位，院政的主导权也从持明院统的后伏见上皇转移到了大觉寺统的后宇多法皇手中。

在父亲后宇多法皇的院政之下，后醍醐继承皇位，但只是“一代之主”，他本身不过是大觉寺统和持明院统皇位继承斗争中的一颗棋子，并非游戏的主角。按当时的惯例，天皇在位时间不大会超过十年，还可能因为持明院统期待“下下任”天皇尽早继位而进一步缩短。只要平安度过在位期间，把皇位让给邦良亲王，后醍醐天皇在游戏中的任务就结束了。

然而，为何最后事情没有这样发展呢？网野善彦等学者认为后醍醐的个性是很重要的原因。但是，这种个性之所以开花结果、起到重要作用，无疑是因为后醍醐的立场及其身处的政治环境的变化。

元亨元年（1321），另一个重要转机出现了。这一年，后宇多法皇结束院政，将政务交给后醍醐，然后隐退，并于元亨四年去世。虽然晚年的后宇多法皇倾心于真言密教，对政务的热情大幅减退，但他的隐居和去世无疑打破了政治上的平衡，造成巨大变动。自此，后醍醐天皇开始亲政，而失去了祖父这个后盾的皇太子邦良亲王一方则希望尽早确保皇位，于是大觉寺统内部的矛盾浮出水面。另一方面，持明院统也希望邦良亲王早日践祚，这样下一任天皇的位子才能尽早轮到持明院统。就这样，邦良亲王派和持明院统从各自的立场和想法出发，为了尽快让后醍醐让位于邦良亲王，不约而同地、积极地对幕府展开了工作。

后醍醐天皇亲政后采取了积极的政策。也有学者把他的行动解释成对王权危机的自觉。但是对后醍醐来说，最重要的任务是克服自身地位的不稳定性，保全皇位并将其传给子孙。在这种情况下，他不得不与之对抗的对手是谁呢？当然，具体来说，希望邦良亲王早日践祚的势力和期待立后伏见上皇的皇子量仁亲王为太子的持明院统，都是后醍醐天皇的敌对势力。类似的对抗关系曾在这个时代多次出现，但是，后醍醐天皇没有必要以同样的方式重复公家社会的内部斗争。只要既有的皇位继承法则不变，就很难防止幕府的意向被当成“天意”提出来，而他在践祚时参照的依据——“文保和谈”草案，也并不能帮助他保全并延续皇位。因此，必须否定公家社会内部的现行惯例，改变皇位继承的规则，也就是说，不能甘心接受于己不利的游戏规则，而必须改变规则本身。

正因为后醍醐是皇室的旁系，所以他可以、也有必要不遵从既有规则，将规则本身作为审视对象。那么，对这种既为其地位提供存续依据、又妨碍他贯彻自身意志的既有规则，后醍醐会怎样认识，又会怎样处理呢？从这个角度出发，我们可以解读后醍醐那有些特殊的、对公家社会规则的态度。

王权的思想

虽然只是作为“一代之主”继承皇位，但后醍醐以父亲后宇多院隐退为契机开始亲政，积极推行政策。亲政从主管记录所开始。顾名思义，记录所原本是记录、收集和管理文书的机构，出于整顿庄园的需要而在 11 世纪时设置。该机构收集的文书是处理诉讼时的重要参考资料，组织成员中也有很多弁官、藏人阶层的实务官员和律令[1]专家——明法家，于是处理政务、提出意见就成了记录所的核心机能与任务。中世天皇亲政时设记录所，院政时则设院文殿代之，并形成惯例。很多人将这些机构解释成诉讼审理机关，但是，中世时，理论上很难明确区分诉讼

1 律令，日本古代国家的基本法。律相当于刑法，令相当于政治、经济等一般行政规定。形成于 7 世纪下半叶至 8 世纪，以唐朝法律为原型，先后颁布了《飞鸟净御原律令》《大宝律令》《养老律令》等。以律令为基础的制度就是律令制。

审理和除此以外的政治判断。事实上，记录所和院文殿并不仅仅负责审理诉讼，而是要为所有政务调查先例、提供建议。

后醍醐天皇亲政下的记录所基本沿袭了伏见天皇亲政时期确立的架构。记录所各部门的上卿（长官）被称作“番”，身边配备有公卿，其下还有许多弁官和藏人，多由劝修寺流的藤原氏等中层贵族担任。具体工作则由以明法家为中心的实务官员承担。这些人被从以摄关家为代表的权门贵族和以太政官为中心的官制机构中划分出来，直属于天皇，堪称天皇的“智库”。

在具体政策方面，首先应指出流通政策。京都公家社会的存续，是以从诸国流入的财富为必要条件的。后醍醐试图对从诸国流入京都的交易物资进行管理，包括废除各所的新设关卡、向京都的米店及酒店征税役、制定京都的米和酒的公价、开设政府特许的米市等。另外，他还任命自己的心腹北畠亲房为检非违使别当，管理京都市政；免除京都神人（神社承担杂役的下级神职人员）对本所寺社承担的税役，让他们成为供御人[1]，以便控制他们。可见，后醍醐政策的核心就是维持王权，也即京都的都市基础，并为此掌控财富流通。

不过，解除神社对京都神人的支配权这项政策，可以理解为本所职能规范政策的一环。本书第一章提到，作为龟山院政

1 供御人，日本中世时，向天皇、皇族进献山海特产等食材及各类手工艺品的集团。

期德政的结果，以本所－代管人的个别关系为基础成立的本所职能，通过治天的介入而规范化。在这种条件下，关于本所裁判的作用、各大家族的继承这些原本属于权门内部的问题，治天的裁决就变得很重要。于是，通过在必要时请求治天介入，公家社会的均衡得以维持，而这也正是治天权能的基础，是后醍醐的立足之本。

尝试干预财富流通，也可被解读为治天想要回收原本由各大权门承担的流通维持机能。后醍醐的目标在于维护并重新确立他所认为的“应有秩序”，只要这件事被限制在公家社会内部，镰仓幕府就不会过问，公武之间也不会因为实行政策而产生矛盾。另外，即使在公家社会内部，后醍醐的政策也可说是德政的延长，在此阶段并未显出什么新奇之处，他提出的“回归延喜、天历”口号也具有一定说服力。

延喜（901—923）、天历（947—957）分别是醍醐天皇和村上天皇在位时的年号，也是后世所认为的平安朝鼎盛时期，是众人憧憬的“圣代”。后醍醐非常在意这两个时代，最明显的表现是，他生前就将自己的谥号定为“后醍醐”。从“延喜、天历”时期寻找公家社会的理想、“原本应有”的姿态，对于此事，持明院统的花园上皇等人也给出了积极评价。但是，与其说“延喜、天历”指的是醍醐天皇和村上天皇治世的具体状态，不如说是一种笼统的“理想之世”，那个时代的具体样子未必被当作模范与目标。

比如，13世纪末担任六波罗奉行人、与京都儒学家过从甚密的斋藤基茂（唯净）著有一本《关东御式目》，是《御成败式目》的注释书，其中，古代中国传说中的贤帝——尧舜的盛世、日本的“延喜、天历之上世”与“源右幕下、武州禅门之德政”都被举作公武双方为政者应追求的“德政”典范（“源右幕下”指源赖朝；“武州禅门”指北条泰时）。但是，人们并未总结出这些所谓盛世的共性，也没有将其具体制度或政策当作应遵循的样板。对“延喜、天历”的这种认识，也体现在后文将提到的《建武式目》中。因为制定《建武式目》的主体是公家系的儒学家和明法家，所以上述认识恐怕正是公家社会的广泛共识。

就算笼统地说公家社会的结构和天皇的权能应该“回归正道”，也没人知道具体应该怎么做，也就是说还处在各说各话的状态。既未能测量出现实与“理想之世”间的差距，也未能认识到实现“理想之世”的具体道路，就这样，社会的姿态不断变化。天皇和公家社会没有从他们所经历过的历史中寻找所欠缺的具体样板。与之相对，为了填补这种空缺，后醍醐似乎选择了中国宋朝专制皇帝的权力形式。据《太平记》记载，后醍醐天皇很早就对儒学感兴趣，即位之初就重用精通朱子学的学僧玄惠。玄惠讲授朱子学时，日野资朝、日野俊基等很多后来参与后醍醐倒幕计划的公卿都在场。由此，也有学者认为宋学（朱子学）才是后醍醐政治理念的背景（佐藤进一《南北朝的动乱》)。

但是，要想在宋学的思想内容与后醍醐的政治理念之间找到直接关联并不容易。对于后醍醐及其近臣来说，宋学与此前的儒学有何不同？宋学的何种特质与后醍醐的政策有关，这又是什么样的关系？这些问题还未得到充分研究。话说回来，“儒教”究竟是什么？什么是“儒教性质”的，什么又是“宋学性质”的？特别是在日本史领域，儒教乃至朱子学均被视为“封建体制的意识形态”，这样一来，其政治性就被过度强调了。实际上，朱子学是从根本原理出发，解释世上所有现象的普遍性学问体系，是认识世界的思想体系。日本是否存在这个意义上的朱子学——这本身就是个大问题。后醍醐如何消化宋学，宋学如何影响了其政治思想的形成，关于这些问题，很难说已经形成了切实的评价。

另一方面，中国宋朝的政治体制和后醍醐的政权构想之间有对应关系——这种说法也有一定说服力。唐末五代战乱之后，在贵族势力衰退的时代环境中建立起来的宋朝，为加强皇权而改革科举制度，不分门第选用人才，构建起由忠于并直接受命于皇帝的能干官员来辅佐政治的体制。后醍醐通过宋学文献了解到宋朝的这种组织方式，并将其作为政策样板，以天皇的身份回收秩序的存立依据——这种设想的确很吸引人。或许，后醍醐确实从宋朝的政治体制中看到了皇权专制的样板，并将之投射在“延喜、天历”时代，试图赋予天皇亲政具体形式。

《太平记绘卷》所绘文观的祈祷场面　文观（中间）表面上在祈祷中宫安产，实则祈祷镰仓幕府灭亡，后醍醐天皇在垂帘之后（埼玉县立历史与民俗博物馆藏）

在这种情况下，首要的问题是如何确保天皇的股肱、能干且忠实的官员。后醍醐在亲政初期，就已从世代以学问侍奉朝廷的日野家起用了资朝和俊基，让他们分别担任参议和藏人头，这种人事选拔是没有先例的。但是，日本与中国宋朝不同，“贵族势力”仍然如磐石一般坚固，要想避开他们，完全按天皇的想法进行人事安排是很难的。这时，后醍醐并未插手由太政官及八省等机构构成的令制官司，他凭借理念来解构、重建现实状况的尝试才刚刚开始。

近年来，后醍醐与密教的关系逐渐受到关注（网野善彦《异形的王权》)。天皇与密教的关系并非始于后醍醐，大觉寺统的龟山天皇和后宇多天皇也对兴盛密教极为关心。另外，研究者还发现，中世的天皇即位仪式上有一个被称作“即位灌顶”的密教仪式(上川通夫《中世的即位仪礼和佛教》)。可见，后醍醐和密教的关系来源于这种普遍的潮流。但是他的特殊性不仅在于受密教的修法护持，还在于他亲自参与真言密教的修法，祈祷幕府降服。后醍醐与密教的这种关系，被认为受到了兼修真言密教的西大寺系律僧文观的影响。但是，后醍醐是如何将宋学和密教整合或者并列起来的呢?这方面的研究还没有进展。

大概，对于后醍醐来说，宋学的价值并不在于它是一种具有一贯性和体系性的思想，而在于它是记述了宋朝政治体制的实践性知识。假托“延喜、天历”来构筑一种“应有状态”，并以其为标准，衡量“现有状态”的位置、展开批判——这种行为的思想根源不就来自对宋朝政治体制的认识吗？衡量“应有状态”和“现有状态”之间的距离，在强烈意识到两者之间对抗关系的基础上，从理念出发，断然介入现状。这种举措在日本史上具有怎样的特殊意义，本书将在后文中一步步阐明。

倒幕计划受挫

正如前节所述，后醍醐天皇的政策基调，并不一定会发展为倒幕行动。但是，后醍醐天皇的政策意图在于收回“治天”

的职能并将其切实地传给子孙，这接近于削弱镰仓幕府在公家社会中的重要性。至少，这会让人认为，为了改变皇位归属受外来“天意”左右的现状，就要从根本上改革镰仓幕府在公家社会中的职能。

然而实施起来并非易事。公家政权将“王朝国家警察官”的职能全面委托给武家，自身没有军事力量，要想亲自从军事上打倒武家是不可能的。不仅如此，公家社会内部也没有准备好一致推行激进的、根本性的现状改革措施。幕府的职能是实现和促进政治均衡，而其依据恰恰存在于公家社会内部。

因此，为了制订倒幕计划，后醍醐让心腹日野资朝和日野俊基负责拉拢各地的实力派和武士。然而，正中元年（1324），这项计划还未实现就被六波罗探题察觉，日野资朝等人被作为主谋逮捕（正中之变）。后醍醐天皇虽然逃过一劫，但不难想象，他的处境一下子变得十分艰难。

后醍醐天皇近臣的一系列举动在当时似乎被称作“谋叛”。本来，天皇“谋叛”是不成立的（律令制下的“谋叛”指的是勾结外夷、拥立伪主而危及天皇安全），这里却用了这种说法，充分说明秩序存立的依据并未集中在天皇手中。花园上皇在日记中记录说，后醍醐天皇对镰仓幕府提出了自己并未参与正中之变的辩解书，其中有这样的句子：“率土之民皆承皇恩，不可称圣主谋叛。”这种说法表现出后醍醐天皇的自我认识与矜持——天皇应该是秩序的主宰者，但是，另一方面，“圣主谋叛”一词又说明后醍醐天皇的自我认识与日本社会的认识不一定一致。

尽管如此，若将其解释为“谋叛幕府”，似乎也不恰当。当有人想要将普遍存在于各种状况中的“权力”收归天皇手中时，天皇的位置就会受到重新审视，相对地，秩序存立的依据也会被重新审视。后醍醐天皇反抗的对象不单纯是幕府，不如说是公家社会的现状。“谋叛”这种说法，并不表明“国家权力存在于幕府手中”。

另外，后醍醐天皇及稍后的护良亲王曾多次称“关东者，戎夷也”，或称北条氏为“伊豆在厅”，强调其出身低下，这是那个时代特有的政治宣传。确实，北条氏是以伊豆国北条为大本营的“在厅官人”（负责国衙行政实务的当地官员），是桓武平氏的一支，其嫡系家督世袭的官位是相模守、武藏守和左京权大夫等职，不过相当于四五位，并未进入公卿行列。不论是其出身还是位阶，以公家的标准而言都不高。另外，源氏嫡系断绝后[1]，北条氏没有以武家形式上的领袖自居，而是先后从京都请来了摄家将军[2]和皇族将军[3]。关于此事，常见的解释是“北条氏掌握实权，但因出身低微而未能获得形式上的地位”。但

1 建保七年（1219）镰仓幕府三代将军源实朝被暗杀。

2 摄家将军，指藤原赖经，又名九条赖经，是源赖朝嫡系血脉断绝后，镰仓幕府从摄关家之一的九条家迎立的将军，和赖朝有血缘关系。

3 皇族将军，又称宫将军、亲王将军、镰仓宫家，指担任将军的亲王，先后有四位皇族将军：宗尊亲王、惟康亲王、久明亲王、守邦亲王。

是，公家社会的尺度和以镰仓为中心的武士社会中北条氏的存在本就是两个问题。

比如，近年来，作为显示东国“王权”所在的史料，中世之人应对日食与月食的举措逐渐受到关注。当时，一旦发生日食或月食，人们就会用席子将天皇御所包围起来，守护天皇不受异变影响。而在镰仓，将军御所也会受到同样的对待。因此，黑田日出男提出了天皇与将军并列为“王权”主宰者的说法（《王的身体 王的肖像》）。但是，在日食和月食的时候保护将军御所是摄家将军以后的事，可以认为只是对京都“王权”的借鉴和模仿。这是因为“将军”被安排在镰仓与京都之间，发挥着桥梁的作用，对武士社会来说是外来者。

镰仓时代公家社会对北条氏的看法，最为明显地表现在对“关东秽”的处理方式上。当时人们认为，天皇或院驾崩、天灾与动乱都会造成所谓“天下触秽”，而将军或北条氏当主去世时产生的“关东秽”也是其中一个类型，届时京都朝廷会停止一切公事活动作为应对。也就是说，在京都的公家社会看来，北条氏主导关东政务，因其死亡而造成的“秽”会波及天下（黑田日出男《王的身体 王的肖像》）。但与将军不同的是，就像北条氏的认识与公家社会的标准不同，在书札礼（以官位和门第等标准来规范往来信件的格式）等问题上，公家社会的尺度不能原样适用于北条氏（本乡和人《西园寺氏再考》）。

实际上，关东政场采用一套独立的门第标准，北条氏正是根据这种标准建立起自身的地位（细川重男《镰仓政权得宗专制论》)。若按照这一标准来看，即便与最接近源氏正统的足利氏相比，北条氏在礼仪上的级别也明显更高。京都的标准则认为北条氏出身低微，从这个时期开始，这一套标准逐渐成为东西通用。因此，北条氏和足利氏的立场也被以别的形式重新解释。有资格担任“将军”的人必须是“源氏的正统”——这种言论的形成也与之不无关系。

这样，正中之变后，后醍醐与幕府的关系恶化，皇太子邦良周围的人开始借机筹划并展开活动，想让太子早日登基。结果，邦良却在嘉历元年（1326）三月病死，这下轮到持明院统以“文保和谈”为依据，提出立后伏见上皇长子量仁亲王为太子的主张。与此相对，后醍醐则希望立皇子世良亲王为太子，也有部分人支持邦良亲王之子康仁王成为大觉寺统的嫡系，但最终还是量仁被立为太子。后醍醐未能成功改变现状，于是便让皇子尊云法亲王（后还俗，更名护良）上比叡山，任天台座主，试图在南都北岭[1]的各处要地发挥影响，并通过吸收僧兵建立起对抗幕府的核心势力。

就这样，后醍醐准备发起第二次倒幕。但吉田定房害怕仓促起兵会失败，导致皇统断绝，于是向武家告密。元弘元年（1331）五月，六波罗探题逮捕了以日野俊基为核心的倒幕派

---

1 南都北岭，指兴福寺与延历寺。

众人，押送到镰仓，后醍醐在从南都到笠置山（今京都府笠置町）一带募集的士兵也被幕府军包围并击败（元弘之乱）。

后醍醐的企图以失败告终，他本人被废黜，流放到隐岐，持明院统的后伏见上皇开院政，皇太子量仁亲王践祚，是为光严天皇，后来被视作北朝的第一代天皇。话说回来，这并不单纯是“镰仓幕府拥立”光严天皇的问题。正是为了维持公家社会礼法规范的平衡，才必须代替后醍醐，拥立一位稳健的天皇。

第二节　建武政权的建立

北条政权的灭亡

后醍醐虽然尝到了废黜、流放的苦头，但在畿南地方还俗的护良亲王仍在进行游击式抵抗，河内国的楠木正成也以赤坂和千早（今大阪府千早赤阪村）的山城为大本营，与幕府大军对峙。楠木正成在《太平记》中被塑造为一名兵法家，虽兵力微弱，但长于奇谋，这个形象在后世流传甚广。幕府未能轻易镇压这种小规模的抵抗，随着时间的推移，同时代的人也看出了现状有向其他方向发展的可能，而这具有决定性的意义。之

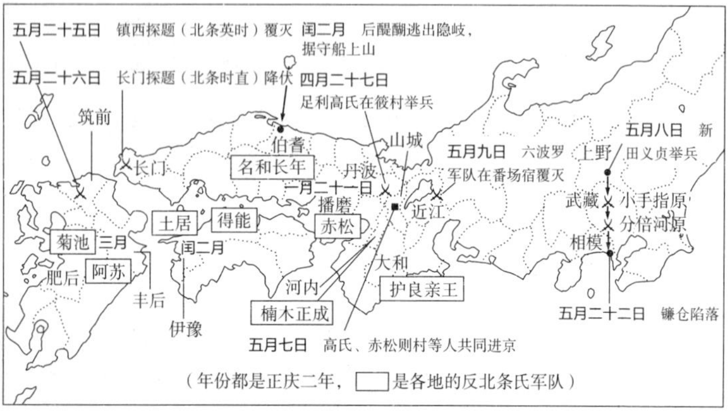

推翻镰仓幕府的战役

所以这么说，是因为镰仓幕府能够存续的原因就在于它与世间礼法规范相结合，其中没有可以质疑的余地。对抗幕府的行为没有被镇压，人们就会期待进一步抵抗的成功，而这希望将越来越大。与现状不同的、别的形式的平衡将有可能出现——当这种期待越来越强烈的时候，幕府的存续根基就不稳定了。

实际上，在正庆二年（1333），播磨的赤松则村就响应护良亲王的檄文举兵，九州的菊池和阿苏、伊豫的土居和得能诸氏也随之响应，反幕派的势力逐渐扩大。看到这种情况，后醍醐也在闰二月逃离流放地隐岐，从出云进入伯耆，得到名和长年接应。幕府的统治本已摇摇欲坠，足利高氏的叛变则为其画下决定性的转折点。高氏为镇压赤松叛乱而率军西上，但据说他在离开镰仓时就有了背叛北条氏之意。怀抱着这种意图，他暂时进入京都，后经山阴道赶赴伯耆，在途经丹波国筱村（今京都府龟冈市）时，终于对幕府举起了叛旗。

足利氏的血统最接近源氏正统，在镰仓幕府中也是地位仅次于北条氏的武家名门，其背叛对镰仓幕府来说是致命的打击，幕府麾下的武士临阵倒戈，也有很多人为了对赢家下注而早早投向足利方。进而，仿佛与之呼应一般，新田义贞在东国举兵，九州也有很多武士加入反幕府军，幕府与反幕府军的拉锯战迅速倒向后者。五月，赤松则村、千种忠显和足利高氏的联军占领六波罗，新田义贞的军队从上野南下，击败各地幕府军，攻陷了镰仓，九州的镇西探题北条英时也在反幕府军队的进攻下灭亡。

“大部分武士应该都会效忠于镰仓幕府”——这种预测及以其为前提的武士行为模式转瞬崩溃。人们眼前出现了行之有效的其他选择，在这种现实面前，镰仓幕府体制就好似“皇帝的新衣”，很快就崩塌了。

失去了幕府这一方的向心点，日本社会为寻求新的平衡、新的框架而开始变化。但是，这种变化最终会落脚何处？事态仍处于变动之中。

元弘一统

后醍醐天皇在伯耆国船上山（今鸟取县琴浦町）接到六波罗探题灭亡的消息，立刻决定返回京都。他否定持明院统的光严天皇的正统性和正庆年号，宣布自己仍然在位并改元元弘。另外，他还宣布解除鹰司冬教的关白职位及光严天皇授予的一切官职，意在将这段时间内公家社会发生的所有变化都一笔勾销，让公家社会的状况恢复到他被迫让位于光严之前。

返京途中，后醍醐一行在播磨遇到赤松则村、则祐父子，在兵库受到楠木正成迎接，并且听到了镰仓陷落的消息。六月四日，后醍醐回到了在足利高氏军事统治下的京都，五日，入住二条富小路的皇居，宣布复位，废掉了光严天皇立的皇太子康仁，并且废除了此间获封的崇明门院（后宇多天皇皇女、邦良亲王王妃）的院号，将她降为内亲王。遭废黜的光严天皇被称为“新院”，于当年十二月接受了太上天皇的尊号，享受“前天皇”的待遇。原本，授予太上天皇尊号的诏书称“光严”为“皇太子”（光严即量仁，过去曾为后醍醐天皇的皇太子），后醍醐天皇复位时也没有举行重祚的仪式，从中可以看出后醍醐的坚持，要将并非出自本意的让位一笔勾销。

后醍醐回京后，也没有任命别人接替此前被解职的关白鹰司冬教，而是将一直以来被院和摄关分享的、调动官方机构的权能全部集中到天皇手中。世界在一位君主的手中统一、存续，而在君主不知道、未参与的地方发生的变化通通被视为“不存在”。在具体的时间之流中，各种各样的事实不断涌现，如何将它们组织进一种秩序，这体现了社会秩序的构造，而后醍醐想要将这一切都掌握在天皇手中。不论在何种情况下都要贯彻、优先自己的理念，这种严格的态度正是后醍醐的一大特点。

元弘四年（1334）正月，恒良亲王被立为皇太子。撇开尊良、护良等更年长的亲王，立恒良为太子，是因为他是后醍醐宠妃阿野廉子所生皇子中最年长的。后来，廉子所生的其他皇子中，成良亲王跟随足利直义去了镰仓，义良亲王在北畠亲房、显家父子的拥戴下前往奥州。关于这些安排，有人认为是廉子经过冷静观察，在政情尚未明朗的阶段，将自己的儿子分派到各处，以确保不论情况如何变化都能有人生存下来，是十分现实而周到的策略。另一方面，后醍醐的构想则是将相当于自己分身的皇子安排到各势力中，以构成政权的轴心。

元弘四年（1334）正月二十九日，改元建武。这是直接挪用了曾灭新复汉的光武帝的年号。一部分廷臣认为这与向来从中国典籍中寻找嘉字的做法不同，且其中的“武”字可能招来兵乱，所以表示反对。但后醍醐强行压下反对之声，仍然采用了这个年号，可以说是将自己比作消灭了篡位者王莽并光复汉室的光武帝。同时，这也表现出他强烈的意志：损害了天皇权能的镰仓幕府既已崩溃，秩序就应重新收归天皇手中，这既是社会原本应有的样子，也是必然结果——在这种认识的基础上，后醍醐从现实之外寻求理想样板，以确保天皇的地位与权能。建武政权就是以这样的理念为基础建立起来的。

但是，这样的政权当然不会依其表面形式运转。回到京都的后醍醐天皇，首先要处理的问题是如何对待打倒了六波罗探

- 尊良亲王（权大纳言为世卿女）
- 世良亲王（三木实俊卿女）
- 恒良亲王（阿野廉子）
- 成良亲王（同上）
- 义良亲王（同上）
- 护良亲王（大纳言源师亲女）
- 静尊法亲王（与世良同母）
- 尊澄法亲王（与尊良同母）
- 僧羮真（隆资卿女）
- 圣助法亲王（菅在仲卿女）
- 法仁法亲王（为道朝臣女）
- 玄圆法亲王（后山本左大臣女）
- 满良亲王（宗亲女）
- 皇子（龟山院皇女）
- 皇子（与护良同母）
- 怀良亲王（与法仁同母）
- 皇子（昭训门院近卫）
- 宣政门院欢子（后京极院）
- 前斋宫祥子（与恒良同母）
- 妣子内亲王（与护良同母）
- 惟子内亲王（与恒良同母）
- 皇女（与世良同母）
- 皇女（为忠女）
- 皇女（与尊良同母）
- 皇女（后宇多院权中纳言局）
- 皇女（基时朝臣女）
- 皇女（民部卿局）
- 皇女（山阶左大臣女）
- 皇女（实雄公女）
- 皇女（坊门局）
- 皇女（后室町院）
- 皇女（与法仁同母）

后醍醐的子女及其生母（括号内为生母，出自《本朝皇胤绍运录》）

题后驻军京都的足利高氏。高氏已经设置了奉行所，处理战后问题。各地的军功报告汇总到高氏手中，旧幕府的许多武士和奉行人也归顺了他，他正在广泛收揽人心。后醍醐归京之后马上对高氏的功绩进行封赏，允许他内升殿[1]，封他为镇守府将军，并将大片北条氏旧领赏给他。与之相对，护良亲王在父亲后醍醐流放隐岐期间，一直高举反幕大旗主导抵抗运动。六波罗陷落后，他马上自任为“将军”，在后醍醐归京之后仍留在大和，与控制了京都的高氏对峙，甚至要求后醍醐将高氏排挤出政权。后醍醐派敕使催促护良亲王再次出家，但遭到拒绝，结果只好任命护良亲王为征夷大将军，这才控制住事态。

这一连串的措施是后醍醐天皇对现实的最初妥协。应该如何

---

1 内升殿，登上宫中的清凉殿。清凉殿位于平安京内里（皇居），是天皇的日常居所。

对待实现了倒幕的主力——武士？是否要在政权构想方面让步？可以说，建武政权的阿喀琉斯之踵在早期就已显露。护良与高氏之间的紧张关系终将爆发，酿成动乱的根源。

后醍醐天皇的亲信

虽然建立起了完全以天皇为中心的政权，但不用说，后醍醐身边有各种人承担着各种职能。在公卿阶层中，后醍醐的亲信代表有被称作“后三房”的万里小路宣房、吉田定房和北畠亲房，与平安后期后三条天皇时代的“三房”（即藤原伊房、藤原为房和大江匡房）相对。万里小路宣房和吉田定房是劝修寺流的藤原氏，北畠亲房出身村上源氏，都是从镰仓末期后醍醐亲政时代开始就在他身边担任要职的。

北畠亲房在持明院统的伏见院政期担任检非违使别当，到了后宇多院政期，开始接近大觉寺统。后醍醐亲政不久，再次被任命为检非违使别当，主管京都市政，兼任后醍醐所宠爱的世良亲王的乳父（负责养育），但未参与以日野资朝为中心的倒幕计划。元德二年（1330）世良亲王去世后，北畠亲房出家，暂时退出了政治舞台。建武政权成立后，他又成为准大臣，与担任陆奥守的儿子北畠显家一起陪同义良亲王前往陆奥国多贺（今宫城县多贺城市），参与管理奥州。后成为“南朝的柱石”（后文详述）。

万里小路宣房的署名与花押 正中三年（1326）二月所抄经文末尾的署名与花押（天授院藏）

万里小路宣房曾侍奉亀山天皇以来历代大觉寺统的天皇，正中之变时，为保护后醍醐不受连累，他自任为敕使前往镰仓交涉，被称赞为“忠臣”，得到很高评价。建武政权建立后，宣房担任杂诉决断所（后文详述）的头人[1]，还作为近侍担任天皇与官员之间的联络人（传奏[2]）。建武二年（1335）辞官，翌年以七十九岁高龄出家。

吉田定房是后醍醐天皇的乳父，元弘之乱时，正是他将倒幕计划泄露给六波罗探题。但正如前文所述，这被解释为出于担心后醍醐的安危而采取的行动。后来，他也在后醍醐仓促起兵时进行劝谏，是一位能向主君直言的、值得信赖的忠臣，因而得到建武政权重用，被破格提拔为准大臣、内大臣，历任杂诉决断所头人、恩赏方（后文详述）头人和传奏等要职，在建武政权垮台后跟随后醍醐迁往吉野。

这些人深得后醍醐天皇的信任与重用，亲房与定房虽说超

---

1 头人，镰仓幕府、室町幕府的职务名，一般指长官。
2 传奏，平安朝后期设置的职务，负责将亲王、摄关家、武家和寺社的奏请转达给天皇或院，在室町时代、江户时代职能略有变化。

越父祖先例，获得高位与高官，但原本就出身公卿之家，在公家文化的熏陶下长大。话说回来，所谓“元弘一统”对公家社会中的大多数人来说也不过是治天的轮换，是在已知框架内发生的事。各官司日常事务的连续性并未被切断，在后伏见院政下活动的公卿和官员也没有受到排挤。后文还将讲到，打破惯例录用人才虽然在公家社会中造成了不和谐的声音，但是后醍醐无视公家社会的惯例，寻求有能力的人才，他的这种本领还将发挥在其他地方。

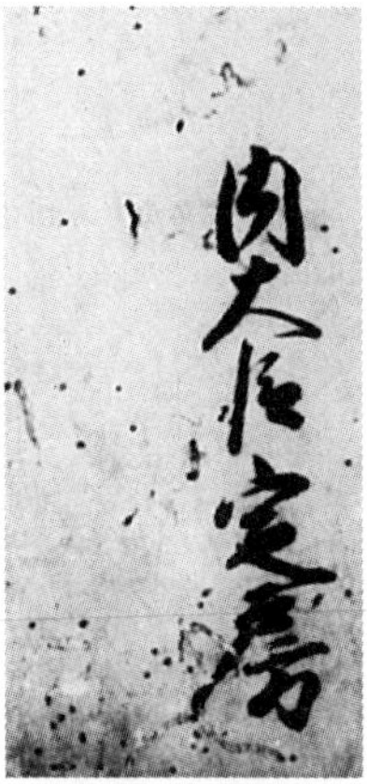

吉田定房的署名 上写“内大臣定房”（京都大学综合博物馆藏）

后醍醐天皇的亲信里有四个人地位特殊，被合称为“三木一草[1]”，分别是结城亲光、名和长年、楠木正成和千种忠显。《太平记》第十七卷说：“如今天下有结城、伯耆、楠木与千种头中将四人，被称作“三木一草”，只因朝恩而获得荣耀。”正如书中所写，他们是因为后醍醐信任才得到如今的地位，若非如此，便无法登上政治史的舞台。

结城氏是秀乡流藤原氏，是以下总国结城（今茨城县结城市）为大本营的结城氏的分家，祖上是镰仓幕府的御家人结城祐广，曾占据着关东与奥州之间的要冲之地白河（今福岛县白

1 结城亲光、名和长年和楠木正成的名字或官名都含有“ki”（木）的发音，千种忠显的名字含有“kusa”（草）的发音，故合称“三木一草”。

河市）。结城亲光是和新田义贞一起攻打镰仓的结城宗广的次子。他在元弘之乱初期曾响应幕府的军事动员，参与攻打赤坂城，后来又和足利高氏一起攻打六波罗。

名和长年有“伯耆”之称，他的大本营在伯耆国名和（今鸟取县大山町），是富裕且势力强大的地方豪族，宗谱不明，但从其帽徽[1]是帆船图案来看，应该与海上交通和商业有关。他曾前往接应逃离隐岐的后醍醐，以船上山为大本营举兵，在后醍醐返京时率全族随行，是后醍醐重要的亲信。

关于楠木氏的来历，有人认为永仁三年（1295）以前曾参与经营东大寺领地播磨国大部庄（今兵库县小野市附近）的“楠河内入道”即是正成一族，元德三年（1331）在临川寺领地和泉国若松庄（今大阪府堺市附近）押妨（妨碍领主知行）的“恶党楠兵卫尉”据说就是正成本人，因此可以认为他是河内的地方豪族。但是近年也有学者提出楠木氏是武藏出身的御家人，后来成为得宗的被官[2]，定居在河内的得宗领，并从事该地区的商业活动。正成在元弘之乱时参与后醍醐一方，在后醍醐流放隐岐期间，与护良亲王携手展开游击战，以奇谋袭扰幕府军，是《太平记》中的主人公之一。虽然战前所谓的“皇国史观”强调其“忠臣”的形象，但在后来足利尊氏背叛后醍醐

1 帽徽，原文写作“笠验”，指打仗时插在头盔或者帽子上用以识别敌我的标志。
2 被官，原来写作“被管”，中世时指侍奉上级武士的下级武士。但不仅限于指称武士阶级，也可以指广义上的随从。

时，他曾进言后醍醐抛弃与尊氏对立的“忠臣”新田义贞，与尊氏和解，可见是一位通透且信奉合理主义的战术家。

和“三木”不同，“一草”不是武士出身。千种忠显出身村上源氏，父亲是权中纳言六条有忠。虽然出身于公卿之家，但他本人不喜欢学问，而是“专好笠悬（以笠为目标的骑射）、犬追物（在马场放狗，当作骑射目标）、博弈、淫乱之事”，因此被父亲视作不孝（断绝关系）。或许是因其武学才能受到了认可，忠显得到后醍醐重用，虽在元弘之乱时被幕府逮捕，但后醍醐流放隐岐之时，他被允许随侍左右，后醍醐东山再起后他成了头中将（藏人头兼近卫中将），还参与攻打六波罗。建武政权成立后，他被任命为参议，获得诸多恩赏，显赫一时。

“三木”不是精通武略，就是熟悉交通和商业，因其在公家社会内部少有的才能和地位而受到重视，被从外部招募进来，以所谓亲卫队的身份侍奉后醍醐。“一草”虽然出身于公家，但气质和行为方式却与寻常公家不同。此外，在六波罗探题手下担任引付头人[1]和评定众[2]的伊贺兼光也转投后醍醐一方，在建武政权担任各种要职。据推测，从正中之变到元弘之乱期间，他一直在六波罗担任后醍醐的密探。后醍醐天皇近臣的这种“非公家”特性近年来受到关注。另外，在展开如此广泛的

1 引付头人，即引付众的长官。引付众是镰仓、室町幕府的一种职务。引付即专门的诉讼机关。

2 评定众，镰仓、室町幕府的一种职务，负责在执权手下进行裁判并商议政务。

人才招募时，文观起到了重要作用，是他向后醍醐引荐了楠木正成和伊贺兼光。文观是西大寺系的律僧，兼修醍醐寺报恩院流的真言密教，深受后醍醐信任，在为倒幕而进行祈祷时承担了重要职责（参见第 039 页图片）。建武政权建立后，他成为“东寺一长者[1]”，兼任醍醐寺座主。不仅被破格提拔，还在身边聚集了一群由武士和恶党组成的“手下”，在佛教界内部招致了强烈的反对，被人传说惯用咒术、好勇斗狠、随意破戒，被斥为“异类”“异人非器”，尽管如此，他还是依靠后醍醐的青睐而进入佛教界的核心，是一名异端僧侣（网野善彦《异形的王权》）。像这样，后醍醐的“王权”涵盖范围广泛，聚集了众多恶党和边缘人，被评价为“异形的王权”，这种评价或许的确说中了后醍醐的某些特点。

后醍醐的“王权”无疑与此前天皇“传统的”王权存在方式有很大不同，然而，能否将之归结为后醍醐个人超越前后时代的特殊性，则是另一个问题。后醍醐从外部更广阔的世界里寻找亲信人才，而没有限制在公家社会这个小团体中，这与他的自我认知——君临天下、万民之上的帝王——相符，也不违背“治天”的模式和理论依据。可以将“王权”的新形态视作“治天”模式过早的展开，但不能草率地将其判断为后醍醐的特殊性。

1 东寺长者，是指身为东寺（教王护国寺）管理者兼长官的僧侣，其中地位最高的被称为“一长者”。

第三节　建武政权的结构

政治机构的改组

后醍醐返回京都之后开始改组政治机构。首先，取代早已停止的后伏见院政，重新设立记录所。天皇亲政时设立记录所是惯例，后醍醐上一次亲政时也是如此，记录所召集了许多实务官员。只是，它的职能在于为天皇的决断提供先例或参考意见，并不形成决策。其参考意见实际上重要到何等程度，还要视具体情况而定。后醍醐时期，记录所的职能只是辅助性的，提出的报告要经后醍醐裁决才会以纶旨（表达天皇意旨的书简）的形式发布。总之，记录所承担着从太政官机构分离出来的天皇事务代理人的职能，类似于现代智库。虽然伊贺兼光、名和长年和楠木正成等人也加入了记录所，但建武政权各机构在成立之初基本上是以原有的公家机构为样板，依据后醍醐的裁决运行的。

再者，因为倒幕的最大功臣足利尊氏（足利高氏于元弘三年［1333］八月获赐后醍醐名讳“尊治”中的“尊”字，改名为尊氏）没有进入记录所，《梅松论》（14 世纪中叶成书，描写从承久之乱到室町幕府建立时期的历史物语，作者不详，参见第 061 页图片）将这件事与“公家口口相传”的“排除

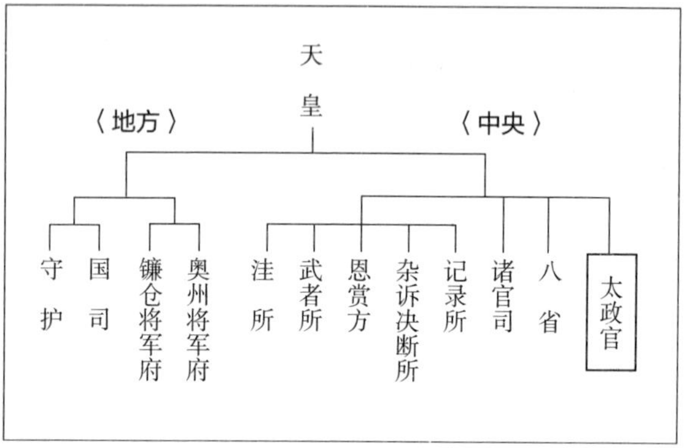

后醍醐亲政的机构

尊氏之语”联系起来，也有学者认为后醍醐因恐惧尊氏的实力而试图将他排挤出制度。但记录所并非政治舞台，尊氏本无必要亲自参与。这一点在后述的杂诉决断所一事上也一样，尊氏就算不亲自参与，也在其中安插了上杉氏和高氏等谱代[1]被官。事实上，尊氏在更高的层面上发挥着政治影响力。《梅松论》在引出“公家与武家水火不容”一节时提到的“排除尊氏”之语，虽然暗示后醍醐与尊氏之间的政治关系产生裂痕，但那其实是稍后发生的事了。

元弘三年（1333）九月前成立的杂诉决断所起初下设四个部门，至翌年八月改为八个部门，并规定各部门分管一个地区。各部门长官由公卿充任。至于寄人[2]和奉行等职务，除了

1 谱代，即世袭。
2 寄人，镰仓、室町幕府时代，在政所等机构从事一般事务的官员。

由公卿或明法家等公家官员担任外，还有武家奉行出身的人或上杉氏、高氏这种足利的被官武士加入。因为搜罗了三教九流的人而被嘲讽为“有无能力都把官当”(《二条河原落书》) 的杂诉决断所，实际上聘用了公武双方的人员，应注意其中有极多人来自武家奉行的家系。

例如，太田道大（时连）、太田贞连父子以及二阶堂道蕴（贞藤）等人。太田氏世代担任镰仓幕府的问注所[1]执事，太田道大是问注所工作日记《永仁三年记》的作者，也是《建武记》的作者，该书被很多人认为是重要的建武政权法制史料。另一方面，二阶堂氏世代担任镰仓幕府的政所执事，据推测，镰仓幕府末期的诉讼手续指南《沙汰未练书》就是二阶堂一族某位成员的作品。二阶堂道蕴在镰仓末期曾多次作为“关东使”（幕府的使者）上京，斡旋于公家与武家之间。这些人都是镰仓幕府实务官吏的代表，持有许多文书记录，熟悉武家社会的实践案例，且长于实务，所以受到建武政权重用。

关于这样大量任用武家官吏的杂诉决断所，《梅松论》认为它掌管着“前代判决的案例”。例如，关于“本领安堵”（承认原有领地）一事，虽然申诉人可以向记录所或决断所中的任意一处提起申诉，但实际上也有人指出，记录所主要为寺社权门服务，决断所主要为地头御家人阶层服务（森茂晓《南北朝

1 问注所，镰仓、室町幕府的诉讼机关。

时期公武关系史的研究》)。杂诉决断所是镰仓幕府为处理“所务沙汰[1]”也即领地知行相关案件而设立的引付的后继机关，可见它被设计成一个专门处理与武士领地有关案件的地方。“杂诉”这个词是指与各机构本职以外的杂事相关的诉讼，杂诉决断所就是一个不依据原来的职权范围，也不限于公家社会的规矩，涉及广泛的领域，为形成判断而办理各种手续，并提供实践知识作为判决素材的机关。

例如，恩赏倒幕功臣一事，最初是在上卿的指挥下咨询记录所的官吏、进行审查，然后上呈给天皇，再由天皇下达纶旨。但纷至沓来的赏赐请求超过了记录所的处理能力，建武元年（1334）年初，恩赏方被按照负责区域划分为四个部门，分别审查申请。分配给恩赏方的实务官吏，其组成人员与杂诉决断所一样，也有学者认为恩赏方实际上是决断所的一部分。同样，对于记录所，也有学者认为其职能逐渐被决断所取代，为裁判提供素材的职能已经集中于决断所。

此外，还设立了负责守卫天皇住处的武者所，由头人领导、武士组成。还有一个名字古怪的机关——“洼所”，一般认为其职能与武者所类似，负责守卫内里，也可能是一个谍报机关。另外，笠松宏至从“洼”（窪）字与“问注”的草体相似这一点，猜想它与问注所有关(《重新认识日本中世史》)。

---

1 所务，职务及其收益；沙汰，裁决，判断，处理。

但记录所与问注所的职能相似，洼所与记录之间的关系不明，且洼所与武者所的成员有所重合，具体情况无从判断。

这些令制官司以外的机关正是建武政权在构造上的特征。后醍醐天皇对既有的官府机构也进行了改革。

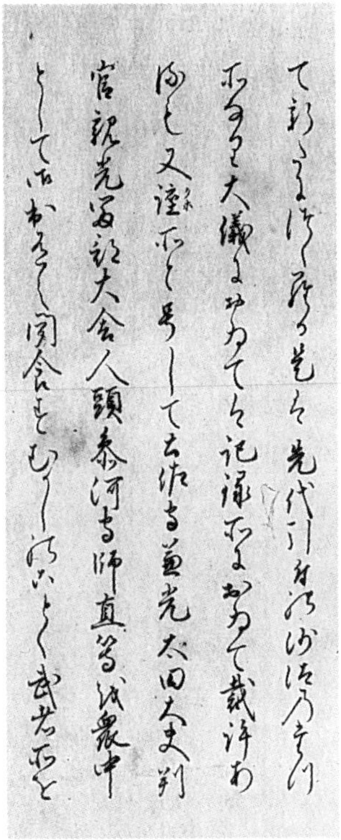

《梅松论》记载的洼所　见于第三行所写“又号洼所……”（日本国立公文书馆藏）

建武元年（1334）十二月，后醍醐进行了人事调整，将包括现任大臣在内的公卿任命为八省卿（长官）。从律令制原本的官位对应制来看，八省卿相当于正四位下（只有中务卿为正四位上），比大臣（相当于一位或二位）或大纳言（相当于正三位）等议政官的官位要低。实际运用官位对应制时并没有这么严格，公卿中的中纳言或参议被任命为八省卿的例子也很多。然而，从未有过将大臣或大纳言任命为八省卿的先例。佐藤进一认为这不仅是官位品级的问题，而且与律令官司体制的基本构想有关（《南北朝的动乱》）。大臣、纳言原本是太政官议政官会议的成员，承担着辅佐天皇、参与策划国政机要的职责，与之相对，八省卿是在太政官指挥下执行实务的各机构长官，两者之间有明显区别。后醍醐天皇就是从此处着手改革的。

也就是说，这项改革是要否定辅佐（有时是阻碍）天皇决策的议政官会议，让大臣及其下官吏全部变成实务官员，令其成为实现天皇意志的执行机关。可以认为，建武中央政府官制的基本构想是，作为智库的杂诉决断所和作为执行机关的政治机构都直属于天皇。

另一方面，地方官制的特征是各国国司与守护并列。

令制国作为地方行政单位，从院政时代到镰仓时代都是上级贵族可以收取贡纳品的领地，在概念上与庄园并列。他们让自己的子弟或亲信担任名义上的国司，采用“知行国”制度，以便获得这种领地。这是因为在官位对应制中，国司的官位很低，从惯例上来说不可能由上级贵族担任。然而国司的盈利化和形式化现象并不一定意味着令制国的机构被架空。国衙（令制国的政厅）被“承包”给有官职的当地势力，他们除了统治国衙领以外，还要指挥修缮、建造国内寺社，征收平摊给庄园与公领的一国平均役[1]，以承担伊势神宫的迁宫费等费用，另外还要负责编写、管理记载着国内庄园、公领田地面积和领有关系的“大田文”等杂务。

---

1 一国平均役，中世日本在朝廷的认可下以一国为单位征收的临时税役，原则上不分庄园还是公领。

在这种情况下，后醍醐虽然没有全面废除知行国制，但是与八省卿一样，他无视官位对应原则，将包括上级贵族在内的亲信任命为国司，还任命足利尊氏为武藏守，起用有实力的武士，以让国司实际掌管国务为目标。虽然这样一来，有的家族会失去数代相传的知行国，但后醍醐的意图在于让中央控制实质上已经委托给当地势力的国衙机构，并以此实现国司职能的实质化。

另外，他还设置了与国司并列的守护，常被并称为“国司、守护人”，负责执行中央政府的指令、制止滥妨（武力侵害）行为，国衙则在国司和守护的命令之下处理国务。镰仓时代守护的职权主要由重犯检断（抓捕和审判谋反、杀人等重大犯罪的嫌犯）和对国内御家人的军事指挥组成，但在蒙古袭来以后，由于军事动员方式的变化，军事指挥权的形式也随之变化。另外，守护还参与“使节遵行”，也即督促当地相关人员履行幕府的裁决。根据各国情况，也有守护实际掌管国务。建武政权之下，还有人兼任国司和守护，两者在制度上的权限关系并不十分明确，但与运营国衙相关的实质指挥权一般倾向于由守护掌握。结果，守护吸收了国衙机构，逐渐被确立为室町幕府体制下以“国”为单位的行政体系，后文还将详述。

建武政权的国司与守护

国名	国司	守护	国名	国司	守护
陆奥	北畠显家	不设	山城	中原章兼	不设
出羽	叶室光显	不设	摄津	楠木正成	楠木正成?
上野	新田义贞	新田义贞	丹波	千种忠显	碓井盛景
下野	小山秀朝	小山秀朝	丹后	某定恒	不明
常陆	佐竹义笃	小田治久	但马	名和长义?	太田政常?
下总	千叶贞胤	千叶贞胤	因幡	名和信贞?	海老名维则?
上总	足利尊氏?	足利尊氏	伯耆	名和长年	名和长年
安房	足利氏?	足利直义?	出云	不明	盐冶高贞
武藏	足利尊氏	足利尊氏	隐岐	盐冶高贞	盐冶高贞
相模	足利直义	不设?	石见	吉见氏?	吉见赖隆?
伊豆	上杉重能	足利尊氏	播磨	园基宣	赤松则村
骏河	胁屋义助?	胁屋义助?	美作	富田秀贞	富田师泰?
远江	宇都宫贞泰	足利直义	备前	万里小路仲房	伊东宣祐?
三河	橘知任	足利尊氏	备中	中原师利	不明
尾张	足利高经	足利氏?	备后	中原师利	朝山时纲
美浓	堀口贞义?	土岐赖贞?	安艺	中御门宣明	武田信武
甲斐	武田贞信	武田政义	周防	(东大寺料国[1])	大内长弘
信浓	某 (护良亲王家司?)	小笠原贞宗	长门	万里小路宣房	厚东武实
飞驒	姉小路高基?	岩松经家	淡路	不明	长沼秀行
越后	新田义贞	新田义贞	阿波	细川和氏	小笠原赖清
佐渡	中原秀清	足利氏?	赞岐	大岛义政?	高松赖重
越中	中院定清	普门俊清	伊豫	冷泉定亲	河野通纲
能登	中院良定	吉见赖为	土佐	阿野实廉	伊贺兼光
加贺	五条赖元	富樫家明?	丰前	坂上明清	武藤贞经
越前	中御门宗重	堀口贞义	丰后	高辻在登	大友贞宗
若狭	不明	多门坊良忠	筑前	足利贞义	武藤贞经
近江	勘解由小路兼纲	六角时信	筑后	万里小路宣房?	宇都宫冬纲

1 东大寺料国，指周防国，为东大寺提供经济收益，由东大寺管理。

续表

国名	国司	守护	国名	国司	守护
伊贺	冈崎范国	千叶贞胤	肥前	小槻冬直	大友贞宗
伊势	吉田定房?	结城亲光	肥后	菊池武重	大友贞宗
志摩	（伊势国司、守护兼任？）		壹岐	宇土高俊	松浦峰定?
纪伊	四条隆贞?	保田宗赖?	对马	菊池武茂	武藤贞经
和泉	四条隆贞	楠木正成	日向	中原康纲	岛津贞久
河内	楠木正成	楠木正成	大隅	二条家	岛津贞久
大和	（兴福寺）	不设	萨摩	中原师右	岛津贞久

（主要出自吉井功儿的《建武政权期的国司与守护》）

官司运营的方法

建武政权最显著的运营特点是对门第秩序和官司垄断的否定。

构成公家社会的氏族首先分为能够成为公卿（三位或参议以上）的上级贵族和其下的中下级官吏。上级贵族又可以被分为摄政关白辈出的摄家，能升至大臣的清华家、大臣家和能升至大纳言的羽林家、名家，等等。根据门第，一名贵族能升任的最高官职（极官）和晋升路线都已固定。另一方面，中下级官吏的晋升路线与官司垄断一体化，特定的家族承包特定的实务和现场作业部门，负责业务运营，并世袭职位。这种方式虽然没有制度上的依据，但通过反复的实践成了公家社会的固定规则。

后醍醐将能够官至大纳言的名家成员吉田定房任命为内大臣，以超越门第的人事晋升优待自己的亲信。不仅如此，在做人事安排之时，他故意无视晋升路线的固定模式。安排大臣级别的公卿担任八省卿就是一个典型例子，之所以把没有担任过实务官的摄家、清华家的人安排到这些位置上，无疑就是要逐渐瓦解门第秩序。

在官司运营方式上，尤其重要的是废除官司垄断。其中最有代表性的事例是让名和长年担任由中原氏垄断的东市正[1]一职，让伊贺兼光担任由丹波、贺茂、和气诸氏垄断的图书头[2]一职。可以认为这是在尝试通过任用公家社会外部的官吏，瓦解氏族独占（或寡头垄断）官职的体制，将实际统领官司机构的权能回收至天皇手中。

但是，这样一来，官司运营上就会出现一些问题。在中世的公家社会，各官司应如何运转，并没有像律令那样成体系的规范可依。各官司积累实践案例，并据此推导出一套准则。各机构成立于“一直如此”的事实之上，一边摸索着与周围环境保持平衡，一边积累实践经验。但是，在将“这么做没问题”作为条件不断重复的过程中，也总是蕴含着运转准则被一点点改变的可能性。某个官司在某个时间点上的工作准则，是以此前的实践为积分，以当时的环境条件为函数来决定的。为了按后醍醐的意图重组以这种原理运转的各官方机构，就只有分别

---

1 东市正，东市司的长官，律令制下负责管理、监督平城京、平安京等地东市的官职。

2 图书头，图书寮的长官，相当于从五位上。图书寮是律令制下隶属于中务省的机关，负责收藏、管理官方书籍，修撰国史，筹备纸、笔、墨等物，也负责宫中佛事。

进行调整，这就导致整个计划的工作量变得十分庞大。

这件事与实务官吏的产生方式密切相关，进而还可以说和当时社会中的实践知识的存在方式相关。运营各官司的实践知识并未被概括为原理原则，而是作为具体指南被各个机构积累和继承。也就是说，被垄断了各官司的家族作为推行家业的家产独占、继承，而这保证了支撑着官司垄断体系的各家族的专业性。因此，各家族新一代的官吏被以与各自家业相符的固定方式培养起来，很难替代。

这种继承实践知识和产生实务官员的方法，既代替了律令制下的官吏培养系统，也适合于官司垄断制度。但是，官司垄断这种官司运转方式，对想通过该机构发挥作用的“权力者”来说形成了严重的制约。后醍醐想要否定官司垄断制度，但并没有提出能够取而代之的官吏培养系统或官司运转原理。即便他曾做过类似尝试，能否在短时间内实现也很难说。在这种情况下，“专制”到底能以怎样的形式实现呢？

天皇的“权力”并没有制度上的界限。这是因为在近代以前，日本的国家机构并非由轮廓明确的“权力”来操纵，但也并不是说这种“权力”是没有上限的“专制”。天皇实际行使的权力，其界限是根据各个时期的情况变化的。其中，各官司的运转原理从实际上制约着形式上看来没有界限的“权力”。而要想改变这些制约条件，就只有在不断累积的具体实践中一点点完成。

领地政策的特质

接下来分析建武政权的领地政策。虽说近年来学界对中世经济中非农业部门的评价越来越高，但对当时与政权有关的人来说，领地知行的问题无疑才是他们最关心的。这样一来，能够整顿领地关系的政治作用就变得非常必要。

后醍醐以维持当知行（现在拥有知行权的）领地的现状为原则，开始整顿土地所有权。首先，回京后不久，后醍醐便在元弘三年（1333）六月十五日发布宣旨，禁止在没有纶旨的情况下以武力改变现状。这件事一般被解释为防止有人依据护良亲王的令旨行使武力，同时认可后醍醐的纶旨为唯一改变现状的依据。随后，七月二十三日发布的官宣旨称，为避免各国人都根据纶旨上京来请求领地安堵（承认领有权），造成混乱，不再以个别纶旨的方式给予当知行安堵。换言之，除了曾帮助北条氏之人的领地外，不再对当知行地授予个别纶旨，而是统一给予承认，同时禁止对当知行状态下的领地行使武力，只有在得到敕令的情况下才能改变现状。这种新的方式被称为“一同之法”，它为建武政权下的领地知行秩序设置了初期条件。

当然，这并不意味着复杂的领地知行关系立刻变得井然有序了。尤其是那些曾归属于北条氏、被当成“朝敌”的人，关于他们的领地，上文中的规定并没有明示其归属。过去曾与这些领地有关的“本主”要求恢复知行权，而一些领地在没收后又被赏赐给了新的主人，如何处理“本主”的要求并调整他们与新主之间的关系，最终还是要依靠个别的判断来进行。“治天、得宗”体制曾在镰仓末期承担起公方的职责，一定程度上整顿了领地的知行秩序。而由于业已失去这条准绳，潜在的各种历史依据便一齐浮出表面，导致了各种矛盾和对立，这时便需要有人裁决，而这个任务就被交给了杂诉决断所。

按照后醍醐最初的构想，要裁决这些问题，应该依据以后醍醐自身判断为基础下达的纶旨。也就是说，对每一种权利关系，都要给出具体定义，而做这种定义的方式就是纶旨。这件事常被评价为后醍醐无视现实、谋求“专制”的最典型表现，但它本身是在镰仓末期形成的，可以说是对公武各自采用的“法式”（规范、做事的方法）的继承。问题是，人们以个别特殊事件和诸多先例为依据产生的主张和期望，在得到整理之前就被带进诉讼现场，这导致突然出现了许多问题，而要想不依据一般准则，恰当而高效地判断每一个具体事件则是非常困难的。这种条件下的诉讼，不用说仅凭借纶旨，就是根据记录所提供的先例和知识也无法完全处理，还必须参考武士社会中广泛存在的实践案例。设置、扩充杂诉决断所，就是为应对这种状况。

多数情况下，案件处理结果是通过落有杂诉决断所职员署名与花押的文书“牒”来通知的，形式上与后醍醐天皇的关联性减弱了。这也显示出将政务处理权集中到后醍醐天皇手

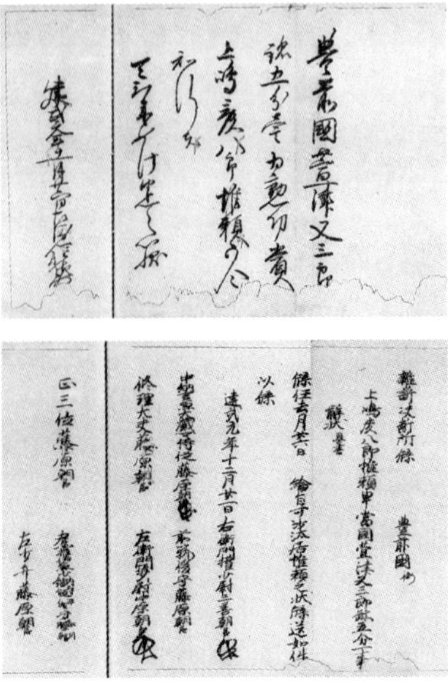

后醍醐天皇纶旨和杂诉决断所牒　纶旨（上图）表示将丰前国内领地作为功勋赏赐给上岛惟赖，牒（下图）则根据纶旨命令丰前国衙将该领地交给此人。这是“授予权限”的纶旨和“执行命令”的牒的组合（“阿苏文书”，东京大学史料编纂所藏影写本）

中的制度是有局限的。有人指出，像这种即便持有纶旨，若无杂诉决断所牒文，国司、守护也不会遵行的原则，早在建武元年初期便已形成了。其中虽也包含应对“假纶旨”泛滥的意图，但无疑，杂诉决断所的牒文被授予了从制度上确定并表现知行关系的功能。

另一方面，规范地方领地秩序成了诸国国衙或者说守护的任务。例如，建武元年（1334）五月三日，检非违使厅命令诸国国衙对“借债以及买回抵押品的票据”进行“处置”，并提出了评估准则，还提出了判断田地买卖是否有效的准则。这是效仿镰仓幕府的“永仁德政令”，为辨别土地抵押、买卖是否有效设置了标准。特别是“承久以来的卖出”一项，否定了承久之乱以后镰仓政府对被售土地领有权的认可，也就意味着否定了镰仓幕府在军事压制朝廷以后的正统性，“元弘以来”即后醍醐天皇流放隐岐期间的土地买卖也都被视作无效。值得关注的是，这些事例都直接表现出“后醍醐天皇的秩序”意识。像这样按规章向诸国国衙下令，是为了让诸国以肉眼可见的形式整顿领地知行，并且分担这种职能，也可认为后来室町幕府中守护的职能正是沿袭自此。

因此，获得杂诉决断所的牒文就成了制度上的“正当性”的指标，再由国司、守护施以各种手续，建武政权下的领地知行秩序就在诸国以肉眼可见的形式建立起来，规范着人与人之间的关系。

但是，当涉及与“下职”即在地性较强的“所职[1]”有关的争论时，若其领有关系是独立于“本所－代管人”而存在的，比如是开发领主[2]以来代代相传的，或是依据历代天皇或治天的“上裁”行使知行权，就由杂诉决断所处理，除此之外都由“本所判决”。另外，若拥有“下职”的人或者百姓行使武力，则由各本所以“领主处分”的形式严格规范。上述制度表示政府和本所各自承担不同职能，保留“本所－代管人”的关系，并将其吸收进官方规范以维持秩序，带有妥协的色彩，或许也可视为后醍醐构想的一种倒退。

---

1 所职，中世时庄园的本所职与名主职、寺社的别当职、铸工职等职务。后来被物权化，成为继承、让渡、买卖的对象。

2 开发领主，日本庄园公领制下，开发并拥有田地的人。

财政政策的构想

不用说，要想让后醍醐构想的新官僚机构正常运转，需要有物质支持和相应的财政基础。而后醍醐想要将运转官司的权力回收、集中于天皇手中，与此意图相应，新的财政体系也必然被建成以天皇为中心的结构。

在中世公家社会，支持官司运转的物质收益来源于各官司的业务和与之配套的官司领地，这样，对于被垄断的官司，其财政来源实际上就是承担其业务的各家家领。而不以特定官司为家业的公卿阶层，则如字面所示，以自家家领来支撑其活动。遇到天皇即位仪式、伊势迁宫等临时活动时，则会征收作为临时特定财政来源的一国平均役和役夫工米[1]等税役。无论如何，公家政权不具备通过国家财政进行预算和分配的功能。

建武政权的财政政策是从流通领域开始的。平安京的左京和右京分别设有东市和西市，由东西“市正”负责管理，一般由检非违使中的明法官员（以中原氏为主）担任，但在建武元年（1334），后醍醐让心腹名和长年取代了“东市正”中原章香的职位。虽然在亲政前期，后醍醐也曾在二条町东西两侧新设市场（绕过既有市场），尝试插手流通领域，但这时是更进一步，意图通过回收和重组来完全掌控负责管辖的官司（当

---

1 役夫工米，中世日本每二十年征收一次的伊势神宫迁宫营造费，征收对象是诸国公领和庄园，是一种临时课税。

然，这些措施是否真的起作用就是另一个问题了）。

另外，同样在建武元年，建武政权还尝试发行货币。众所周知，自律令国家的“皇朝十二钱”以后，日本就再也没有铸造过货币，而是使用以宋钱为主的中国钱币。镰仓时代以后，宋钱的流通规模进一步扩大。后醍醐在建武元年三月二十八日发布诏书，下令“铜楮并用”，也就是宣布要发行铜钱（乾坤通宝）和纸币（楮是纸张的原料）。发行纸币的主意大概源自元的纸币“钞钱”。然而实际上，虽然能找到设立铸钱司的记录，但无证据表明实际流通过相关铜钱和纸币。关于此事，比较有力的解释是新币还未流通，建武政权就已崩溃，但即便真的发行了新币，也很难说它能否产生和既有宋钱同等的信用。后文还将详述。总之，可以推测国家财政在流通经济全体中的占比很小，这形成了很大的障碍。

这项货币发行计划似乎和大内里营造计划关系密切。平安京的大内里自承久元年（1219）被烧毁后就没有重建。建武元年正月，重建一事被提上日程，新的财政政策规定由安艺、周防两国提供资金，计划“征收日本国地头御家人领地收入的二十分之一，还讨论了“发行我朝自古未曾有过的纸钱”一事”（《太平记》第十二卷），另外似乎还征收了役夫工米。关于大内里营造，翌年六月开设了管理相关业务的“造内里行事所”，除此之外没有具体行动，不过，很多学者认为建武政权想以这项计划为契机来重建“国家财政”。

例如，关于前文提到的“领地收入的二十分之一”，同年十月出台了具体规定：诸国庄园乡保，一律要将各本所各领地中各种收入的二十分之一上缴给“御仓”，如逾期不纳，“应增缴一倍”（增加100%）。关于“御仓”是什么，史料语焉不详，但无疑是新设立在京都的财政收取及分配中心。有史料显示若狭国确曾征收过这种税。可以这样解释，后醍醐将这种在性质上与各大家族所承担的年贡、公事完全不同的税役作为增加财政收入的手段来推广，谋求规范财政再分配，改变经济凝聚力的构造。

但是，如何才能通过“克扣”领主实现财富的聚集和再分配呢？实话说，作为其前提的年贡等租税为何能成立，中世的人们为何每年都向领主缴纳年贡，这些问题的理由实际上还无从判断。一种有说服力的看法是，年贡的征收与缴纳是一种契约关系，领主整顿好农业再生产的条件，与之相对，领民则缴纳年贡，是一种相互的关系。根据这种说法，年贡的原型是特定领主和领民之间个别的征收、缴纳行为，后来作为理所当然的规定形成习惯，被确立为制度。与此相对，“领地收入的二十分之一”这种收税方式对所有人一视同仁，不是来自个别领主与领民的关系，那么，或许我们就能从中发现另一种关系、另一种确保了财政再分配路径的构造。

在财富暂时汇集并被再分配的过程中，建武政权占据了特殊的中心位置，并试图据此主张自己与普通领主不同。那么，建武政权是凭借什么占据了这样的位置？它准备了什么样的说明？我们将从中发现支持建武政权的理念问题。

第四节 | 建武政权的理念

革新与复古

“朕的新法将成为后世的先例”——这句话常被用来概括后醍醐的政治思想。在任何事都要以先例来评价、规范的中世，与先例不同的“新法”一般会被指责为“非法”。但后醍醐偏要标榜“朕之新法”，宣布自己的“新法”打破惯例，将在未来成为新的先例，很多人认为其中流露出他与中世的“先例主义”相抗衡的、“专制的”政治思想。

只是，后醍醐的这段话还有前半部分。他说“今日之先例乃往昔之新法”，也就是说，以先例为标准的、现行的规范，最初也是没有先例可依的“新法”。回溯现行规范的先例，追根问底，就会迷失其最初的依据。他进一步考虑到更早之前应该存在某种原型，并据此设想出应有秩序的样板。有学者指出，后醍醐的所谓“新法”其实也在很多地方参照了传统（笕雅博《论中世王权的相关问题》）。所以他并非完全否定将先例当作依据的做法，而是通过设想最初的原型，追问现行惯例的成立依据——先例的合法性，分辨其中可以采用的部分和不可采用的部分，并将这种判断的权力掌握在自己手中，再参照旧例，划定今后应遵循的“先例”。

在这方面，据说是后醍醐敕撰的《建武年中行事》一书最具代表性。该书与同样被视为后醍醐敕撰的《日中行事》（原本还包括《指图》和《临时部》，已失传）是一组仪式书，依次讲述了朝廷应举行的年中行事[1]和日中行事。《年中行事》似乎参考了平安后期的仪式书《江家次第》（大江匡房撰），《日中行事》则参考了记录摄关政治时期藏人职务的《侍中群要》（撰者不详）以及承久时期根据古例批判宫中混乱的《禁秘抄》（顺德天皇撰）等书，并根据上述规范，展示应复兴的旧法样貌。

话说回来，虽然中世的“先例主义”常被人提起，但这并不意味着中世社会的实践都被累积的先例、习俗所禁锢。恰恰相反，遵循先例的实践反而更富于变化。对先例的选择和解释并非一成不变，而是根据当时的情况，不断生成符合情势要求的、新的先例，具有不断变化的可能性。过段时间回头再看，人们经常会发现现行规范早就偏离了过去的实践。但是，在比较“过去的实践”与“现在的实践”时，哪一种实践才是应采

1 年中行事，每年在特定时期举行的各种仪式与活动。狭义特指宫中的公事（政务）。

用的正确规范呢？关于这个问题，不能用简单的“先例主义”来回答。

例如，在中世初期的公家社会，年中行事的基本结构来源于9世纪的《年中行事障子》，但是，在反复的实践过程中，与之并存的是各官司和各家族在各自现场实践并积累起来的、不一定具有体系性和统一性的礼仪规范。渐渐地，人们不再事事都向《年中行事障子》确认依据，这本书与实际规范之间逐渐出现了隔阂。另一方面，12世纪后，以负责太政官书记局——外记局实务的中原家为中心，形成了细分化的年中行事认识。这些认识不断吸收实践中的变化，得到修正，并不断为正在实践的年中行事提供可依据的框架。

另一方面，礼仪规范吸收了不断涌现于实践现场的新事态，不断变化。对这种规范，人们不时提出过去存在的“正确”做法，追问现在做法的“合理性”。这便是德政。所谓德政，是这样一种尝试——将过去当作一面反射出秩序存立的“合理性”的镜子，与现在对照，并以过去为样板重新讲述现状。在这种情况下，即便所谓“过去的合理状态”并不真正存在于过去某一具体的时间点上，而只是人们从现在的视角创造出来的、拟制的东西，也没有关系。关键在于通过假借“过去的存在”来展示一种样板。一提到德政，人们就容易强调它是一种“回归现象”，但实际上，设想“回归到哪一点”才是最重要的。

后醍醐意识到这种“新法”生成的连锁现象，将现行规范看作反复实践的一种结果，使其相对化，另一方面则提出根据《建武年中行事》复兴旧法，力图回归假托于“延喜、天历”的“过去的正确姿态”。从这里的确可以看出与德政思想的相通之处。在现状之外假设一种“正确”的状态，并试图据此进行改革。在这样的行为中，革新与复古实际上非常接近。后醍醐的“新法”，正是意味着回归现实时间之外的假想样板。

后醍醐这种政策与旧有德政的不同之处在于，他的样板参照了宋朝皇权的形式，将天皇的至高权力吸收进来，并试图将秩序的存续根据集中到天皇手中，然后使其普遍化、日常化。旧有的德政，是在德政这种特殊状况下，根据具体情况指定不同的“回归点”，但不会将这种暂时的“正确性”从现状的推移中剥离出来，保存为一种样板，所以也不会阻碍新的变化和背离出现。与此相比，后醍醐则是与现状对抗，将约束现状的理念化为一种常规，让秩序始终在自己的手中得到规范。在这里，现状与理念的对抗关系表现得尤为鲜明。

永世与更替

现状与理念对立这种图式，也可以用来解读后醍醐的其他政策。其中最为重要的问题之一是“职”的两种形式——“永世”和“更替”的关系。

“永世”与“更替”都是指“职”的存在方式。“永世”表示“职”一旦成立，就可以不依靠与本所之间的关系而存在，即便不通过本所，也可以进行继承、转让或售卖。与之相对，“更替”则是指“职”始终以本所为存在根据，在进行继承或其他形式的变动时，必须得到本所的允许。

“职”原本是在“本所－代管人”的关系中成立的——若从这种道理来看，那么“职”自然应以更替为原则。但实际上，本所为了确保实质上的补任权而主张更替，知行者则想要把暂时获得的“职”变成既得利益，因而主张“永世”，这样，两者之间就时常发生摩擦。现实中，由知行者主导的继承（也需要本所事后承认）反复发生、形成定例，结果造成了事实上的“永世”——这样的现象也是有的。每一种“职”往往通过在两极之间取得平衡而存在。话说回来，要分辨某种“职”是“永世”的还是“更替”的，一般来说很困难，也没有必要。只要能解决出现的具体问题就行。

镰仓后期的德政突出了这个问题。当治天试图从外部插手，规范这种随具体状况而变化的平衡关系时，就需要界定本所与知行者之间的关系。针对某一种“职”，知行者主张它是“永世之职”，是从其父亲手中继承的，而本所却主张它是“更替之职”，想要将其收回并让别人补任，这样两者之间就有可能产生矛盾。但是，因为治天的介入，知行者与本所之间的这种对立构图发生了变化。在这里，本所与知行者之间原有的

“本所－代管人”关系被切断，在治天的统治下，“永世之职”与“更替之职”被区分开，本所对“更替之职”享有的权利和知行者对“永世之职”享有的权利，都在与天皇的关系中被重新界定。也就是说，这样一种结构成为可能：两者各自以治天为本所，作为“职”获得权利。

后醍醐则更进一步，他构想了这样一种结构：取消一切“职”与本所的关系，让天皇代替本所，而在这种关系里，“职”是更替的，只有天皇是永世的。废除寺社权门在诸国一宫、二宫[1]中的本家职、领家职，改革国司制度，取消官司垄断制度等行为，实际上是要将各官职的存立根据回收至天皇手中；在否定官司垄断制度的同时，也回收事实上作为家领世代相传的官司领地；否定永世，将更替化推行到底。另外，门第的相对化也可被理解为其中的一环。而在现实中，“下职”与本所之间的关系并未被切断，这清楚地表明，后醍醐的构想并未得以实现。不过，尽管如此，他确实曾经尝试建立一种立于万人之上的“天皇的权力”的样板。

人与人之间的关系被人与天皇之间的关系重塑，天皇占据了人际关系的中心位置，并以此为基准点，赋予这个世界一种放射状结构。后醍醐构想出这种世界结构，并试图将各种财富的集中与再分配过程也重组为放射状结构。

---

1 一宫、二宫，某个地域中级别最高的神社。

事实与规范

前文使用了“天皇的权力”一词，而后醍醐的特殊性恰恰在于他尝试建立这种“天皇的权力”的样板。

话说回来，追溯“何谓天皇”“天皇何为”的依据，并明确表达，这样的尝试不能说很多。至少，在社会认同的基础上，将“天皇的权力”确立为制度，这种行为恐怕直到近代才首次出现于宪法体制中。

比如说，律令并没有直接规定天皇的权能。可以认为，律令制下的天皇权能，被界定为律令所规定的各官司职能的总和。但在平安中期以后，随着官司机构的重组，这样的界限变得相对化了，天皇的权能具体指什么，可能是什么，都是在具体情况中作为事实存在的，并根据其先例不断变化。政治体制的变动具有连续性，天皇与摄关的关系，或者天皇与院的关系，在未经过明确制度变更的情况下，就以一种“平调”的方式，让摄关政治和院政作为“新法”相继出现。

社会中实际存在的情况并不一定有理论上的必然性依据。例如，官员的晋升路线就没有什么必须这么做的依据，而只是因为至今为止都是这样做的，才存在于实践的积累之上。以不断出现的具体实践案例为基础、能够被预测的“下一次”，也会随着时间的流逝渐渐变化。某一时间点上的规则，总的来说是以“现在是这样”为根据成立的，并将在不断重复的实践中逐渐变化、被相对化。不过，这些规则仍然能为后续的实践提供“那样也行”的依据。

所以，后醍醐的构想与原来公家社会的存在方式之间，并不存在“理念对理念”这样同一水平上的对立。从这里能够看到的是，是以在现实之外设想的理念来规范现实呢，还是以无数实践案例为前提条件来改进现实？这体现出世界组成方式的不同，以及是否存在某种应该经常参考的设计图。后醍醐一边继承了创造出中世天皇的种种先例，一边参照宋朝皇帝的存在方式来定义“天皇”，并通过引用这种设计图，暂时切断现实，尝试重新构建世界。从这种意义上来说，后醍醐的构想是相当有逻辑性的。当然，这种“逻辑性”到底有多大说服力就是另一回事了。

有学者评价这是在“恶搞”。也有不少学者给出严厉的批评，说后醍醐因为憧憬“古代”而脱离现实，追求不可能实现的、脱离时代的梦想，结果遭到挫败。不用说，这些评价确实捕捉到了后醍醐的某些重要特点：他提出“回归延喜、天历”的口号，将天皇存在的样板寄托于过去，不仅如此，还从令制官司里收集素材来构筑政权，伪装成“复古”。

但是，后醍醐并非企图系统性地重建律令体制，而只是利用古代素材来实现与旧有的社会存续原理不同的理念。很多学者根据这一点强调后醍醐的“冒进性”，也有人认为正是后醍醐给了“古代”残余决定性的一击，从而开启了真正意义上的

“中世”的大门。与这种看法相近，还有人认为后醍醐的大多数政策都对后世政权有影响。

这些乍看互相矛盾的解释之所以能够并存，与如何理解这个时代的对抗关系有关。后醍醐是这种关系中的一方，那么另一方是什么呢？与后醍醐有关的情况十分复杂。一方面是因为重新提出并具体化公家社会理念中的“古代”而暴露出的公家社会内部的对立，另一方面则是假借“古代”提出样板而引起的公家社会与外部世界之间的对立。

这种乍看很奇妙的事态，逐渐发展为与后醍醐在不同问题上对抗的势力互相勾结起来。看上去难以相容的势力，因为被迫在后醍醐设定好的位置上与其理念对峙而产生了接触，他们吸收不断出现的各种事实，将事态导向新的平衡。我们能够从中看出的，并不是新旧之间的对立，而是理念的特权性与平衡的偶然性之间的对立。

从理念出发、与现状对峙的后醍醐在中世十分特殊，而来自现状方面的反作用则召唤出足利尊氏，并赋予了他重要的使命。足利尊氏并没有提出自己的构想或按照这种构想来建立秩序，而是置身于具体情况之中，通过接受不断变化的现状，在维持平衡的基础上，实现不断变化的秩序。贯穿于这个时代的争议焦点并非存在于不同的理念之间，归根结底还是存在于“原理派”的后醍醐与“现状派”的足利尊氏之间。

第三章

将军足利尊氏

第一节 建武政权的反作用力

公家社会内部的不和谐音

后醍醐的政策试图改变向来的政治习惯，以新的形式整合公家社会，要求从结构上改变公家社会所有成员的行为准则，这就会不可避免地招致不和谐的声音和反作用力。话说回来，后醍醐之所以从非主流派系招揽人才，就是因为他在公家社会中相对孤立，所以不得不这么做。对于那些因后醍醐的改革而既得利益受损的人来说，后醍醐的权威到底拥有多大效力是相当可疑的。后醍醐“回归延喜、天历之治”的改革，因为沿袭自前代所提倡的口号，所以别人也很难从正面去反对，但也正因如此，这里产生的摩擦就更显复杂。

例如，被视为南朝理论家的北畠亲房，不仅在其记录官职形态和规范的作品《职原抄》中批判了后醍醐无视门第的人事政策，而且还在其主要著作《神皇正统记》中感叹世家大族的没落。不过，《职原抄·准大臣篇》评价由名家出身的吉田定房出任大臣一事“实在遗憾”，这句话被认为是后世的改写，还有人认为改写者就是16世纪的儒学家清原宣贤（加地宏江《中世历史叙述的展开》）。也有人指出亲房追求唯才是举，并不一定重视按门第任官。无论如何，对于各种官职的存在方式，亲房认可历史的依据而不是天皇的任性妄为，这就明显与后醍醐的观念相悖。亲房想要根据实践经验来建立具有整体性的官职秩序和规则，并期待天皇也能遵循相应规则。与之相对，后醍醐则想让天皇的意志占据世界中心，从这里就可以看出，两者对公家社会存立基础的认识有很大不同。

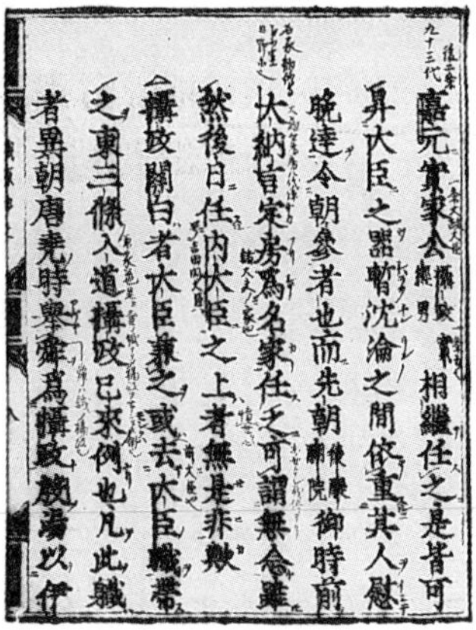
嘉元實家公攝政兼實相繼任之是皆可
昇大臣之器暫沈淪之間依重其人慰
晚達令朝參者也而先朝後醍醐院御時前
大納言定房爲名家任之可謂無念歟
然後自任內大臣之上者無是非歟
攝政關白者大臣兼之或去大臣職帶
之東三條入道攝政已來例也凡此職
者異朝唐堯時舜爲攝政殷湯以伊

出自《职原抄·准大臣篇》 第三至第五行是感叹定房就任准大臣一事（庆长十三年［1608］本，大阪大学附属图书馆藏）

另外，虽然亲房想要按才能选官，但官吏的来源却十分有限。亲房之所以重视能提供“能吏”的累世之家，正是因为认识到了这一点。正因如此，即便在北朝一方，《神皇正统记》和《职原抄》也未被视作南朝正统论，而是被视作表现公家社会规矩的书，得到接受、讲解、注释甚至增补，还被当作官制的样板，以资参考。

此外，在大约三十年后的北朝，本来最高只能升至大纳言的名家子弟劝修寺经显被任命为内大臣，当时被当作先例的就是同样出身名家且升任为内大臣的吉田定房。对此，三条公忠在日记里表示了非难，认为后醍醐时代有很多“疯狂的行为”，不适合用作先例。从这件事上，一方面可以一窥后世公家对后醍醐构想的评价，另一方面，只要符合己见，公家也不排斥将之视作先例——这种思考方式也相当耐人寻味。

对于官府和官吏来说，当日常实践的连续性被切断，被要求根据抽象的原理原则重新确立规则时，如何恰当地回应这些要求就成了让人头痛的事。毕竟，现场积累的规则是在反复实践当中不断调整的。而这些抽象原则，具体来说将会如何改变规则，某种规则的变化又会对其他现场规则造成怎样的影响，要如何应对才能保持全体机能的统一性，这些问题的答案都无从得知。换言之，要想恰当地替换现有程序，必须拥有备选方案，但这备选方案并不存在。所以，至少在短期之内，官府运营方式的变更是欠缺统一性和预见性的，这给当事人带来了很大困扰。

总之，这时人们便开始想要回到他们所熟悉的规则上去。实际上，不论后醍醐的构想如何，整个建武政权时期的实务官司运营方式都没有过较大变动的痕迹，只有各自现场的日常实践中出现过个别的妥协案例，这是为了弥补前后矛盾。

例如，建武二年（1335），松浦山代龟鹤丸在肥前国宇野御厨[1]（今长崎县北部一带）内的地头职知行得到了承认，相关太政官符在十月七日签发，同年十二月十日，又下达了命令同国守护所将上述内容告知当地的杂诉决断所牒文。这件事之所

1 御厨，神社的庄园。

以受到关注，是因为它象征着后醍醐理念的后退，表现出公家社会回归习惯性规则的倾向。换句话说，要想调动官司，必须经过太政官，而后醍醐否定了这种操作模式，想要直接调动八省以下的诸官司，那么从他的设想来看，使用太政官符这种文书样式就是不可能的。反过来说，森茂晓认为，既然使用了这种文书，就表明申请确认知行的人比起纶旨更喜欢太政官符，"这意味着以纶旨万能为象征的后醍醐天皇亲政体制失败了"（《南北朝期公武关系史的研究》）。后醍醐从理念出发，试图建立新的规则，结果却未能驱逐旧的规则，也未能在世人之间创造出期待与实现的良性循环。

公家社会内部郁积的不满和矛盾，大部分并未表现为表面上的反抗，而是一点点地渗透进实践规范中，无声地但切实地侵蚀着后醍醐的构想。

公家社会周围的不和谐音

另一方面，在被建武政权排斥的公家社会外围，产生了更为直接的反作用力。建武二年（1335）六月，发生了最后一任关东申次西园寺公宗与北条高时的弟弟时兴（曾用名泰家）联手扶持持明院统的后伏见上皇、背叛后醍醐的事件。过去，关东申次在公武关系中占据着重要位置，但是随着镰仓幕府灭亡，关东申次被废除，西园寺家也失势了，有人说这件事就是

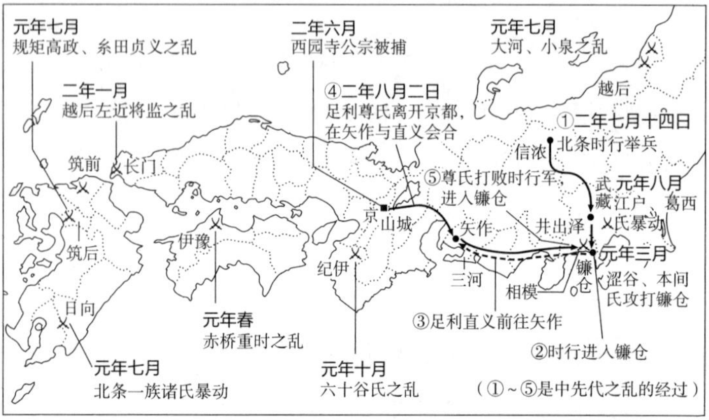

建武初年的内乱

西园寺家为恢复自身地位而谋划的。但是，因为公宗之弟公重的告密，事情败露，公宗被捕，并在发配出云的途中被杀害。关于公宗的谋叛，也有学者认为与关东发生的中先代之乱（拥立北条高时的儿子时行，后述）有关。

实际上，地方上经常发生拥立北条氏相关人员的叛乱。从建武元年到建武二年，在奥州、关东、九州，还有纪伊、长门、伊豫等地，都发生了伺机收复失地的军事叛乱。建武政权完全不是建立在稳定而平衡的状态之上的。

同时，这件事也说明，谋划叛乱的人是希望以这种行为改变现状，通过铸成既成事实来使现状变得更加有利，换句话说就是想趁乱占便宜。他们期待通过这种方式得来的结果不会被全盘否定，而总有一些会被接纳为现状。当然，如前所述，建武政权并不承认不按规定程序改变现状行为的效力，而且这是继承自镰仓幕府末期的法规。尽管如此，这种法规还在形成过程中，并没有成为武士的行为规范。应该如何控制不断出现在社会各处的既成事实以及对这些事实的接纳，如何约束武士的行为，都是后醍醐继承自镰仓幕府的任务。

后醍醐的构想是将秩序的依据收归天皇手中，表现为天皇的意志，并以此来驾驭难以撼动的既成事实。而在“公家一统”的建武政权之下，武士与公家同台竞技，所以公家的标准也适用于武士。原本，镰仓时代的体制就是通过幕府这种装置来驾驭、解释武士的行为模式，使其间接地与公家社会相联系。而后醍醐撤走了镰仓幕府这种装置，直接面对武士阶层，甚至想用自己的标准来统一要求武士。

这对武士来说也是前所未有的体验。最典型的问题是，许多武士对倒幕及其后的秩序形成、维持有功，应如何给予他们恩赏？武士行使武力来造就既成事实，而后醍醐则试图切断这些事实，并要求在其中加入天皇的意志，两者之间的认识差距非常大。所以，当我们将后醍醐的构想视作对立关系中的一方，就自然会重新意识到位于另一方的“武士的存在”。

《太平记》第十三卷记录了这样一则逸事：“后三房”之一的万里小路宣房之子藤房向后醍醐谏言，指出他的为政之道有失偏颇，特别是赏罚不均，并警告说若是武家出现堪为栋梁之才，天下大势可能会倾向于武家，结果触怒了后醍醐，藤房被迫出家。这段叙述或许为了突出足利尊氏登场的必然性而有些添油加醋，但至少从结果上来看，可以说尊氏登场的条件确实越来越完备了。特别是关东地区的现状，人们正在寻求一个后醍醐以外的聚力点。

关东的动向

毫无疑问，倒幕的核心力量原本就是足利氏。新田义贞攻打镰仓时，尊氏年仅四岁的幼子千寿王（足利义诠）对关东武士的集结起到了很大作用。尊氏作为幕府一方的将领出发时，千寿王被扣留在镰仓做人质。之后，配合尊氏为倒幕而举兵，千寿王也逃出了镰仓，在纪五左卫门的拥戴下来到武藏国，与新田义贞的军队汇合，以此为契机，关东诸将纷纷加入了新田的队伍。《增镜》（描写镰仓时代到南北朝初期的历史物语，14世纪中期成书，作者不详，一说为二条良基）和《梅松论》都记载说义贞拥戴千寿王为大将军，似乎很多与义贞一同攻打镰仓的武士都是为了千寿王而来。

镰仓陷落之后，尊氏派同族的细川和氏、赖春、师氏兄弟辅佐千寿王，但与义贞产生了矛盾，于是义贞只好上京。北条氏灭亡以后，武家故地镰仓被足利氏掌握，虽然足利和新田都有源氏的血统，但两者在关东武士中的声望不可同日而语。或许正因如此义贞才不得不通过效忠后醍醐来确保自己的地位。

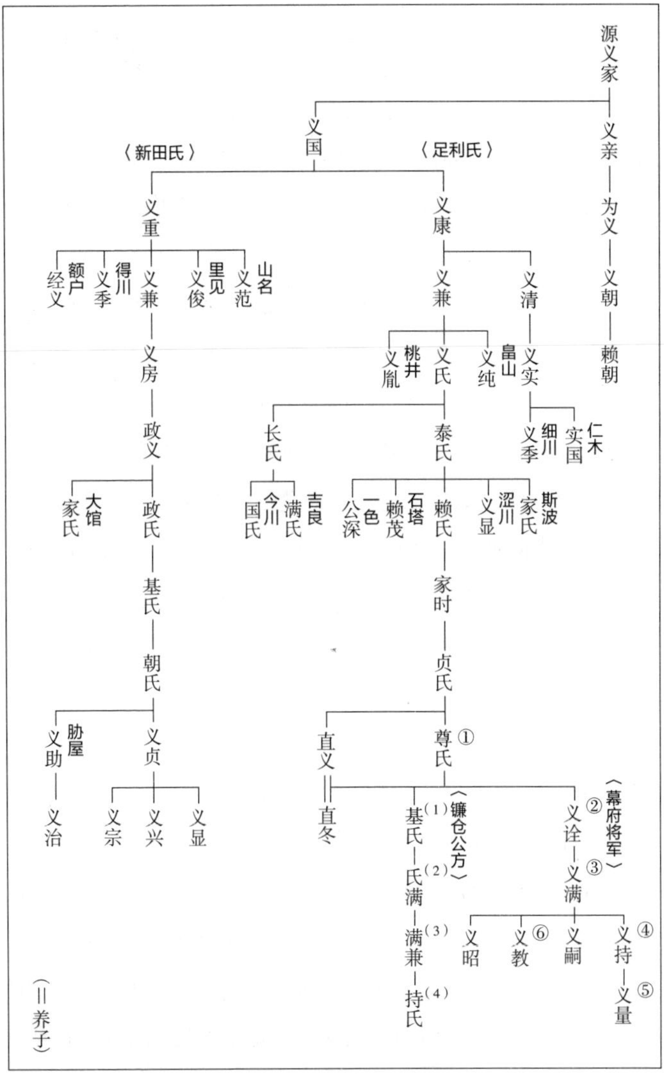

源义家
义国
义亲
为义
义朝
赖朝
〈新田氏〉
〈足利氏〉
义重
义康
额户 经义
得川 义季
义兼
里见 义俊
山名 义范
义兼
义清
义房
桃井 义胤
义氏
畠山 义纯
义实
细川 义季
仁木 实国
政义
长氏
泰氏
大馆 家氏
政氏
今川 国氏
吉良 满氏
一色 公深
石塔 赖茂
赖氏
涩川 义显
斯波 家氏
基氏
家时
朝氏
贞氏
胁屋 义助
义贞
直义
尊氏 ①
义治
义宗
义兴
义显
直冬
基氏(1)
〈镰仓公方〉
氏满(2)
满兼(3)
持氏(4)
义诠 ②
〈幕府将军〉
义满 ③
义昭
义教 ⑥
义嗣
义持 ④
义量 ⑤
(‖养子)

足利氏、新田氏谱系略图

另一方面，护良亲王得到了征夷大将军的官位，想要与尊氏进行军事对抗，与父亲后醍醐天皇之间也产生了嫌隙，结果在元弘三年（1333）八月被剥夺了将军的官位，发布的令旨也都被宣布无效。护良亲王贵为皇子还渴望得到武家栋梁地位，这引起了后醍醐的不信任感。另外，后醍醐重用宠妃廉子所生的皇子，这种构想对出自他人的护良亲王（母亲为北畠师亲之女，一说为日野经光之女）也是不利的。《太平记》第十二卷记载，尊氏通过廉子向后醍醐报告护良亲王有反意，导致护良亲王被捕。建武元年（1334）十一月，护良亲王被流放到武家故地镰仓，佐藤进一推断，这个流放地点实际上是依据武家社会中私斗的解决方法——"人身引渡"来选择的(《南北朝的动乱》)。

在这件事发生前后，元弘三年（1333）十二月，足利尊氏之弟直义依后醍醐之命，拥戴皇子成良亲王前往镰仓。后醍醐天皇的意图是设立一个驻外机构，以维持镰仓幕府崩溃后关东地区的秩序。成良亲王年仅八岁，掌握实权的是直义，也就是说，这就是室町幕府在关东地区的驻外机构"镰仓府"的前身。关东武士足利氏的名字来源于下野国足利庄（今栃木县足利市），他们之所以选择镰仓，是因为本就十分熟悉这个关东的政治、经济中心，而且这里也象征着武士社会的凝聚力。与后醍醐的意图不同，足利氏逐渐在关东站稳了脚跟。随后发生的一件左右政治史发展的大事也是从武士之地——关东开始的。

建武二年（1335）七月，镰仓幕府最后一任得宗北条高时的遗孤时行受原得宗被官諏访赖重拥戴，在信浓起兵，史称“中先代之乱”。镰仓的北条氏被称作“先代”，足利氏被称作“后代”，中间的时行就被称作“中先代”。时行的军队迅速进入武藏，击败各地的足利氏军队，逼近镰仓。到了这时，镰仓守将足利直义只好亲自迎击，却在武藏国的井出泽（今东京都町田市）败于时行的军队，只得暂时退回镰仓。或许是因为担心被幽禁的护良亲王被劫走、被时行一方利用，他在离开镰仓之际杀害了护良亲王，和千寿王、成良亲王一起向西逃往三河国的矢作（今爱知县冈崎市）。时行则在七月二十五日进入了镰仓。

三河在镰仓时代是足利氏的守护国，散布着许多足利氏的领地，一族中也有吉良、一色、今川这种来源于三河地名的姓氏。直义想要在此整顿军队，伺机反攻。他拜托大江时古将一路跟随的成良亲王送回京都，并派使者去向京都的尊氏报告事态。接到报告后，尊氏向后醍醐请求东进，并要求得到征夷大将军、总追捕使的官位，但均未如愿。后醍醐任命了成良亲王为征夷大将军。在这件事上，足利氏想要通过送还镰仓名义上的主人成良来谋求征夷大将军和总追捕使的官职，以便提高自身行动的独立性，而后醍醐却想通过让亲王占据大将之位来维持统治体制，双方的分歧已经很明显。八月二日，尊氏未得到敕许就离开京都东行，在三河与直义会师，然后在远江击败了时行的军队。这成为“南北朝内乱”下一阶段的开端。

第二节 “内乱”的爆发

尊氏的叛旗

针对没有敕许就出兵的足利尊氏，后醍醐在事后给予了他“征东将军”的封号，但在许多史料中，这个称号都和征夷将军混为一谈。这是后醍醐无奈之下想出来的安抚之策，未必符合尊氏本人的意愿。尊氏到底在多大程度上使用过这个称号也不明确。据《镰仓大日记》（成书于南北朝末期的编年史，编者不详）记载，尊氏驱逐了北条时行，在建武二年（1335）八月十九日进入镰仓，自称为征夷大将军。尊氏作为镰仓之主和武家栋梁，向寺社进献领地，下令举行祭礼表演，封赏诸将并追剿时行的余党，开始凭借自身的判断来恢复关东秩序。

在八月三十日的除目[1]中，后醍醐为奖赏尊氏的功勋而授予他从二位。他的目的是想把尊氏留在建武政权的秩序中，但尊氏为了与后醍醐天皇派遣到奥州的义良亲王和北畠显家对抗，在同一天任命了斯波家长为奥州管领（后改称奥州探题）。后醍醐将上述行为视作脱离建武政权的意思，于是派使节敦促尊氏回京。据说尊氏本想从命，但被直义制止。十月，

1 除目，平安时代中期以后，朝廷在任命大臣以外官员时举行的仪式。每年春、秋季各举行一次大的除目，除此之外还有许多临时除目。

尊氏开始在镰仓幕府旧地修建新的府邸，并设立侍所以处理恩赏等政务。

话说回来，在如何处理与后醍醐的关系一事上，直义和尊氏的想法有很大不同。直义拥有明确的构想，认为应该离开后醍醐，继承镰仓幕府并建立武家政权。十一月二日，他向诸国发布了追讨新田义贞的檄文，并开始招募士兵。另一方面，尊氏则在同月十八日上奏后醍醐，请求天皇下达追讨义贞的檄文。尽管不断受到直义的催促，但尊氏仍在与后醍醐决裂一事上犹豫不决。朝廷会议以杀害护良亲王和私自动员军队为由，决定追讨尊氏，任命尊良亲王为上将军、新田义贞为大将军，然后出动了征讨大军。到了这一步，尊氏仍未起兵，而是将政务委托给直义，表达了隐退的意思，闭门不出，似乎陷入了抑郁状态。

讨伐尊氏的两条理由其实都与尊氏没有直接关系，不如说直义才是当事人。同样，虽然这段时间的各种行动都被算在了尊氏头上，但其实是出自直义的想法。实际上，尊氏并不想与后醍醐对抗，这件事对后来事态的发展意义重大。不如说想要与后醍醐对抗的是直义。在事态背后，尊氏和义贞围绕武家主导权的矛盾、直义对后醍醐政权构想的反抗微妙地交织在一起。

接到追讨军东来的报告，尊氏仍然毫无动静，他身边的诸将终于失去耐心，在与直义商议之后展开了军事行动。但是，以高师泰为大将的军队在三河国矢作川被义贞军打败，直义率领的军队也在骏河国手越河原（今静冈县静冈市）受挫，退回到关东地区，义贞则继续向伊豆进军。直到这时，尊氏才终于慢悠悠地起身，于十二月八日离开镰仓，同月十一日又在骏河国竹之下（今静冈县小山町）打败义贞的军队，直义军也在箱根（今神奈川县箱根町）击退了义贞军。尊氏追击向西败退的义贞军，在骏河国府中（今静冈县静冈市内）与直义会合，并继续西行，于第二年，即建武三年（1336）正月进入京都。后醍醐逃往近江国坂本（今滋贺县大津市）。

此前在奥州侍奉义良亲王的北畠显家接到了与新田义贞联系并夹击镰仓的命令，但由于调动军队需要时间，等他到达镰仓时，尊氏和直义已出发前往竹之下和箱根了。显家马上展开追击，只比足利军稍晚一点到达近江，来到坂本与后醍醐、义贞和楠木正成等人会合。两军数次在京都附近交战，但足利一方终于没能保住京都，只得逃向丹波，尊氏、直义兄弟更是经摄津国兵库（今兵库县神户市）和室津（今兵库县龙野市御津町）逃到了九州。

后醍醐从坂本返回京都，在二月二十九日宣布改元延元，三月又任命义良亲王为陆奥太守，并派北畠显家作为东国镇守和义良一起再度前往奥州，还派新田义贞前往西国。但义贞在途中播磨国遇到赤松则村的抵抗，难以前进，这给了九州的尊氏、直义兄弟东山再起的机会。

其间，后醍醐的亲信之间似乎也产生了动摇。据《梅松论》记载，楠木正成看出武士的心都向着尊氏而不是义贞，于是劝说后醍醐舍弃义贞，与尊氏联手。这不仅是为了谋求军事上的胜利。他冷静地看出，尊氏并未抱有与后醍醐对立的想法，反而仍在谋求和解。然而，后醍醐却拒绝接受。面对执着于自身构想、不肯妥协的后醍醐天皇，楠木正成丢下一句“这场战争必败无疑”便奔赴兵库战场。

另外，深受后醍醐倚重的“后三房”之一万里小路宣房和“三木一草”之一千种忠显在当年正月相继出家。具体情况不详，据佐藤进一推测，两人是因为人们对建武政权的不满爆发而被迫辞职（《南北朝的动乱》）。虽然克服了最初的军事危机，但后醍醐身边的政治气氛越来越不稳定了。

尊氏的东山再起与军事胜利

虽然京都暂时失守，但足利尊氏早已准备东山再起。在经海路奔赴九州的途中，尊氏曾停泊在备后国鞆津（今广岛县福山市），并通过醍醐寺三宝院的僧人贤俊，接受了持明院统的光严上皇的院宣。关于其中经过，《梅松论》认为赤松圆心（则村）曾从中斡旋，《太平记》则记载说是尊氏在从丹波国逃往摄津国兵库的时候，曾派与日野（柳原）资明有交情的人为使者请求院宣，另外，田中义成推测尊氏在京都时就已和光严上皇谈妥（《南北朝时代史》）。总之，出身日野家的贤俊（日野资明的兄弟）在其中发挥了很大作用。这也被认为是后来日野家与室町幕府结下亲密关系的缘由。

即便如此，从事后看来，得到光严院宣一事成了“南北朝对立”这种构图形成的标志，正如《太平记》中记载的尊氏所言：“要让这场战争成为天皇与天皇之争，然后我们再参与战斗。”但是，院宣的内容似乎是命令尊氏去讨伐“新田义贞一党”，并没有否定后醍醐的政权，也没有直接与他敌对。在获得院宣以前，也有很多武士归顺尊氏，让后醍醐一方的北畠亲房与楠木正成叹息不已，所以对军事动员来说，院宣并不是必不可少的。本来，尊氏就对与后醍醐直接敌对一事心怀疑虑，甚至可以说是胆小怕事，虽然受到直义激励，又被卷进不断发展的事态，但仍时不时吐露不安的心情，烦恼不已。与后醍醐和解、驱逐新田义贞才是他的本意，在现状的推动之下被迫与天皇为敌则让他满怀不安，结果一直都对战斗没有信心。这让人不禁觉得，尊氏只是想从院宣中寻求行动依据，换句话说，就是在替自己找借口。或者也有这种可能，那就是院宣一事是直义为激励尊氏而策划的。

在没有明确构想的情况下，尊氏请求院宣，并且承认其意义重大，这无疑为他的“旗帜”身份增添了重量。武士们从足利尊氏身上找到了凝聚力，在“天皇与天皇之争”这块招牌之下，他们的期待获得了另一种实现形式。以此为契机，人们逐渐被卷入以天皇为主线的王权物语中。

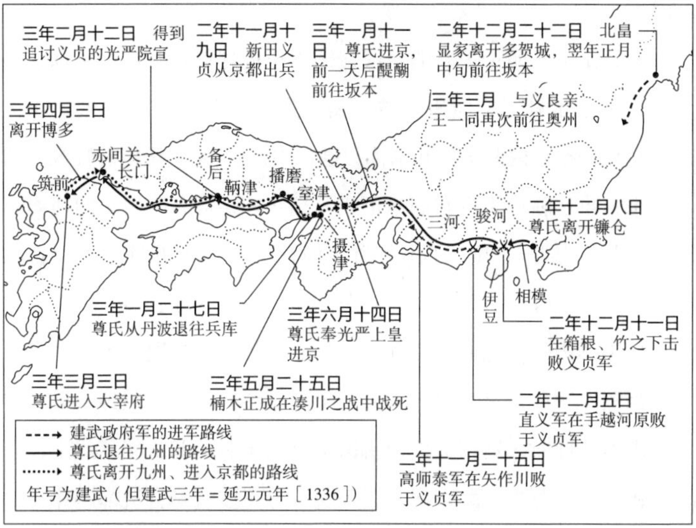

足利尊氏推翻建武政权的路线图

尊氏一行在延元元年（1336）二月二十日到达长门国赤间关（今山口县下关市），受到少武赖尚的迎接，然后渡海，于三月一日进入筑前国，二日在多多良滨（今福冈县福冈市）击败菊池武敏，占据了大宰府。以此为根据地，尊氏、直义与大友、岛津等九州实力派豪族结盟，在四月，以光严院宣为旗号踏上了东进之路。此时，一色范氏被留在博多，以统辖足利氏的军队，这成了室町幕府体制下九州探题的前身，后世之人在回顾历史时，常将范氏视为初代九州探题。

东进的军队在备后国鞆津兵分两路，尊氏从海路、直义从陆路两个方向逼近摄津国兵库。据《太平记》记载，这时京都召开了关于防御策略的会议，楠木正成建议暂时撤出京都，然后夹击足利军，但遭到坊门清忠等公家反对，他们批评说天皇在一年之内两次离开京都、逃往山门[1]，是对帝位的轻视。结果，虽然新田义贞和楠木正成分别在和田岬和凑川（两地均在今兵库县神户市）布阵防御，但在五月二十五日的凑川之战中，正成阵亡，义贞暂时撤退到西宫（今兵库县西宫市）试图反击，失败后逃回了京都。后醍醐接到凑川战败的报告，预计足利军快要进京，便于五月二十七日离开京都，逃到了近江国坂本。此时，新田义贞、新田义显父子和名和长年等武士，吉田定房、万里小路宣房、洞院实世等许多公卿官员都陪伴在他身边，但光严上皇称病留在京都，在尊氏派来的武士保护之下暂时躲进东寺。直义进京，准备攻打山门，尊氏则在八幡布阵并接应光严上皇及其弟丰仁亲王。

在直义的指挥下，足利军从六月五日开始对比叡山后醍醐一方展开攻击，但由于山门地形险峻，且山门僧兵武力强大，要想直接攻下并不容易，足利军在二十日一度撤回了京都。此后，京都周边的战斗又持续了数月。其间，后醍醐一方虽然还不时派兵攻打京都，但由于千种忠显、名和长年战死，反而遭到重创。然而，比叡山脚下的坂本之地位置险要，扼守着从东

1 山门，原指寺院或寺院的大门、山居之门，这里特指京都郊外的比叡山延历寺，因为位于比叡山山麓的三井寺被称为“寺门”，所以位于山顶的延历寺也被相应地称为“山门”。

国、北陆流入京都的物流要道，而且因为从事物流业的人大多受山门管辖，可以说这里能够威胁到京都人的生活。尊氏和直义看出此地是后醍醐一方的命脉，便于七月下令信浓的小笠原贞宗进攻近江国，并联合佐佐木高氏和斯波高经等人，切断从北陆、东国经近江至山门的物流线路。结果，这一策略奏效，后醍醐一方及山门军的粮食告急，大势已定。

公家社会的应对

在此之前，六月中旬，光严上皇随尊氏进京，避开成为战场的洛中，在尊氏的警护下与丰仁亲王一同进入东寺，建立御所，并宣布废除延元年号，恢复建武。之后，留在京都、没有追随后醍醐的公卿大多来到东寺觐见。光严上皇通过院宣开始执政，如承认寺社领地和补任僧职。光严院政正式开始。

一般而言，八月十五日丰仁亲王践祚（光明天皇）向来被视作“北朝”成立和光严院政开始的标志。但在自平安末期以来的“治天”体制下，上皇与天皇并存，都拥有执政的权力，就算天皇出于某种原因而不能理政，也可以依照院的意见推进政务。再加上院政的开始并不需要经过明确的手续，只要上皇宣称总揽政务或者公家社会默认就行了。所以在这件事上，虽然后醍醐不在京都，他的在位也没有遭到否定，只是由光严上皇实际执政，京都的公家社会予以承认，院政就开始了。《太平记》第十九卷记载说："建武三年六月十日，光严院太上天皇重祚，登上御位。"这里的"重祚"一词并不准确，实际上是指光严开始实行院政。另外，也有《保历间记》（记录从平安末期保元年间至南北朝初期历应年间武家动向的史书，成书于南北朝中期，作者不详）等史料将丰仁亲王践祚的时间误写作六月，大概是和光严上皇开始执政的时间搞混了。

在后醍醐与足利方进行拉锯战时，公家社会的详细情况并不是很明确。关于跟随后醍醐前往坂本的人和留在京都的人都是谁，怎样处理政务和公事，都没有留下明确的记录。虽然公卿和官僚似乎大部分都留在京都，没有去坂本，但由于后醍醐迁往坂本，京都就没有可以执政的治天了，政务和公事不免停滞。对当时的公卿和官僚来说，保持政务和公事的连续性才是他们存在的意义。这恐怕也是他们促成光严院政的原动力。

据《太平记》记载，有人因为光严天皇在位三年就发生了镰仓幕府覆灭这样的凶事而对其院政提出异议，但是被足利尊氏态度强硬的奏请压了下去。书中还记载，对这件事，当时也有人讥讽说："皇位是将军给的。"因为足利氏的奏请也见于其他史料，所以足利氏的意向对实现光严院政起到了很大作用，这一点应该没错。但是，公家社会无论如何都需要有个人（不是说谁都可以，而是需要一个合适的人选）来执政，这一点也没错。如果后醍醐只是短暂离京还好，但若因其与足利方的军事对立而极可能长期不在京，那么不管有多大困难，请出有资格执政且与足利氏关系亲密的光严上皇都是比较现实的选择。对公家社会而言，从后醍醐和光严之中二选一，并不意味着加入对立皇统中的某一方。重要的是恢复政务和公事、确保各自家族的延续，说得极端一点，只要能保证这两点，治天是谁都无所谓。

话说回来，也有不觉得“无所谓”的人。实际上这段时间里，三宝院贤俊凭借光严院宣登上了醍醐寺座主之位，大概是因其在光严上皇和尊氏之间斡旋有功。贤俊隶属于三宝院流，但他的前任文观则属于报恩院流，两派为争夺真言宗的主导权而产生对立，所以文观坚定地支持后醍醐复出。文观虽然兼任东寺一长者，且从事宫中修法，但在足利军入京后就跟随后醍醐离开了京都，此后也一直隶属于后醍醐阵营。为与之对抗，贤俊则接近足利氏。实际上，类似的对立普遍存在于这一时期各个家族的内部，为了争夺家族主导权，一方追随后醍醐，另一方就接近足利氏，这种事例非常多。赌上自己的命运，选择对立双方中的一方，这就使得是后醍醐还是光严不再是“无所谓”的问题。这些情况给南北朝的对立涂上了多层色彩，下一节还会讲到。

且说，此时尊氏正在为回应公家社会的现实要求而颁布种种政策，承认诸家族和诸寺社的领地、禁止武士暴力掠夺，等等，为重建公家社会的秩序而辅佐光严院政。他一方面吸收了公家社会对后醍醐改革构想的反抗，另一方面则将武士势力编入秩序框架，开始摸索新的平衡。

第三节 ｜ 回归“传统”

拥立“北朝”

建武三年（1336）八月十五日，在光严上皇的命令之下，丰仁亲王元服，随后又依“传国宣命”举行了践祚仪式，成为光明天皇。但因为剑、玉、镜“三种神器”都被后醍醐带到了坂本，所以这个践祚仪式缺少“剑玺渡御”的仪式，是仿效“寿永（后鸟羽）、元弘（光严）之例”举行的。皇位的象征——“三种神器”是皇位继承不可缺少的要素，不久之后，北畠亲房在《神皇正统记》中宣称没有神器授受的践祚是不合格的，批判之声随之流传。光明天皇的践祚无疑是不合常规的事态，所以更加需要先例。经过这种不合常规的仪式，同日，被后醍醐天皇废除的关白职位由左大臣近卫经忠接任，公家政务的存在方式迅速回归到“后醍醐以前”的时代。

然而，事已至此，足利尊氏仍在寻求与后醍醐和解的方法。他派使者催促后醍醐回京，于是在十月十日，后醍醐下山返回了京都。担任天台座主的后醍醐皇子尊澄法亲王出逃，和北畠亲房一起前往伊势，后伏见皇子尊胤法亲王代替他成为天台座主。这项议和交涉是在后醍醐的独断之下进行的，新田义贞等人在他马上就要回京时才得到通知，表示了强烈的反对，于是后醍醐将皇位让给皇太子恒良亲王，计划与尊良亲王一起，在新田义贞的陪同下经北陆道前往东国。这是《太平记》中记载的。因为同年十一月十二日恒良下达了追讨尊氏和直义的纶旨，可见后醍醐让位一事应是事实（森茂晓《〈太平记〉的群像》）。

关于后醍醐与尊氏的议和条件，并无直接的史料记载，只能依据后来的经过推测。十一月二日，后醍醐将神器转交给光明天皇，表示让位。后醍醐获封太上天皇，十四日，皇子成良亲王被立为皇太子。《保历间记》解释说，成良过去曾在直义的陪伴之下滞留镰仓，“原本就是尊氏养大的”。政务则继续由光严上皇执掌。看上去，这种安排的目的在于以镰仓末期的两统迭立为样板，使两统融合。后醍醐天皇被软禁在花山院第。另外，也有人说他转交的神器是假的，为后来的诸多问题埋下了隐患。

就这样，光明天皇的治世采取了光严上皇执政的形式，暂时稳住了京都公家社会的局势。另一方面，在尊氏和直义身边，人们也展开了关于武家政权应采取何种形式的重要讨论。关于这一点，儒学家和实务官在十一月七日提出了名为《建武式目》的报告。这份报告经常被称作“室町幕府的基本法”，与中世后期镰仓幕府的《御成败式目》(《贞永式目》)合称为“贞建之式条”。《建武式目》包括两部分：第一部分主要讨论武家政权是否应如前代一样设在镰仓，第二部分讨论应该如何处理政务、如何应对眼下的问题。这里先分析一下第一部分。

第一部分的大概内容是：“因为转移政权很麻烦，而且镰仓对武士来说是吉祥之地，所以适合做大本营。虽然有人认为北条氏的灭亡是凶兆，但这完全是他们骄傲自大、施行恶政的结果，政权的兴废还是取决于政道的善恶。”这似乎是在说应选择镰仓。但是报告马上话锋一转，总结说，“如果众人都希望转移，那就应该遵从”，好像得出了结论，又好像没有。关于这份不可思议的报告，笠松宏至认为，这反映出直义和尊氏的方针分歧，前者想要在远离公家社会的镰仓建立起具有较强独立性的政权，后者则对京都抱有亲近感（《重新认识日本中世史》)。也就是说，虽然报告的原案受到了直义意向的强烈影响，但在最后，它还是不得不顾及尊氏的意见。

关于直义与尊氏的不同立场、尊氏选择京都的理由，人们已经做出过各种各样的解释。关键在于，尊氏和直义，或者说拥戴他们的武士，想要在这个以京都为中心的构造中处于什么样的位置，想以怎样的形式干预朝廷。这种政治思想上的差别，导致他们对庄园公领制采取了不同的态度，最终引发巨大变动。

不论怀着怎样的志向，足利氏都在实质上促成了光严院政和光明践祚，同时也是京都一带军事抗争的当事人，所以不论情愿与否，他们无疑都必须承担起维持京都秩序的责任。《建武式目》的第二部分主要列举了维持京都秩序的相关事宜，比如提倡节俭和禁止“群饮佚游”（聚众饮酒作乐）等。一方面对在建武三年十一月这个特定时间点上还未解决的事宜提出建议，比如禁止在京武士的种种暴行，减轻对随后醍醐前往山门之人的处罚等，另一方面发布了施行政务时的规范，包括官吏的选择标准、规则，处理寺社、诸人诉讼案件时的注意事项，等等。这说明足利氏从事实上确立了自己京都政务负责人的地位，所以许多学者认为室町幕府实际上是在这个时期建立的。

创造“传统”

《建武式目》时常引用“格条”和“律条”[1]来说明镇守京都的新政权的职能。例如将守护比作“上古之吏务”，也就是以国司为样板，认为其负有左右“国中之治否”的责任。另外，在“上之所好，下必随之”的认识基础上，要求为政者拥

---

1 格条、律条均为日本模仿唐律制定的法律的一部分。

有清廉之德。然后总结说，“远访延喜、天历两圣之德化，近以效义时、泰时父子之行状为近代之师，施万人归仰之政道”，并以此为“四海安全之基”，试图勾勒出一种朝廷和镰仓幕府共同继承的理念，来说明为政者的心得。

可以认为，《建武式目》的这种口吻反映了其起草者的身份。在式目末尾，记载了八名参与起草之“人众”的姓名：前民部卿（日野藤范）、是圆、真惠、玄惠、大宰少贰、明石民部大夫（行连）、太田七郎左卫门尉、布施彦三郎入道（道乘）。这里简单说明一下各人的情况。

日野藤范是出身于公家、仕于镰仓幕府的儒学家，他的儿子有范后来跟随足利直义，担任室町幕府的禅律方[1]头人；是圆俗名中原章贤，出家后法名是圆房道昭，中原氏是以解释律令为家业的明法家；真惠是是圆的弟弟，兄弟二人都在建武政权的杂诉决断所供职；玄惠正如前文所述，是当时著名的学僧；“大宰少贰”不详；明石、太田、布施都是世代为镰仓幕府服务的官僚之家，其中，太田一族一直担任镰仓幕府的问注所执事，明石行连和布施道乘都曾在建武政权的杂诉决断所任职。

起草者来自公武两方，都有担任实务官僚的经验，而且至少有一半曾供职于后醍醐的杂诉决断所。其中，是圆和真惠是

1 禅律方，是管理禅宗、律宗寺院相关诉讼案件的机关。

起草式目的核心人物。是圆受到关注是因为他在镰仓末期写了一本《御成败式目》的注释书。虽然已经失传，但从相关史料中可以得知，这本书主张律令和《御成败式目》的根本理念一致。实际上，这是镰仓后期式目注释的共通特点，是从公武实务官员的交流中开始的。在公家和武家共同理念的基础上，以“延喜、天历”和“义时、泰时”为模范的“政道”，就被当作了足利氏政权存续的样板。

之所以会提出这些口号，是因为在镰仓后期以来公武关系的变迁当中，处理政务的实际手续，特别是“诉论之法”，逐渐成了公武大体上共通的规则，实际上，公武两家的政道不断同质化，双方的实务官员也一直在交流。武家的诉讼处理手续是从反复的实践当中提炼出来的一套模式，而公家则在这方面参考了武家，自镰仓后期以来，经过数次整理，终于形成了《历应杂诉法》这部集大成之作。就这样，公武两家大致共通的法式形成，为整合政务处理方式提供了契机，而公武之法同根论，就是赋予其依据的言论。这并不意味着恢复过去曾有而现已丧失的统一，而是假设过去曾经存在这样一种统一模式，并以此创造出所谓的“传统”。

顺带一提，这一时期经常出现“天皇（代表着旧秩序）丧失权威”的说法。比如，《太平记》第二十三卷记载，土岐赖远撞上院的出行队伍，被要求下马，却说：“院是什么？是狗吗？[1]是狗的话就用箭射下来！”然后弯弓射箭。这件逸闻常被当作上述现象的代表。土岐赖远因为这件事而激怒了直义，于是被诛杀，但这还没完。据说有一个听说了此事的武士路遇贫穷贵族的车子，心想：“这不就是传说中的‘院’吗？这个可怕的人，连土岐赖远碰到他都丢了性命，更不用说我这样的了。”于是慌忙下马跪拜。另一边，贵族则心想：“这该不会就是土岐一族的人吧？”也吓得跪地还礼。《太平记》将这个故事当成笑话写下来，想以此说明“众人皆不知什么是院，什么是国王”。但其实这一系列逸闻表明了这样一种新情况：那就是平时丝毫没有交集的武士与贵族开始出现在同一个场所。

话说回来，在实践现场中原本就不存在能够约束双方行为举止的礼仪规范。所以，当武士们在以京都为中心的政场上更深入、更直接地参与政治时，如何规范他们在新环境中的行为就成了当下最重要的问题。《建武式目》有“可专礼节事”的条目，其中规定“君可有君礼，臣可有臣礼，凡上下各守分际，言行必可专礼仪乎”，表示为了“理国”而必须让武士们参与到礼节的世界中来。这并不是说原本高高在上的天皇在乱世就丧失了权威，而是公家社会的标准和礼仪规范终于可以适用于武家社会了。这等于向武士们重新讲述一遍“天皇”的地位和职能。

1 日语中院（いん）与狗（いぬ）的发音相近。

《建武式目》颁布两年后，历应元年（1338）八月十一日，足利尊氏就任征夷大将军。不难想象，此时人们参考的先例是源赖朝。只有被人意识到、被人谈及，先例才会被重新塑造为“传统”。这样，镰仓幕府就成了能为室町幕府的存立提供样板的“历史”，而朝廷则作为不可欠缺的要素为其提供物语的基本框架，逐渐变成一种“传统”。

“南朝”的成立

后醍醐与尊氏之间的和平没能维持多久。仅仅两个月后，建武三年（延元元年，1336）十二月二十一日，后醍醐就携神器逃出了京都，经河内来到吉野（今奈良县吉野町），宣布恢复自身皇位和延元年号，并号召诸国征讨足利方。据说这是在北畠亲房的劝说下实现的，而楠木一族担任了向导。就这样，京都有光明（北朝），吉野有后醍醐（南朝），两位天皇、两个朝廷对立，也即“南北朝”的时代拉开了帷幕。世人将其实质视为足利氏与后醍醐的对立，所以也有人分别称双方为“武家方”和“宫方”。皇太子成良（后醍醐皇子）被废。

据《公卿补任》——记录每年被称作“公卿”的、三位或参议以上贵族官位任免情况的书——记载，同月之内，四条隆资、洞院实世、北畠显家和堀川光继四位公卿也被解职。他们都追随后醍醐，其中，北畠显家在奥州侍奉义良亲王，洞院实

南朝相关地区略图

世在北陆侍奉恒良亲王，四条隆资则在后醍醐归京之际奔赴纪伊，从事游说当地氏族的工作。由于离京匆忙，追随后醍醐的公卿似乎并不多，不过，当年年末，后醍醐与楠木正成之间的联络人——前醍醐寺座主道祐也去了吉野，翌年又有近卫经忠、坊门清忠和吉田定房迁往吉野。

值得注意的是，关白近卫经忠也逃亡吉野。自建武三年（延元元年，1336）以来，经忠一直表示想辞去关白的职务。建武四年四月五日，经忠出奔，其堂弟近卫基嗣被任命为关白。据说经忠曾与基嗣争夺近卫家家督之位，还曾向后醍醐谗言构陷基嗣。一边在光严院政下担任关白，一边又舍弃职务去投靠后醍醐，恐怕是与基嗣之间出现了新的矛盾。经忠在南朝被任命为左大臣关白，但后来又离开了吉野。兴国二年（历应四年，1341），他游说小山氏等关东藤原姓武士，与北畠亲房对抗，企图掌控东国，还策划了被称作“藤氏一揆”的、独立的派系行动。

此外，虽然能得知此时“南朝”的成员很多，其中包括吉田光任等遵奉后醍醐纶旨的实务官员，他们同后醍醐一起，或是在他之后前往吉野，但遗憾的是，南朝具体有哪些人、组织形式如何、怎样运转——关于其全貌，我们不得而知。

后醍醐的皇子们带着各自的任务奔赴各地。如前所述，当后醍醐从山门返还京都之时，恒良、尊良在新田义贞的拥戴下前往北陆，尊澄法亲王与北畠亲房一起去往伊势。第二年年初，尊澄还俗，改名宗良，先前往远江，后又一度回到吉野，并在延元三年（历应元年，1338）九月与前往奥州的义良、亲房、显信父子一起从伊势大凑（今三重县伊势市）出海，途中遭遇大风，船只失事，好不容易到达远江，却在那里接到了父亲后醍醐的讣报。

关于怀良亲王被任命为“征西大将军”的时间，有很多说法，东京大学史料编纂所的编年史料集《大日本史料》认为是后醍醐在坂本的时候，即延元元年九月，其依据是后醍醐的纶旨，但也有人认为这份纶旨是延元三年颁布的。史料《元弘日记》记载了义良、宗良等人从伊势出海、在海上遇难、漂流到岸上的经过。这份史料的背面还记载了“牧宫”于四月到达四国，计划前往“镇西”之事。这里的“牧宫”大概就是怀良亲王（森茂晓《〈太平记〉的群像》）。另外，森茂晓还将出现在延元元年史料中的“阿曾宫”和“镇西宫”也视作怀良亲王，并认为他可能早先就与九州的阿苏氏有联系。不管确切日期如何，被派往九州的怀良亲王实际上曾在四国停留，兴国三年（康永元年，1342）才到达九州。

建武四年（延元二年，1337）九月，奥州的义良亲王在北畠显家的拥戴下西进，与足利军对峙，但显家在翌年五月的和泉堺浦之战中身亡，此后，义良虽然又和北畠亲房、北畠显信一起第三次前往奥州，但从大凑出海之后遭遇了海难，义良与亲房等人分离，漂流到三河湾口的筱岛，此后未再东进，而是返回吉野当了皇太子。后来，南朝的东国治理策略就被全部委托给了北畠父子。

在南北朝分裂的延元元年（1336）冬天，气候格外地严酷。新田义贞拥戴恒良、尊良进入北陆道，在那里遭遇了酷寒与暴风雪，很多人被冻死。虽然好不容易到达了越前金崎城（今福井县敦贺市），但军粮不足，又遭到高师泰率领的足利军猛攻。翌年三月六日，城塞陷落，尊良自杀，一条行房、新田义显等人也自尽。义贞、（胁屋）义助和洞院实世虽然得以逃脱，但恒良被抓住并送回了京都。据《太平记》记载，延元三年，恒良与成良一同被毒杀。不过，也有人认为成良死于兴国五年（康永三年，1344）（森茂晓《皇子们的南北朝》），所以不能完全相信《太平记》的记载。此后，义贞在延元三年闰七月战死于越前国藤岛（今福井县福井市），义助继续在越前抵抗了一段时间，无果，最终回到了吉野的后醍醐身边。实世也回到后醍醐身边，作为南朝的左大臣得到重用。

然后，延元四年（历应二年，1339）八月十六日，南朝之主——后醍醐天皇终于未能实现返回京都的愿望，以五十二岁之龄在吉野死去，临终的前一天让位给当时只有十二岁的义良亲王，即后村上天皇。

另一方面，京都的公家社会在光严院政和光明天皇的统治下逐渐恢复了常态。建武四年（1337）正月，虽然许多公事和诸如白马节会、踏歌节会、叙位等定例仪式都由于战乱而暂停举办，但是对公家社会的众人来说，井然有序地遂行公事正是他们的存在理由和规则，公家社会在京都的持续运转已是不言自明之事。除后醍醐的皇子以外，隶属于所谓大觉寺统的众人，如常磐井宫、五辻宫和后二条源氏等人，都在京都维持其家系存续。当然，他们与公家社会外部世界的关系就是另一个问题了。

第四节　初期室町幕府的构造

足利政权的机构

后来被称为室町幕府的足利政权，在建武三年（1336）参照镰仓幕府的基本结构，设立了政所、侍所和问注所这三个主要机关，迈出了整顿机构的第一步。

政所是足利家家政机关的核心，主要负责管理家族领地等财政事务。侍所统领武士，参与检察与审判，尤其是在刑事案

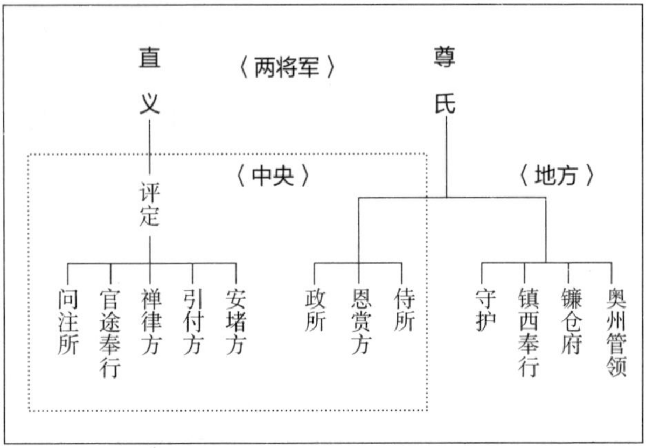

初期室町幕府的机构

件的审理方面，主要由附属于侍所的部门“检断方”负责。而问注所则负责提供与诉讼处理等政务相关的资料和数据。虽然“三所”是仿照镰仓幕府的先例设置的，构成幕府机构的核心，但各机关的实际职能和地位与镰仓幕府有细微差异。而且就算只看镰仓幕府，各机构的职能在镰仓初期和室町幕府所直接效仿的末期都有很大差异。不过，室町幕府并没有从根本上改造这些既存机构，而是通过一点点改变其原本作为镰仓殿家政机关的职能，来应对各个时期的需要。

例如，政所原本就是镰仓殿的家政机关。幕府由镰仓殿的族人构成，政所总揽其经营。但是，随着幕府功能的复杂化和细分化，政所以外诸机关的比重加大，结果政所就成了专门负责财政等家族经营事业的机构。新功能的分化，在诉讼处理方面表现得尤其明显。

问注所常被解释成诉讼处理机关，“问注”这个词的意思是审问并记录，问注所的职能就是审问诉讼当事人，制作、保管记录，并据此向镰仓殿提供有助其判断的材料。但是，镰仓中期以后，评定[1]开始辅佐甚至从实质上代替镰仓殿行使职权，再加上需要裁决的政务案件增多，参与所务沙汰（领地关系的诉讼）的引付方[2]和审理越诉（重新审理败诉案件）的越诉方便代替问注所，在各自的专长领域为上级提供辅助其判断的报告。问注所则作为“武家之记录所”，发挥着收集文书记录以备不时之需的功能。而在室町幕府时期，这种分化更加明显，在评定之下，除引付方以外，还设立了处理领地安堵申请的安堵方、处理禅宗或律宗寺院及僧人相关诉讼的禅律方和处理武士叙位和任官申请的官途奉行等部门，各自承担专门的职能。

侍所在镰仓幕府是为统辖御家人而设立的，但是中期以后随着幕府对维持社会秩序负有更多的责任，侍所开始参与检察审判和刑事案件的审理。再加上内乱时期审定战功成为一项重要职务，后来（历应时期［1338—1342］？）设置了专职部门恩赏方。

1 评定，镰仓时代的最高政务机关，由有实力的御家人和熟悉实务的官吏担任。
2 引付方，镰仓、室町幕府的裁判机关，最初负责处理御家人之间的诉讼，后来专门处理与领地相关的诉讼。

这样，室町幕府的机构就以权门镰仓殿的家政机关为原型形成了，并被赋予了为公方处理相应政务的功能。但是，这些机关的构成能否体现出一以贯之的制度设计思想或成体系的管辖关系则是另外一个问题，关于这点下文会略微涉及。

顺带一提，这些机构中的主要成员是旧镰仓幕府和六波罗探题的官吏及其族人。问注所执事太田时连曾在镰仓幕府担任问注所执事，政所执事二阶堂行珍也出身于曾担任镰仓幕府政所执事的家族，除此之外，还有很多来自饭尾、清、布施等家族的人，这些家族中曾出现过很多镰仓、六波罗的奉行人。实务上的重要官职由镰仓幕府的官僚集团继承，保证了实务运营方式的连续性。

担任禅律方头人的日野有范是个特例。他是《建武式目》的起草者——儒学家日野藤范的儿子。《太平记》说他曾被直义任命为“禅律奉行”，应是看中了他的儒学学识。

评定的职能就是在上述诸部门报告的基础上，辅佐执政者做出决策或者制约执政者。评定的成员是评定众，主要分为两类，一类是出身于足利一门（如细川氏和吉良氏）及其被官武士（如上杉氏和高氏）的人，另一类是实务官吏中的主要成员（大半来自于镰仓幕府评定众辈出的家族）。这表示足利幕府的评定与镰仓幕府有共通之处，其职责并非处理需要专业知识的法律实务，而是要在政治场合协调各种现实需求。

另一方面，侍所头人由高师泰担任。高氏是足利氏的谱代被官，师泰的哥哥师直担任尊氏的执事，是亲信中的亲信。考虑到统率被官武士是侍所本来的职责，师泰大概就是最合适的人选。应注意，在镰仓幕府中，担任这个职位的也不是实务官吏，而是北条氏一门。

关于地方的官职制度，也是由继承自前代的各国守护担任骨干。守护的作用将在后文中详述。另外，在偏远地区则设置了管理广阔地域的驻外机构。武家故地镰仓有镰仓府（亦称关东府），大致掌管关东十国（武藏、相模、伊豆、甲斐、上野、下野、安房、上总、下总和常陆），其首长镰仓公方（亦称关东公方）最初由尊氏的儿子义诠担任，后来变成由义诠之弟基氏的后代世袭。另外，九州有镇西探题（亦称九州探题），奥州有奥州管领。

初期室町幕府的官职制度大致如上所述，只有实务处理机构基本上模仿了末期镰仓幕府的制度。但是，使用这些制度、主宰政务的执政者，其职能的存在方式却具有明显特点，下文将针对这一点进行论述。

“两将军”的政务

室町幕府的初代将军无疑是尊氏，但其胞弟直义的作用不在其下。所以，二人常被并称为“两将军”，而且，可以说实质性的政务大部分由直义掌握。如前所述，一般认为，在初期室町幕府的众多机构中，政所、侍所、恩赏方等部门由尊氏管辖，而评定及其下的问注所、引付方和禅律方等部门由直义管辖。关于室町幕府权力的分割，佐藤进一提出，以“主从制的支配”为核心的军事指挥权由尊氏掌握，而以诉讼处理为中心的“统治权”则由直义掌握，从中可以看出“将军权力的二元性”，后来尊氏、直义兄弟的矛盾之所以表面化，其根源就在于这种异质权力的冲突（《日本中世史论集》）。

然而，对此也能做另外的解释。两者之间的权限分割类似于镰仓幕府的将军与执权。镰仓幕府将军（镰仓殿）的根本职能是与御家人结成个别的主从关系，并通过这种私人关系来普及规则。而执权是“代替镰仓殿掌权”的意思，镰仓后期，幕府的权能扩大到普通人的领域，镰仓殿退居象征性地位，于是，处理众多未与镰仓殿结成主从关系之人的相关诉讼等新权能，事实上是掌握在执权手里的。也就是说，幕府的机能从镰仓殿的家族扩展至公方中枢，执权就是对这种现象的回应。效仿这种先例，尊氏继承镰仓殿成为将军，掌握实权和自己的家族，而直义作为执权则被委任管辖公方幕府的政务。

如前所述，尊氏将政务委托给直义，表达了隐退的意思，所以《建武式目》等文书中表现的初期室町幕府的政务形式，更多带有直义而不是尊氏的色彩。另一方面，足利家的当主一直是尊氏，而在其管辖之下的机构——政所和侍所，前者自不必说，是家政的核心，后者原本也是家政机关，统领足利家的侍从，也通过审理刑事案件参与统治，两者都由足利家的执事统一管理。结果，这里反映出了足利家当主尊氏与政务负责人直义的关系。可以这样解释：两人的权限分割并不是以和权限实质相关的、一以贯之的制度设计思想为基础，而是延续了二人负责的具体事务。关于尊氏和直义的政治矛盾，下一节还会涉及。

另外，各国守护在镰仓幕府之下受侍所管辖，但在室町幕府之下，他们与侍所之间的关系却不是十分明确。镰仓幕府的守护职权包括以“大犯三条”为象征的重犯检断和对国内御家人的指挥权，都与侍所的职权密切相关，而室町幕府的守护职权则在三方面得以扩大：第一是“刈田狼藉”（主张他人的知行田为自己的领地，并从中收取作物）被纳入守护的检断对象；第二是军事指挥权从御家人扩大到国内的一般武士，御家人这种身份的定义在室町幕府中本就不甚明确，军事指挥权也不再仅仅沿袭私人的主从关系；第三是增加了新的职权——在当地执行与土地所有权相关的幕府指令（使节遵行）。

其中，可以说第一条是和侍所有关的职权。从不一定依据私人主从关系这一点来看，第二项职权也并非完全属于足利家，不过，从统领武士这点来看仍然与侍所关系密切。但是，第三条就与侍所职权没有直接关系了，正如下文所示，不如说与涉及公家的所务沙汰关系更紧密。

将幕府的这些职能分别授予负责实际执行的各国守护，表示室町幕府的职能从专门化的“武家权门”转向更加广阔的政务。尊氏和直义间的权限分割，正是为了应对幕府职能的转变。但是，因为还没有一个独立于足利家机构的公方政务机构构想，所以只能利用现有机构来应对不同情况下的所需——上述现象正是产生于这一过程。后来，到了14世纪下半叶，足利家的统治机构才被重组为公方的统治机构。辅佐足利家当主、总揽家政的“执事”被替换为辅佐将军、总揽幕府政务的“管领”，这时转型才算完成。关于这一点，后文还将详述。

幕府与朝廷的关系

在这种形式下，幕府就同时具有足利家的家政机关与承担政务的公方两种性质，同时在与以朝廷为中心的公家社会的关系方面，幕府也承担着重要的职责。关于其实质，下一章还将详述，这里就先简单整理一下公武关系的手续与形式。

虽说需要与足利氏紧密合作，但北朝的日常政务依然是按传统指示的规则独立运转。在执掌院政的上皇身边，安排有由关白及其下主要公卿构成的院评定（成员是评定众），在评定机构现场，杂诉等案件被提出、审理，然后报告给上皇，再由上皇裁决。各类案件由兼任评定众的传奏、藏人和弁官视具体情况分担，他们一边与上皇保持联络，一边指挥推进手续，还要遵照上皇的意旨下达院宣。院文殿负责在审理和判断形成的过程中提供参考资料，其成员被称作“文殿众”，由平安时代以来负责解释律令的明法家世家中原氏和坂上氏、儒学世家清原氏，以及小槻氏等实务官吏组成，在各自奉行的指挥下提供先例和参考意见。应注意，在这一点上，朝廷与幕府的政务规则大体对应。

那么，关于以上述模式进行的公家政务，幕府又是如何参与的呢？让我们简单看看初期模式。

在前代的镰仓幕府中，幕府与朝廷表面上的联络人是由西寺园家世袭的“关东申次”，但实际上利用了很多非正规渠道来保持必要的联络。同样，在初期室町幕府和朝廷之间也有被称作“武家执奏”的公卿作为联络窗口。朝廷联络幕府的手续是：先由传奏将院宣传达给武家执奏，命令“武家听令”，然后武家执奏再向武家递交书简，传达旨意。反过来，武家联络朝廷时，先派使者联络武家执奏，再由武家执奏提出请求。也就是说，这个时期的足利氏沿袭了镰仓幕府的做法，作为公家社会外部的武家，用有限的几种方式与朝廷联络。接到武家的请求，朝廷要实行怎样的政策，是作为公家社会的问题来独立处理的。相反，公家社会联络武家的途径也有限制，如果公家社会的个别成员想要联系武家，需要先经过公家社会的处理手续，再以朝廷意向的形式传达给武家，若公家社会的个别成员想要直接联系武家，则没有事先定好的手续。

然而，与遥远的镰仓幕府不同，足利氏政权将自己的大本营设在了京都，而非遥远的镰仓，从空间上更接近公家社会，这样两者便在许多事上利害相关，在日常事务上也不得不结合得更紧密。更重要的是，以京都为中心的财富流通结构是双方共同的生命线，所以双方需要的不是对抗，而是协作，通过协作，双方逐渐形成了日常的、紧密的关系。因此，实际上公家社会的成员很早就尝试直接向武家提出诉讼，作为回应，武家向朝廷提出的请求也通过反复实践而从事实上限制了朝廷的决定。就这样，武家与公家缔结了紧密的联系，两者间的联络途径也在中世后期一点点发生变化。

第五节 | 足利氏的内讧

直义和师直

并称“两将军”、分掌政治权限的尊氏和直义两兄弟各自建立起不同性质的人脉，相应地，他们之间的关系则构成了室町幕府初期政治史的主轴之一。现在在学界拥有很大影响力的一种见解是，认为被称作“观应之乱”的足利氏内讧的根本原因就在于此。不过，尊氏一方并非矛盾的起源，矛盾最初出现在直义和尊氏的执事高师直之间。这两个人的政治立场确实形成了对照。

足利尊氏的胞弟直义从尊氏举兵时就一直追随其左右，还在各个关键时刻激励兄长，促使他建立武家政权。中先代之乱的时候，又敦促尊氏与后醍醐决裂，并一度代替闭门不出的尊氏指挥战斗。如前所述，很多学者认为能从《建武式目》的起草背景中看出直义的意志。比起尊氏，不如说直义才是室町幕府政治秩序的设计者。

关于直义的政治秩序构想，有人认为，因为《建武式目》将“义时、泰时父子之行状”看作“近代之师”，所以可以认为其构想的本质是“回归执权政治”。还有人认为，因为直义录用儒学家出身的日野有范为禅律方头人，而且积极维持公家社会和庄园公领制的秩序，所以他的态度是“尊重传统秩序”。尽管如此，若据此认为他是想恢复“镰仓时代的秩序”，这种想法就过于简单了。虽说举出了“义时、泰时”的名字，却找不出相对应的具体政策。不如说，这是假借过去的样板来提出作为制度设计图的理念，与现状对峙，并试图构筑新的秩序。这并不是与革新相对立的保守。将“延喜、天历”和“义时、泰时”、律令和式目视作同源，并将武士吸收进这种秩序结构，以确保参与政务的武家的立场，这才是直义作为“天下执权之人”的任务。从某种意义上来说，他与后醍醐的立场类似，都是试图假借过去来创造新的现在。

另外，还可以从直义与梦窗疏石的关系中看出他的一部分

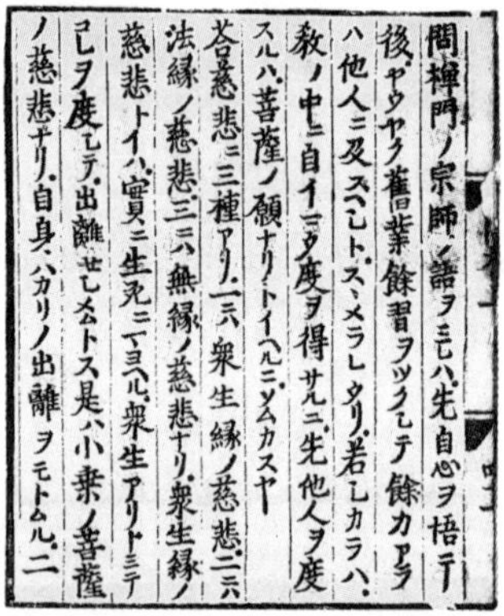
問禅門ノ宗師ノ語ヲミレハ先自心ヲ悟テ
後ヤウヤク舊業餘習ヲツクシテ餘力アラ
ハ他人ニ及スヘシトスヽメラレタリ若シカラハ
教ノ中ニ自イマタ度ヲ得サルニ先他人ヲ度
スルハ菩薩ノ願ナリトイヘルニソムカスヤ
答慈悲ニ三種アリ一ニハ衆生縁ノ慈悲二ニハ
法縁ノ慈悲三ニハ無縁ノ慈悲ナリ衆生縁ノ
慈悲トイハ實ニ生死ニマヨヘル衆生アリトミテ
己ヲ度シテ出離セシメムトス是ハ小乗ノ菩薩
ノ慈悲ナリ自身ハカリノ出離ヲモトムルニ二

五山版《梦中问答集》第十三段开头（日本国立国会图书馆藏）

个性。梦窗疏石是临济宗的僧侣，虽未曾访问中国，但仍以其丰富的学识闻名，门下优秀学僧辈出，如春屋妙葩、义堂周信和绝海中津等人，正是他们共同缔造了五山文化的鼎盛时期。足利尊氏和直义兄弟也曾皈依梦窗，并因其劝说而建了天龙寺，请梦窗作为开山，来为后醍醐天皇祈求冥福。但是两人皈依的方式并不一样。尊氏为梦窗而倾倒，“缠着梦窗，与之建立起十分感性化的关系”；而直义的态度则正如梦窗与直义的问答集——《梦中问答集》中表现出来的，非常知性而理智（西村惠信《梦中问答》）。对老师的教诲，他不会全盘接受，而是会指出疑点和矛盾之处，有时甚至会提出批判。举例来说，直义曾追问梦窗：“禅门宗师教导说，只有自己先行开悟，若有余力才能帮助他人。但菩萨的宏愿是比起自身，先拯救众生。那禅门的说法岂不是与佛教教义相矛盾吗？”对此，梦窗疏石列举了“三种慈悲”——“众生缘”“法缘”和“无缘”，并说小慈悲有时会妨碍大慈悲，以此将直义导向新的认知地平线（第十三段）。直义和梦窗的问答主题不仅涉及禅宗，还涉及儒学。直义正是以禅宗和儒学为思想基础来构想世界秩序的。

演员画[1]中的高师直（18世纪，东京国立博物馆藏）

而直义的竞争对手，就是足利氏谱代被官中地位最高的高氏一族，特别是尊氏的亲信高师直与高师泰两兄弟。师直担任尊氏的执事，师泰担任侍所头人，主要在军事方面代尊氏行使权限。他们不仅是足利氏的谱代被官，也是应募而来的众多直辖军实质上的指挥官。作为军事指挥官，高氏兄弟战功赫赫，曾攻破新田义贞驻守的越前金崎城，在和泉堺浦歼灭北畠显家，挫败了威胁京都的各处南朝军队，甚至侵入南朝的大本营吉野，将后村上天皇和廷臣赶往贺名生（今奈良县五条市），并烧毁了他们的行宫。师直和师泰兄弟靠着显赫的战功，确立了在足利氏麾下指挥众武士的地位。

师直的行事特点是，试图无条件地认可依靠武力得来的既成事实。当麾下武士抱怨恩赏太少的时候，他就说："何必抱怨呢？附近要是有寺社的领地，越过边界去占领就好了。"当犯了罪的人被没收了领地，来向他哭诉时，他就说："那你就装作不知道，不管下了什么命令只管赖着不走。"像这种出馊主意的例子经常被人提起。此外，《太平记》第二十六卷中也有很多描写师直、师泰兄弟放浪不羁的故事。他们毫不顾及公

1 演员画，描绘歌舞伎演员舞台形象的浮世绘版画。

家对神佛的敬畏，还议论天皇和院说："实在需要的话就用木材或者黄金给他们塑像，然后把活着的院和国王扔掉。"《太平记》中的师直就是这样一个口无遮拦、彻头彻尾的现实主义者，到了近世，又成了《假名手本忠臣藏》中恶人的原型。

当然，故事中的师直形象和其真实形象是有区别的，也很难推测到底有多大区别。不过，考虑到《太平记》这个物语世界的视角和性质，可以看出师直、师泰兄弟宛如逐渐建立的秩序形象的底片。也就是说，武士的行动产生激烈的作用力，秩序化作用则是其约束，《太平记》的主题之一就是两者之间的摩擦。力量逐渐改变现状，而规矩则制约着力量，与其对抗。社会不能只靠力量来塑造，而是应受法律制约——这种想法，正是直义所构想的新秩序，而师直则代表着武士对这种构想的不适应。当这种秩序结构被确立为社会规范的时候，再回过头来看，师直就被赋予了恶势力代表的含义。

政策的对立

实际上，直义和师直最明显的分歧是在领地知行的秩序方面。在公家看来，秩序就是让寺社本所来统治，而在武家看来，秩序则是依靠武力获得、维护领地，两者之间应该如何维持平衡正是直义和师直矛盾的焦点。

历应三年（兴国元年，1340）四月，幕府对强占寺社本所领地的人下达了驱逐命令，对方却拒绝服从，负责此事的奉行人决定直接将情况报告给直义。这一时期，出现了很多禁止强占强取寺社本所领地的命令，也有很多政策将针对领地的武力行动视作犯罪，可以认为这反映出直义的意图，他作为政务负责人与实务官员密切联络，并有责任处理公家社会的要求。

然而，在和南朝军队对峙时，如何筹措军粮以维持军队也是一个重要问题。当时人们还没有形成建立军需物资补给站的思想，自行筹措物资是一般原则。军事指挥官不仅要指挥军队，还要供养士兵，从他的立场上来看，确保就在身边的粮草，也就是从附近的庄园、公领征粮的做法是最切实可行的。实际上，不论是师直、师泰还是其他守护，都会基于自身判断征收庄园、公领的年贡作为军粮。以筹措军粮为名义，武士们频繁地扣留田地和作物。对军队指挥官来说，这是为了完成职责而必须采取的措施，满足这种迫切的需求远比“但这是上缴给京都某个人的年贡”这种借口更为重要。此外，给予有军功者应得的恩赏（有必要时甚至会教唆他们强占领地），也是维系武士的忠诚和维持军队必不可少的手段。

这样一想，高师直的行为其实非常符合一名有能力的军事指挥官的做法。在师直看来，守护是军事指挥官，也是他基于军功（军忠）而获得的官职。但是，《建武式目》批评了这种“凭军功获得守护职”的观念，要求守护行“抚民之仪”（以德爱民），效仿“上古之吏务”，左右“国中之治否”，这与师直的观念形成鲜明对照。而公家社会所追求、直义所期待的，正是作为行政官吏的守护。

另一方面，这些事也说明，京都的公家社会及其周边众人都没有将南北两朝或者说“武家方”与“宫方”的战争视作切身相关之事。实际上，《源威集》（参见第五章第五节）就描写了京都争夺战时，京都市民甚至把五条大桥当作看台，兴致勃勃地观战。无视个人意愿，将所有人都卷入其中的所谓“总力战”是在战国时代才出现的。在此之前，大部分人都觉得战争与己无关。如何支援战争、如何规定旁观者与战争之间的关系，在这些问题上都还没有公认的标准。这种认识上的隔阂也体现在对守护的看法上，整顿其间的秩序也是这个时期的重要任务。

为了适应这种现实问题，后来人们便采取了一种折中的方案——“半济”，也就是说，在一定期限内，允许征调从田地里收上来的一半年贡作为军粮，这项政策作为室町幕府的法令在文和元年（正平七年，1352）初次颁布，当然，将庄园年贡强充作军粮的行为并不是从这时才开始的，而是早就泛滥成灾，如果放着不管只会变成既成事实。颁布这项政策正是为了给凭武力推进军粮料所[1]化的行为施加一定限制。

现实和秩序构想之间的这种紧张关系，象征着这个时期的政治主题。一方是以高师直为代表的、从事战斗的武士的直接

1 料所，指征收特定费用的领地。军粮料所，指中世时期，被指定为军粮征收地的领地。

要求，另一方是以“延喜、天历”“义时、泰时”为象征的和平时期的秩序，以两者为样板，直义试图一边与公家社会结合，一边规范武士的行为。而尊氏的烦恼则在于如何找到自己与直义之间的妥协点。

观应之乱

面对着扩大领地权益的机会，武士们心怀期待并提出要求。尽管如此，高氏兄弟凭借军功获得的权势还是在足利政权内部引起了反感。贞和五年（正平四年，1349）闰六月，出身于足利家旁系的畠山直宗、足利家的姻亲上杉重能等人带着当时深受直义信任的禅僧妙吉，向直义进言说应该赶走师直和师泰。直义则逼迫尊氏罢免了师直的执事职务（代之以师直的侄子师世），进而又谋划流放师直。这样，直义和师直之间就形成了决定性的对立。

八月十二日夜，得知了直义计划的师直决定先下手为强，于是召集军队袭击了直义。直义虽然逃进尊氏的宅邸，但师直又包围了宅邸，并要求引渡重能和直宗等人，尊氏与师直经过交涉，决定流放重能和直宗等人，直义也被禁止插手政务，取而代之，当时身在镰仓的尊氏嫡子义诠被命令上京处理政务，这样师直才解除了包围。后来由于梦窗疏石的斡旋，直义重掌政务，师直也重新担任了执事。表面上一切恢复了原状。但是，重能和直宗等人在流放越前的途中被杀，本应重掌政务的直义也在十月义诠上京以后被迫远离政务，相当于隐退，终于在十二月出家，法号惠源。

另外，尊氏的庶子、直义的养子直冬也在当年四月离开京都，赴任管理西国的长门探题[1]，途中停留在备后国的鞆津。据传，直义与师直冲突之际，妙吉曾作为使者造访直冬，但事实上是直冬想要东上帮助直义，途中却被接到师直命令的赤松则村阻止。师直进而促使尊氏下达了讨伐直冬的命令，直冬好不容易才逃到九州。

有传言说，关于这一连串事情的经过，尊氏和师直事先就达成了共识，现在也有不少学者采用这种解释。确实，从结果来看，尊氏的儿子义诠取代直义登上了执权的地位，而义诠上京后，他的弟弟基氏则被派往镰仓，东西两府的政务都由尊氏的儿子把持。时常有人据此推测，这是尊氏为削弱与其对立的弟弟直义的势力、巩固自己继承人义诠的地位而谋划的。也有学者认为师直之所以能调动大量兵力也是因为得到了尊氏的事先许可。

但是，笔者认为，即便尊氏曾消极地允许自己的执事行动，也不能说他进一步积极地试图排挤掉直义。可以认为，尊氏并非本着某种原理原则来处理直义和师直的对立，而是迫于不断变化的现状，不得不做出回应，为了收拾事态而摸索阻力最小的妥协点，不断重复能暂时控制住场面的应对方法。尊氏

1 长门探题，为抗击蒙古袭来而设立的官职。

和直义之间并不是一开始就有权力斗争，而这说明正是直义和师直两人的对立及其后的事态发展大大改变了尊氏的立场，将这个时代的“内乱”导向了新的阶段。

翌年，北朝改元观应。直义的养子直冬逃至九州，受到肥后的豪族河尻氏的欢迎，中国地区响应他的人也不少。尊氏虽然派高师泰镇压，但事态并没有好转，不仅如此，少贰、大友等九州豪族还投向了直冬。十月，尊氏让义诠留守京都，决心亲自率军西征。但在尊氏出发之前，直义逃出了京都，师直虽然要求先行搜捕直义，但尊氏并未许可，而是按最初的计划出发了。直义又从大和逃亡河内，受到畠山国清的欢迎，为“诛伐师直、师泰”而举兵。直义呼应直冬一党，与尊氏对抗。至于尊氏这边的反应，有传言说尊氏和师直之间有嫌隙，虽然获得了追讨直义的院宣，但有很多人怀疑尊氏的真正意图。在直义的号召之下，石塔赖房、细川显氏等人纷纷举兵，关东地区的上杉宪显也加入直义一方，驱逐了高师冬，形势愈发紧张。尊氏虽然不顾直义逃出京都而执意西进，但也不得不在备前国折返，师直、师泰也紧随其后。此后的一系列动乱被称为“观应之乱”。

观应二年（正平六年，1351）二月，接连在京都和摄津战败的尊氏以让师直、师泰出家为条件与直义议和。议和成功后，尊氏带师直、师泰返回京都，但在途中遇到上杉能宪的埋伏，师直、师泰被从尊氏身边引开、被杀。关东的高师冬已在同年正月被消灭，至此，东西的高氏一族都灭亡了。观应之乱

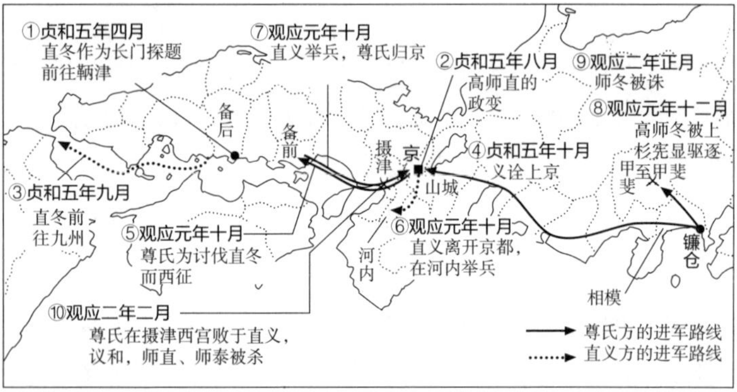

观应之乱前半段的经过

的第一阶段结束。

从客观上来看，尊氏似乎是失败者，但对尊氏自己来说，这一连串事件都只是执权直义与执事师直之间的斗争。直义的军事行动也只针对师直和师泰，争夺尊氏之下的政务主导权，而并未与尊氏对抗。因此，在议和时，尊氏仍维持着首长的姿态。尊氏和义诠的立场也没有发生变化，除掉执事师直之后，直义以辅佐义诠的形式回归政务，细川显氏、石塔赖房等直义派主将成为引付众，协助直义处理政务。

另外，这次事件还开创了一个重要的先例。在逃出京都并举兵之时，直义为了与追讨自己的光严院宣对抗而投降了南朝，获得了后村上天皇的纶旨，试图与南朝联手。这件事为南朝开创了先例，赋予其战略上的新选项，并为南朝的延续带来了新的可能性。

第四章

《太平记》的世界

第一节 | 京童[1]的视角

《二条河原落书[2]》

后醍醐天皇的建武政权建立后不久，建武元年（1334）八月，在离后醍醐政厅所在地——二条富小路殿不远的二条河原，出现了一篇落书，世称《二条河原落书》，被收录进据说是室町幕府问注所执事町野氏所著的《建武记》（又称《建武年间记》）中，其抄本流传至今。这篇文章以“京城何事最流行？夜袭、强抢、伪造圣旨”起头，以“那京都的新鲜事，再给京童我三天也说不光”结尾，以八五或者七五为调，共八十八节，用讽刺的口吻描写了京都人眼中的新世相。大概是对建武政权持批评态度的贵族或僧侣所作，尖刻地讽刺了当时的世情和政情，被评价为落书史上的杰作。

> 京城何事最流行？
> 夜袭、强抢、伪造圣旨。
> 抓人、吵架、快马乱闯。
> 见惯了僧人还俗，俗人出家，人头落地。

---

1 住在京城的特别能说长道短的年轻人称为“京童”。

2 落书，是一种讽喻政治、社会或个人的匿名文章。

有人一夜得势，成为大名；
有人一落千丈，街头流浪。
捏造战功又何妨，为了领地与恩赏。
乡下人为讨回领地，
背着文书一竹筐，
去城里对簿公堂。
拍马谗言是家常便饭，
干政的禅僧与律宗和尚四处奔忙，
暴发户下克上，有无能力都把官当。
不习惯乌纱与蟒袍，反拿笏板，
在御所排队上朝，一副穷酸相。
他们故作忠臣与贤者，
之乎者也，面奏天皇。
得意吹嘘，巧舌如簧，
实则百无一用，笑话一桩桩。
京都侍卫酒足饭饱，
歪戴官帽，到处横逛。
夜幕不能遮丑，
数不清的好色之徒，
色眯眯地盯着人妻，
干着逼良为娼的坏勾当。
这些登徒子呀，

还口口声声“要见圣上”！
小猎鹰秃毛断尾，
站在猎手的胳膊上，
谁知道猎物在何方？
铅做的大刀比太刀还长，
耀武扬威不自量。
五个骨架，一把华丽扇，
薄款小袖是标准装。
只可惜，瘦马载着的家臣又有何风光？
私下里每天去当铺，
武士饿着肚子把勇武装，
王侯布衣都难保口粮。
公家的头盔不离身上，
纨绔紫衣玩射术，
强弓拉不动，战马不驯良，
哪里有百发百中，有谁见百步穿杨？
只见得滚鞍落马，出尽了洋相。
无师自通，小玄笠时兴在大街小巷。
新近还时兴连歌会，京都镰仓闹嚷嚷，
不稼不穑，手摇脑晃，
不伦不类，连歌的作者一大帮。
不务正业，连歌会一场接一场，

若是要点评，谁都可以当。
自由狼藉，不可想象！
人皆说“犬田乐”毁关东，如今田乐师反更忙。
斗茶斗香发源于镰仓，最近在京都也开了张。
到处都大兴土木，
三块板支着五间房。
帐篷官厅数不完，
多亏了去年火神来造访，
不盖新的又能怎样？
火神祝融没到家，
又被武士占了房。
老百姓无居所，
民间流行自备武装。
任他车水马龙、百花飘香，
街头相遇只是各自忙。
曾随赖朝公南征北战安天下，
如今成了暴徒一小帮。
朝为田舍郎，暮登公卿帐。
寸功未立——飞黄腾达又何妨？
溜须拍马成了正道，
天下哪还有统一的希望？
我生于斯，长于斯，见多识广。

你全当某家信嘴胡说、随口吟唱，
那京都的新鲜事，
再给京童我三天也说不光！

原作总计八十八节，虽然内容繁多，但贯穿全文的主调特征鲜明，那就是京童对陌生的所谓新法的不信任和不悦。说到“京城何事最流行”，作者列举了“一夜大名”和“街头流浪者”，表现出京都社会原住民对闯入者的严厉看法。

政治和文化中心京都确实迎来了很多新人。比如说，“乡下人为讨回领地，背着文书一竹筐”，为寻求领地知行的依据而云集，也有人为求“领地与恩赏”而奔走。于是为了处理集中于京都的诉讼，相关机构也汇集了三教九流的人才，被揶揄为“有无能力都把官当”。这些人的举止也显得很冒失：“不习惯乌纱与蟒袍，反拿笏板，在御所排队上朝，一副穷酸相”“武士饿着肚子把勇武装”，遭到严厉批评。关东武士对京都文化一知半解，他们的技艺则被毫不留情地评价为“小猎鹰秃毛断尾，站在猎手的胳膊上，谁知道猎物在何方”“强弓拉不动，战马不驯良”“新近还时兴连歌会，京都镰仓闹嚷嚷”。他们这种“无师自通”、看上去“时兴”的技艺，既不合规范，又随心所欲，被指摘为“自由狼藉，不可想象”。虽说他们也不是为了破坏既有秩序而来，但他们“朝为田舍郎，暮登公卿帐，寸功未立——飞黄腾达”，因屡得破格提拔而遭非议。因为他们的加入，规则和礼仪受到挑战，引起人们的叹息："民间流行自备武装""街头相遇只是各自忙"。

京童的慨叹也不仅针对礼仪和秩序。"多亏了去年火神来造访"，是说前一年战争的余烬仍未熄灭；"火神祝融没到家，又被武士占了房"，武士又来布阵，预示着新的战争即将爆发。如今，京都成了来自公家社会外部的武士进行军事活动的场所。在京童的眼中，无疑这才是最大的时代变革。

回溯至镰仓时代，幕府虽然在京都的六波罗地区设立了驻外机构，但包括武家地六波罗在内的鸭川以东地区被称作"河东"，以区别于洛中，武家和公家各以河东和洛中为领地，分栖共存。在洛中，武士的活动受到严格限制，这里依然是公家之都。武家主要在京都以外的地区开展活动。然而，到了镰仓末期，武家和公家的分栖状态逐渐被消解，自南北朝以后，河东和洛中的区别实际上已经消失了（高桥慎一朗《中世的都市和武士》）。建武年间，这种变化又伴随着政治、社会乃至军事上的变动，清晰地映在京童眼中。

此时，京童的主要着眼点在于京都社会风貌的变化。但是京童所回顾的那个"有秩序的世界"，并没有覆盖镰仓时代的整个日本社会，在南北朝时代也没有濒临崩溃。京都与地方的关系发生变化，在这个时代，有更多的人与京都文化发生直接联系。京都向着以武士阶级为首的新来者敞开了大门。而那些了解从前京都的人，则彼此交换着揶揄的目光，回顾京都社会向来的存在方式，并以此为范本，重新设定了叙述世界的视角。这就是某个京童在《二条河原落书》中描写世相的含义。

新来者对既存秩序形成挑战，在这种情况下，古代秩序的范本便以回顾的形式出现在人们的意识中。以武士为代表的新来者，并不是既有秩序的挑战者和破坏者，而是从另一个角度反映出立体的既有秩序，发挥着照明灯一般的作用。以京都为中心的世界不断扩大，其新成员不断被吸收进新的时代，而新时代的创造不外是古代范本的再现。伴随着动荡，人们以回顾的方式重新认识旧有世界的范本，在各色人等不断加入所带来的动态变化当中，旧有的范本也赋予了世界新生。

“下克上”的时代

象征着这个时代的词语之一是“下克上”。《二条河原落书》也在说到“京城何事最流行”时举出了“暴发户下克上”。这个词经常被解释为既有的身份秩序被消解，自由竞争扩大。上位者被下位者取代，说明上下秩序松弛甚至崩溃——这种解释是很好懂的。

但是，实际上只有当“上－下”这种坐标轴成为共识的时候，上述表述方式才能成立。社会中不断扩大的斗争，并非单纯将以实力压倒对手作为目标，而是被理解为抢占坐标轴上的位置。人们看出了占据“上”位的价值，并由此设定了标示社会价值序列的尺度。武士们在加入以京都为中心构成的社会之时，并没有凭实力创造出新的序列，而是占据了既有序列中的“上位”，并将之当作个人成就，“下克上”就是这么来的。例如，只要从朝廷获得官职，或被幕府任命为守护，那么不管他的出身如何，都能占据“上位”，成为公方的一员。下克上的结果是在社会内部获得了“上位”的人会一下子变成这种坐标轴的拥护者。之所以如此，自然是因为只有在这个坐标轴上，他才能处于“上位”、他所获得的地位才有价值。《二条河原落书》列举的“暴发户下克上”反映出京童的上下意识，从另一方面象征着这种坐标轴被众人所使用，或者说为他们提供了一种范本。

有了这种坐标轴，社会序列便以肉眼可见的形式表现出来，但这并不同时意味着序列固化。不如说，它为人们指出了发迹之路。因为武士从外部进入公家社会，旧有的门第秩序产生了漏洞，包括武士在内的公家社会以外的人获得了发迹的可能。这让老资格的京都人感到不习惯，以至于讽刺其为下克上，但是，凭实力获得“上位”的人牢牢地占据着这个位置，在这种事实面前，双方便有可能逐渐接受、彼此妥协。或许可以说，正是下克上的可能性不断将人们卷入这个坐标轴，促使社会序列不断再生产。

在这种现象的背后，有主从关系在内容上的变化。比如说，原本，源赖朝和御家人之间的主从关系是赖朝与每一个御家人之间个别的、相对的关系，“御家人”这种地位是建立于他们同赖朝的关系之上的，若赖朝或者代替赖朝的镰仓殿不存在，御家人也就不复存在。然而，在这种相对性关系的外部，出现了可供依据的坐标轴，作为主君的“上位”者和作为仆从的“下位”者的关系，就可能成为一般性的位置关系而得到人们认可。因为各人的地位都不需要依附于与主君之间的人情关系，所以就能够打倒主君、取而代之——战国时代的下克上也正是在这种“上－下”坐标轴上才有可能实现。

后文还将提到，关东执事畠山国清失势的直接原因就是关东武士要求罢免他。对此，镰仓公方足利基氏虽然叹息：“下位者要求罢免上位者，是因下克上所致吗？”却仍回应说：“若真违背他们的要求，东国恐将永无宁日。”佐藤进一则认为批判下克上是《太平记》一贯的主题，所以与其说这种叹息发自足利基氏本人，还不如说表达了《太平记》作者的意见（《南北朝的动乱》）。若真如此，那么《太平记》就以回顾性的视角展现了下克上的前提——“上－下”坐标轴的形象。换句话说，当社会平衡发生动摇，人们在不断接受新要素的过程中摸索、总结出新的秩序，而足利基氏的地位——“镰仓公方”就在这种新秩序中占据着“上位”。通过在社会秩序的坐标轴上摸索新的平衡，新的“太平”终于实现——《太平记》这个不确定叙述者、不断被回顾的物语就体现了这样一种构图。

“婆娑罗”文化

这个时代文化的关键词——“婆娑罗”或许也一样。“婆娑罗”也可写作“婆佐罗”或“婆沙罗”，其语源常被解释为梵语“vajra”（金刚石，也即钻石）的音译，但意义的转化过程并不明确，原本用来表示钻石坚固性的词语是如何同“婆娑罗”的意思联结起来的，实际上没人说得清。

作为14世纪日本文化的象征，“婆娑罗”一词经常出现在《建武式目》“可被行俭约事”条中：“近日号‘婆佐罗’者，专好奢靡，绫罗锦绣、精好银剑、风流服饰，无不惊目，颇可谓物狂欤？富者弥夸之，贫者耻不及。俗之凋敝，无甚于此。尤可有严制乎？”总的来说，这是在要求制止奢华服饰的流行以及随之而来的贫富差距扩大和风俗败坏。这类“禁奢令”继承自平安时代以来朝廷新制的模式，在这个时代并不是特别引人注目的东西，但此处的“婆娑罗”一词，却突显出这一时期京都社会的异常状况。

“婆娑罗”的代表人物首推佐佐木（京极）高氏（导誉）。他出身于近江名门，曾在建武政权担任杂诉决断所奉行人，后追随足利尊氏、义诠，历任近江等地的守护、评定众、引付头人、政所执事等职，发挥了重要的政治影响力。不过，此人最大的贡献还是作为“婆娑罗”的代表，在文化史上写下了独特的一笔。

导誉最为人所知的“婆娑罗”事迹是在历应三年（兴国元年，1340）十月发生的“妙法院暴行”。据说，导誉一行人在尽情游猎之后，于归途中与白河妙法院的法师发生争执，导誉之子秀纲等人挨了打，导誉一怒之下带着三百名手下烧了妙法院。妙法院号称南叡山，是山门三门迹[1]之一，在天台宗里也算有影响力的寺院。迫于山门态度强硬的控诉，幕府只得将导誉、秀纲父子流放至上总国。而关于其离京时的情形，《太平记》第二十一卷是这样描写的：“三百余骑年轻郎党为送行而列队于其前后，皆以猿皮为箭囊，以猿皮裹腰上，手执鸟笼，路设酒席，宿招娼妓，有意别于寻常流放之辈，铺陈豪华，只为蔑视公家责罚，嘲弄山门郁愤。”此外，贞治五年（正平二十一年，1366），导誉于大原野设花宴，“召集京中诸艺高手”“所行游乐，世间罕见”，是一场格外盛大的飨宴（《太平记》第三十九卷）。

导誉在连歌、田乐、茶道、香道和花道方面都有比较高的造诣，是这一时代的文化人代表。他对各类文化都有浓厚的兴趣和深刻的理解，因此，导誉的“婆娑罗”，实质是对产生于公家社会及其周边的诸艺与文化产物的热爱，以及想要尽情享受的心情。然而，虽然当时的公家社会不断孕育出灿烂夺目的各类文化，但另一方面又采取了“俭约”的政治方针作为平

1 门迹，日本佛教用语，指继承了一个宗派的寺院，或由皇族、贵族出家当住持的寺院。山门三门迹，指天台宗山门派的圆融院、妙法院、青莲院。

衡。这么做或许是为了防止诸艺与文化产物脱离政治制约，创造出独自的价值观。导誉的“婆娑罗”的作用便在于打破公家社会文化的这种政治性平衡，将诸艺与文化产物从政治性语境中解放出来，使其光辉更加耀眼。

虽说如此，导誉的行为无疑违背了公家社会所继承的、以“礼节”“俭约”为代表的价值尺度，威胁到了正在形成的社会秩序与平衡。这个时期的政治任务是以公家社会的规则来驯服武士阶层，而试图导入不同价值尺度的“婆娑罗”自然就成了限制的对象。《太平记》以一位遁世者的口吻列举出“有悖于政道者”，其中就有“无礼”“不忠”和“拔折罗”（婆娑罗）（第三十五卷）。另外，导誉的行为有悖于《建武式目》所提倡的方针，有可能因此而与直义产生嫌隙。

然而，不管有多少批判之声，导誉并未被驱逐，而是在政治世界里生存了下去。妙法院事件后，他只是暂时离京，不久即返回，仍然受到尊氏和义诠重用。之所以如此，主要还是因为导誉自身的政治处世能力。他几乎一直是尊氏、义诠的亲信，占据着重要的政治地位，历任各种要职，在政治史上的紧要关头支持尊氏和义诠，发挥了重要作用。后文还将详述其中几项事迹。也有研究者认为，在尊氏和直义兄弟的对立背后能看到导誉的影子。从各种意义上来说，佐佐木导誉都可算是一面反映出席卷了武士阶层的新秩序的镜子，承担着物语中的旁白一职。

放荡不羁、下克上、“婆娑罗”，通过不断吸收这些新要素，历史潮流创造出新的动力，点缀着《太平记》的时代。京都从公家之都变成公武共同之都，又变成普通人的都城，但始终在这个过程中占据着历久弥新的中心地位，而上述历史动力为这样的京都添加了新的色彩。

第二节 内乱再起

北畠亲房的活动

稍早之前，南朝的柱石之一——北畠亲房正在东国谋划重整南朝方局势。延元三年（历应元年，1338），他拥立义良和宗良两位亲王，从伊势大凑扬帆出航，但在海上遭遇风暴，一行人失散，义良漂流到三河湾口的筱岛，宗良漂流到远江，只有亲房勉强到达了常陆。后来，亲房一直待在常陆，苦心经营东国，不断劝说关东和南奥州的武士归顺南朝，直到兴国四年（康永二年，1343）。

对亲房来说，经营东国是为了明确南朝方甚至世界的存在根据，并让人服从在此基础之上形成的规则。在这个过程中，

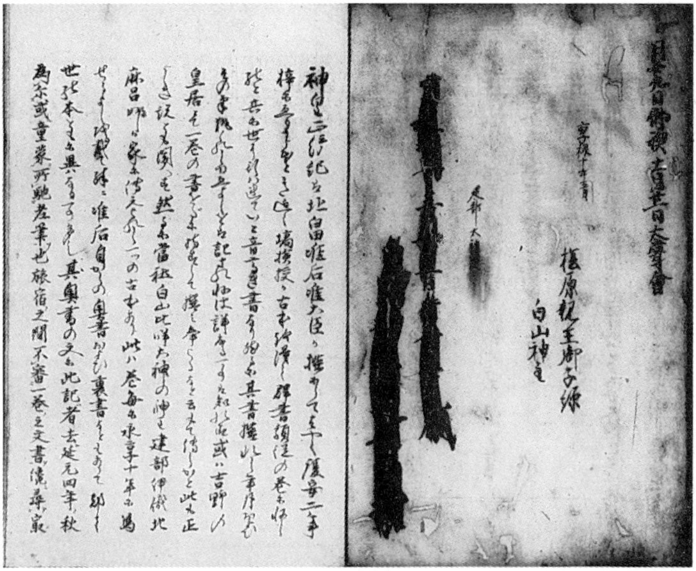

《神皇正统记》白山本的跋文　左起第一列写有“为示或童蒙所驰老笔也”（这是年老的我为了启发童蒙所写）（白山比咩神社藏，国学院大学日本文化研究所提供图片）

他为了启发“童蒙”而撰写了记述神代以来日本历史的《神皇正统记》和记述了诸官职由来的《职原抄》。有人说这个“童蒙”指的就是后村上天皇，也有人认为是众多关东武士，细节虽然还须讨论，但无疑与说服关东武士的工作密切相关。

教导关东武士为“大义名分”献身，恐怕是一种全新的尝试。武士们为什么要服从没有直接主从关系的南朝天皇？为什么不能选择现在占优势的北朝和足利氏，而只能选择南朝天皇？为了说明其中的必然性，亲房以“无德者不可为君”这

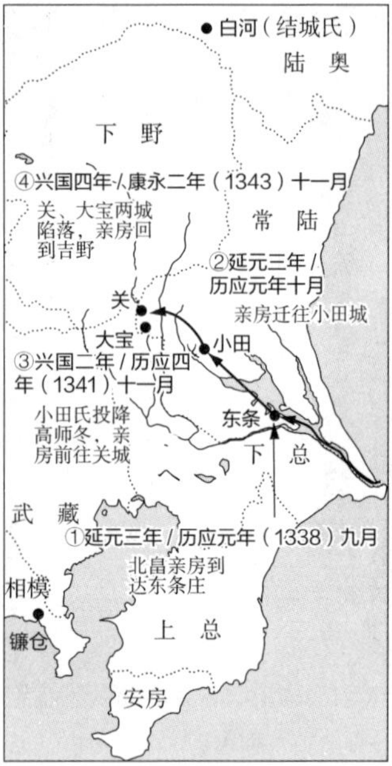

北畠亲房在关东的活动

种中国的“帝德论”为样板，试图将名分论扩展为人人都应遵守的规矩。为此，他回溯神话的世界，以他的视角来重构历史，从中找出皇统的连续性，并以此为世界存在的根基。对亲房来说，“帝德论”是“现在的统治者正是德之所在”的反转形式（即前提条件的逆否命题，从理论上来说是正确的），他一边据此解释历史的发展，一边以同天皇宗谱一起传承下来的德为依据，构筑起“世界应有的样子”。正是为了实现“世界应有的样子”，亲房才要求关东武士贡献力量。

特别是对占据着关东和奥州之间的交通要道——白河的结城亲朝，亲房写了许多信——现存的就有七十余封，劝他遵奉大义名分，催促他出兵。因为结城亲朝是“三木一草”之一的结城亲光的哥哥，所以亲房无疑对他抱有极大期待。但是，结城亲朝却不为所动，被亲房斥为“不过是商人”。亲房首重大义名分，而亲朝比起名分更看重实际利益，两人之间的嫌隙最终也未能消解。对于关东武士来说，大义名分与自己的生存现实相距遥远，没有必要克服阻力去实现它。

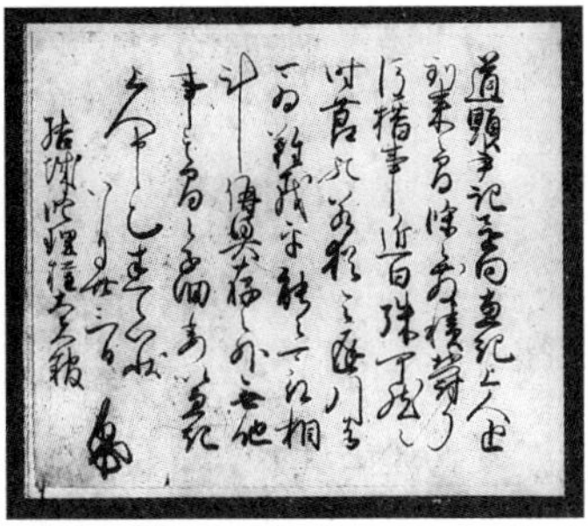

北畠亲房的亲笔文书 （东京大学史料编纂所提供图片）

亲房请求占领了常陆国小田城（今茨城县筑波市）的小田治久做说服工作。但是，历应二年（延元四年，1339），高师直的堂弟及养子高师冬被派来征讨亲房，形势于是为之一变。历应四年十一月，小田氏投降，亲房从小田城逃往常陆国关城（今茨城县筑西市），向关城城主关宗祐和邻近的大宝城（今茨城县下妻市）的下妻氏求助，又经过两年的攻防战，两城终于陷落，亲房逃回了吉野。

这样，南朝方就丧失了重要的据点，而这不仅意味着军事上的失败，更重要的是，这意味着亲房采取的劝说方式最终没能打动关东武士。否定现有的社会存在方式，提出一种与现状对抗的“世界应有的样子”——这种言论并未抓住武士的心。那么南朝到底能为武士提供什么呢？一方面，关东武士有时会因为希望获得亲王或大将军这种领导者的头衔而举起南朝方的旗帜，但这更多的时候只是为了保全自身利益而想要一个集结的契机，选择南朝而不是北朝和幕府并没有必然的依据。在当前的局部对抗关系中，若对手支持北朝和幕府，那么自己就会寻求与南朝结盟的可能性——这样的选择也是存在的，总之，他们只是在寻找当前情况下的战术依据。

从这里可以看出，武士的行动模式是一种随机应变的处世智慧。在他们所生活的世界里，世界的存在方式蕴藏在“现在如此”的具体性中。不论南朝还是北朝，都只是因为能被利用才存在，其中，南朝和北朝的差异是相对的。他们大概也会采取另一种形式来解释天皇。

正平一统

南朝虽然在后醍醐天皇死后呈现颓势，但正如前文所述，此时恰逢足利氏内讧，南朝被拉进对抗关系中，遭到利用，也因此有了复兴的可能。

观应二年（正平六年，1351）二月，尊氏和直义兄弟达成和解，因为与直义对立的高师直和高师泰兄弟被杀，事态终于趋向平静。但是，反对直义的人依然不少。三月末，深受直义信任的奉行人斋藤利泰被杀，五月，桃井直常在访问直义的归途中遭到袭击。这些事件背后的关系并不明确，但人所共知的是，从属于直义的人和反对派之间的不和仍然存在，一有风吹草动京城便谣言四起，惹得人疑神疑鬼。

高氏兄弟死后，反直义派的核心人物就成了和直义一起执政的义诠，两人在政务上有分歧。七月上旬，有传言说因为直义在政治上被孤立，南朝想要趁机发起军事行动。于是在七月十九日，直义以与义诠之间的“不愉快”为由，向尊氏表达了辞退政务的意向，以求“四野太平”。同月下旬，义诠麾下的许多武士离开京都，准备战斗，政治形势急速恶化。到了月末，尊氏以讨伐与南朝勾结、在近江筑城的佐佐木导誉为名前往近江，义诠也为讨伐在播磨发起叛乱的赤松则祐而从京都出发。有学者推测，导誉的行动是事先与尊氏、义诠合计好的，不论如何，可以认为这一连串动作都是尊氏和义诠互相配合，为了在京都夹击直义而采取的策略。

了解到尊氏和义诠的行动，直义在八月一日拂晓逃离京都，经若狭进入越前国金崎。跟随他的有斯波高经、上杉朝定、桃井直常、石塔义房、畠山国清、山名时氏和吉良满贞等直义派武士，还有与直义立场相同的儒学家日野有范、日野言范，以及二阶堂行纲、问注所太田显行等自镰仓幕府以来的谱代实务官僚，甚至还有不少奉行人。虽然尊氏似乎直到此时还在寻求与直义和解的道路，但未能成功，九月，直义在近江的合战中失败，于是经过北陆道，在十一月进入了镰仓，受到上杉宪显的迎接。另外，参考记载了足利氏旁系喜连川氏宗谱的《喜连川判鉴》可知，这时，在镰仓受上杉宪显辅佐的足利基氏曾试图在父亲尊氏和叔父直义之间斡旋，但没能成功，于是为避战乱而退往了安房国。

另一方面，尊氏和义诠为与直义决战也极力安定后方，试图与南朝和解。和谈从七月开始迅速进展，在十月下旬终于达

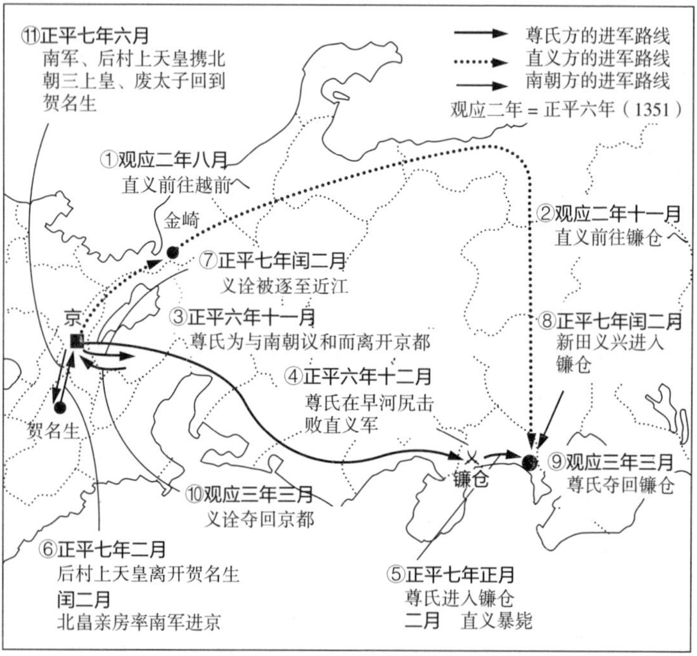

足利氏内讧与正平一统

成一致，南朝承认了尊氏武士管领的地位，下达了讨伐直义的纶旨。南朝宣布废黜北朝的崇光天皇和皇太子直仁亲王，并停止使用北朝的“观应”年号，统一为南朝的“正平六年”，史称“正平一统”。尊氏接受了这些条件，拜托义诠留守京都，然后向镰仓进军。尊氏先后在骏河、伊豆和相模国的早河尻（今神奈川县小田原市）击败了直义的军队，然后在翌年正月五日带着直义进入镰仓。直义被软禁在宅邸中，在二月二十六日突然死亡，虽有传言说他是被毒杀的，但是否与尊氏有关就不得而知了。

追随直义的武士中，畠山国清很快归顺了尊氏；上杉朝定曾试图在直义和尊氏之间斡旋，未果，在随直义东进的途中战死于信浓国。其他许多武士，比如石塔义房、桃井直常、山名时氏和吉良满贞等人都投降了南朝，后来让尊氏和义诠头痛不已。另外，足利直冬去往九州，暂时与幕府、南朝形成三足鼎立之势，最后还是迁往长门，与南朝结盟。

其间，南朝与幕府和解，开始在京都接管政权。南朝先是解除了关白二条良基的职务，将洞院公贤任命为左大臣并命其执政，然后派敕使进京，宣布了接管政权的基本方针。主要有两条：①宣布北朝的“神器”是“伪器”并予以没收；②废除北朝的全部官位任命。这相当于完全否定了北朝的正统性。在此前后，京都的公家社会流传着各种谣言，一说废帝与上皇被南朝绑架，一说为了继续政务而将任用少数北朝公卿。也有很多人为自保而慌忙前往贺名生的南朝行宫，接受了官位任命。

一方面，留守京都的义诠因为武士的待遇问题对南朝产生了不满和戒备。不久，正平七年（1352）二月，义诠被告知后村上天皇即将返京，同月下旬，有传言说公武不和、南朝要发动军队讨伐义诠。实际上，后村上天皇在二月二十六日从贺名生出发，经过河内国东条（今大阪府河南町附近），于二十八日到达了摄津国住吉（今大阪府大阪市），又于闰二月十九日进入八幡（今京都府八幡市），占据了可以暗中窥探京都的位置。另一方面，最迟在闰二月上旬，直义的死讯就传到了京都，对幕府来说，已经没有勉强维持和解的理由。正平“一统”的崩溃只是时间问题了。

北畠亲房率领南朝军队进入京都，义诠被逐至近江，这是闰二月二十日的事情。翌日，北朝的三位上皇（光严、光明、崇光）和废太子直仁亲王被从京都强行带往八幡的阵地，三月又迁往河内东条，随后更迁至南朝的根据地贺名生，这么做是为了断绝北朝重建的可能性。此外，为响应进军京都，在关东拥戴宗良亲王的新田义兴、新田义宗也举兵攻陷了镰仓，南朝暂时取得了胜利。

被赶出京都的义诠认为和谈已破裂，于是宣布恢复观应年号，并动员各国武士展开反击，终于在三月十五日夺回了京都。在关东地区，尊氏也在稍早的三月十二日夺回了镰仓，南朝方的胜利仅维持了不到一个月。南朝退守八幡，进行了一段时间的防守战，但由于缺乏军粮，不断有武士逃脱。经过两个月的攻防战，五月十一日，八幡阵地失守，四条隆资、滋野井实胜战死，许多朝臣投降幕府。后村上天皇勉强逃回了贺名生。

但是，因为三位上皇被带走，北朝方此时既没有天皇也没有上皇，不仅如此，关白二条良基也仍处于停职状态，公事已不可能继续。以处理公事为纽带的京都公家社会面临着运营上的空前危机。为复兴停滞的公事，必须确立新的治天。幕府请求即将出家、进入妙法院的光严上皇皇子践祚，而为了代替不在的治天履行践祚之前的一系列手续，幕府恳请光严上皇的生母广义门院（西园寺宁子）总揽政务。最初，女院坚决推辞，但在受佐佐木导誉指派的劝修寺经显的劝说之下，她先恢复了二条良基的关白官职，让他处理政务，又促成了八月十七日弥仁王的践祚。这就是后光严天皇。

可以认为其间女院的立场就相当于治天，但后光严践祚时仿效继体天皇的先例，采取了受群臣推戴而登上皇位的形式，也就是说，人们认识到此时本应以院宣让弥仁王登基的治天并不在场。另外，后光严践祚之后马上就开始亲政，所以可以认为，广义门院只被要求推动践祚之前的一系列手续，相当于紧急避难措施。总之，为了让公家政权的各机构开始运转，必须拥有作为“启动键”的“命令”，无论将其定义为广义门院的“政务”，还是为重建北朝而采取的特殊手段，其意义主要在于让公家社会正常运转，而不是保证幕府的正统性。

在重建后的北朝，公家最关心的是复兴公事。其中，发挥了关键作用的是通晓古代典章制度，且一向热衷于复兴公事的关白二条良基。他精力十足地推动公事复兴，经常与近年来的习惯对立，有时甚至被批评为偏执，与周围的人发生摩擦。但即便如此，他也高举复兴旧法的旗帜，毫不退让。他并不隐瞒自己对推进“公事兴行”的后醍醐天皇的敬意，始终倡导回归

“正确的状态”，从某种角度上可说是后醍醐天皇的后继者。二条良基后来还指导足利义满古代的典章制度和礼仪规矩，帮助义满登上公家社会的舞台。

南朝的存续

正平一统时，公家社会因南朝方接管政权而产生的变动，为我们了解南朝的特性提供了重要线索。

随着政权的交替，南朝更换了关白等主要官员，还换掉了天台座主、石清水八幡宫别当等大寺社的负责人，让接近南朝方的人取而代之。几个家族的家督也被替换，比如，近卫家的家督从近卫基嗣变成了其堂弟近卫经忠，西园寺家的家督从西园寺实俊变成了其叔父西园寺公重。自镰仓末期以来，这些家族不断分出旁系，围绕着家督和家领争执不断，嫡系若支持北朝一方，旁系就会为了对抗而投靠南朝。这也是对公家社会而言南朝的存在理由之一。

对大多数公家来说，南朝还是北朝并不重要，各自家族的存续才是第一位的，南朝也好，北朝也罢，朝廷的存在只是赋予了家族存续某种意义。典型的例子就是洞院公贤的异母弟洞院实守。实守深受父亲洞院实泰宠爱，但长期生活在异母兄长公贤的阴影之下。观应之乱时，他为了扭转形势而投靠南朝，在接到兄长病危的消息后，又因期望成为家督而回到北朝，但是，由于武家的干预，公贤之子实夏继承了家督，实守便再次投靠南朝，然而实夏的继承人公赖早逝，他便抱着继任的期待再一次回到北朝。因为像这样在南北之间摇摆不定，他被批评为“颇非忠贞之仪乎”（近卫道嗣日记《愚管记》）。

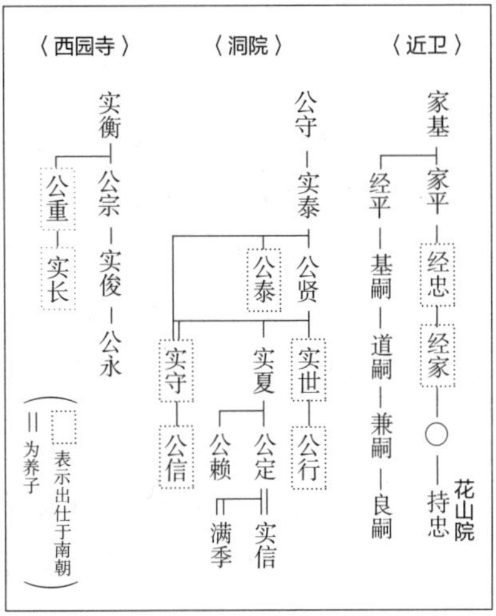

公家的南北朝分立

总之，两个政权之间并不存在“正”与“伪”的“理念之争”。姑且不论位于各自朝廷中枢的当事人，对于聚集在其周围的公家来说，南北两朝的机能和应有规则并无不同。问题在于，到底哪边掌握了京都各家族的存在依据——公事，并能维系公家社会的运转，哪边才是现在的朝廷。

同样的情况也体现在实务官僚的变动中。无从得知究竟有多少文官和明法家等实务官僚在南北朝分裂时从属于南朝。在担任实务的官僚中，以统领外记局（相当于太政官的书记局）的大外记为首，掌管太政官事务中枢——弁官局实务的左大史（亦称官务）、管理并维护宫中各种设备的主殿寮、担任宫中财政中枢的内藏寮等职位，被称作“要剧诸司”，作为公家政权运营上不可或缺的重要官职得到了公认。正平一统时，在这些官员中，大外记由向来在南朝任职的中原师言接任，左大史由在北朝做过官的壬生匡远接任。另外，明法家坂上明清在南北朝初期曾从属于南朝，但在康永元年（兴国三年，1342），又出仕于北朝的检非违使厅，正平一统时被任命为南朝内藏寮的年预（实务负责人），一统崩溃后，又再次归于北朝。类似的“南北往来”并非仅限于坂上明清一人，而是常见于实务官僚，也并没有特别遭非议。实务官僚们并非忠于哪个朝廷，而是忠于自己的家业，不论南朝还是北朝，他们只对能保证自己家业及其运作场所的一方抱有期待。反过来说，不论南北哪个朝廷，只要遵守应遵守的规矩，都能役使他们推进公事。

另一方面，对远离京都的地方武士来说，南朝则是可以选择的集结中心。虽然“南北朝内乱”这个词很常见，但“内乱”的实际内容是一族内部的领地纷争或者相邻武士集团之间的斗争等局部的对立抗争。不论南朝一方（宫方）和北朝、足利一方（武家方）如何组织他们，从武士的角度来看，都相当于将自己身边的对抗关系放到“宫方对武家方”这种构图当中，并以此为自己的行动依据，这才是问题的关键。

比如，多数在观应之乱时追随直义的武士都并没有在直义死后马上投降尊氏，而是为寻求依据而暂时归顺了南朝，但其中的大多数后来也回归了幕府一方。也有人如后文所述的仁木义长那样，在幕府内部出现对立时投向了南朝。再比如，在东国，占据着下总结城的结城氏加入了足利一方，于是同族的白河结城氏就加入南朝与其对抗。但是，一旦南朝在关东的形势恶化，如前所述，白河的结成亲朝就决定从旁观望，而没有回应北畠亲房的援助请求。正是武士的上述行动导演了“南北朝内乱”。

另外，当秩序以京都的公家武家为中心，逐渐形成并开始渗透各地之时，南朝也发挥了缓冲地带的作用。比如，海盗和木匠这种公家武家向来难以准确把握的“非农业人口”，就聚集在南朝周围以维持生计。希望读者还能想起，后醍醐天皇也曾将这类人召集到自己身边。这些人与逐渐建立起秩序的京都社会关系加深，却无法从旧有规范中找到自身的社会地位，于是就将南朝当作眼下可供利用的手段，创造出网野善彦所说的“异形的王权”。对这些人来说，南朝也相当于收容者或者说秩序世界的入口。

另外，失去了京都这个当时日本的经济中心，南朝只有在财政上依靠畿南领地的收入，以及摄津、河内诸氏，特别是摄津住吉社社家、控制着难波津（今大阪府大阪市）的津守氏的援助。建武四年（延元二年，1337），堺浦的鱼商等人因被怀疑与南朝有联系而被尊氏下令停止买卖。可以想象，还有很多类似的非农业人口可能都参与了南朝一方，但遗憾的是无从判断具体情况。

第三节 | 南朝的颓势

镰仓府与东国

前文提到，武家故地镰仓设有幕府的驻外机构镰仓府，原本驻守此地的尊氏嫡子义诠在观应之乱初期进京，代替直义执政，而尊氏的末子基氏则东去镰仓。自此，基氏的子孙代代都作为“镰仓公方”统治东国，镰仓公方这种身份也须从基氏算起。话说回来，基氏东去时还是年仅十岁的少年，本应辅佐他的上杉宪显和高师冬两位执事，受京都政局的影响，也产生了矛盾，镰仓府体制在安定下来之前颇经历了一番周折。

观应之乱中，直义派的上杉宪显讨伐了高师直的养子高师冬，然后迎接直义进入镰仓。但直义又败于尊氏，然后死于牢狱，上杉宪显遂退隐上野。之后，在正平一统之时，镰仓府一度被拥戴宗良亲王的新田义宗一行占据，后来又被尊氏逐出关东。就这样，尊氏清扫了眼前的主要敌人、犒赏了麾下的将士，然后将关东政务委托给基氏，并派畠山国清作为执事辅佐，自己则于文和二年（正平八年，1353）八月离开镰仓返京。基氏为防备南朝的进攻，曾在连接镰仓和上野国的镰仓街道要地武藏国入间川（今埼玉县狭山市附近）筑起防线，后来返回镰仓。延文三年（正平十三年，1358），逃亡越后的新田义兴经上野袭击武藏，战败身死，自此，南朝方面成规模的行动暂告一段落。然而，许多旧直义派的武士仍与基氏保持距离，这种不安定的状况将一直持续到贞治元年（正平十七年，1362）上杉宪显被赦免并再次担任上野和越后的守护。

以执事身份辅佐足利基氏的畠山国清的立场也十分微妙。延文四年（正平十四年，1359），畠山国清率领关东武士前往畿内[1]支援义诠，然而所率武士之中，有很多人因疲于长途跋涉而擅自离队并回国，畠山国清自身也因与仁木义长不和而在军中招致诸多不满。翌年八月，他因担心会在京都造成不良后果而秘密返回了关东地区。原本就对远征十分不满的关东武士们强烈要求基氏罢免畠山国清的执事之位。康安元年（正平十六年，1361）十一月，畠山国清撤回旧守护国伊豆，试图反抗基氏，但在翌年贞治元年（正平十七年）九月战败并向追讨军投降，后又逃亡，最终死于奈良附近。

继畠山国清之后，高师有（高师冬之兄高师秋之子）曾在短时间内担任过执事，贞治二年（正平十八年，1363）三月，上杉宪显就任该职。其后，关东足利氏的执事（后称“关东管领”）地位一直被上杉氏把持，以镰仓公方足利氏和关东管领上杉氏为支柱的镰仓府体制形成。但是，关东管领上杉氏并不

---

1 畿内，指京都附近的山城、大和、河内、和泉、摄津五国。

仅是镰仓公方足利氏的助手，还与幕府密切联络，在京都和镰仓之间周旋，有时甚至会为京都代办事务。同时，下野的小山氏、常陆的佐竹氏、下总的千叶氏等自镰仓时代以来的豪族在当地依然拥有极大势力，如何掌控他们仍然是一个重要问题。另外，关东管领和各国守护的补任状由幕府颁发，这对镰仓公方的实质性权力形成了制约，日后幕府和镰仓府发生对立时，这将成为重要的影响因素。

镰仓府是足利政权在关东的代表部门，基本继承了镰仓幕府的构造，效仿幕府设置了政所、问注所等机构，以政所执事二阶堂氏、问注所执事太田氏为首的奉行人等主要官吏之家也继承自前代幕府。同时，关东地区的镰仓幕府直辖领和得宗领大半都被编入镰仓府的直辖领。镰仓幕府灭亡之后，镰仓也依然是关东地区的政治、经济中心，凭借着从镰仓府直辖领和镰仓各寺社所属领地流入的财富而持续繁荣。

九州的动向

南朝的势力在畿内和东国日渐衰落，只在九州地区维持了比较长的时间。后醍醐天皇派遣的征西大将军怀良亲王得到濑户内海海盗的帮助，于兴国三年（康永元年，1342）在九州上陆，于正平三年（贞和四年，1348）与九州的南朝方势力中心——肥后的菊池氏和阿苏氏会合。此前，建武三年（延元元年，1336）东征之时，尊氏派一色范氏为镇西总大将留守博多，又在贞和二年（正平元年，1346）派范氏的儿子直氏担任镇西探题，与南朝方对抗。但南朝在正平十年（文和四年，1355）控制了博多，又在正平十六年（康定元年，1361）控制大宰府。幕府派斯波氏经取代一色氏，后来又派出涩川义行，但都未能挽回局势。应安四年（建德二年，1371），幕府起用今川贞世（了俊）为九州探题，作为最后的王牌。了俊不负期待，努力恢复幕府方的势力，逐渐在九州经营方面取得成果。

此间，该地区发生了一件引人注目的事，那就是身在大宰府的怀良亲王被明太祖洪武帝册封为“日本国王”。中国史料《明太祖实录》中记载的“日本国王良怀”无疑便是怀良亲王。

明洪武元年（应安元年，正平二十三年，1368），明朝打倒元朝，建立了新王朝，然后向周边诸国派遣使者，告知此事。对明朝来说，让周边诸国臣服并接受其朝贡，是体现明王朝“正统性”的必要手段。同年及翌年也三次向日本派遣了使者。最初的使者在路上遭遇强盗，第二次的使者虽然见到了大宰府的怀良亲王，但被怀良亲王依蒙古袭来时期的先例处斩。两任使者都未能完成任务。第三次的使者赵秩成功说服了怀良亲王。明洪武四年（1371），怀良亲王的使者僧人祖来到达明都城南京。册封“良怀”为“日本国王”的册封使仲猷和无逸则在翌年五月到达博多。

这次册封是明朝为求“正统性”而主导的。因为同一时期倭寇猖獗，明朝需要一位“日本国王”来取缔倭寇。对明朝来说，这位“日本国王”必须具备按照明朝的要求来取缔倭寇的意识和能力，但和他能否从实质上统治全日本、是否拥有正统性没有直接关系。实际上，怀良一度命人杀害明朝使者。令其改变态度的原因又是什么呢？

关于这点，值得注意的是村井章介的推测（《中世日本的内外视角》）。他认为怀良接受明朝的册封，可能是希望通过宗主国明朝的军事介入，使九州脱离日本中央的政治体制。这一时期，以中国东海为主要舞台、从事贸易和掠夺活动的人，被中国和朝鲜史料称为“倭寇”，但这并不意味着他们是以日本列岛为根据地的“日本人”。“那么他们是哪国人？”——这种问题原本就没有意义。当时，九州、琉球列岛、中国大陆沿岸、朝鲜半岛通过环绕东海的航路相互联结，在这片海域上活动的人流动性很强，不能被归入某一个“国家”。这里不存在清晰的“国界”。这片海域周围各个政治中心的影响力都随着距离向其外围递减，而在这种空隙里，就诞生了一片模糊的边境领域。过去曾覆盖欧亚大陆大部分地区的蒙古帝国已经分裂。在中国，明朝取代了元朝；在朝鲜半岛，高丽王朝日渐衰落；日本列岛则出现南北朝对立。进入 14 世纪下半叶的政治动荡期，各政治中心都难以掌控的边境领域扩大了。村井推

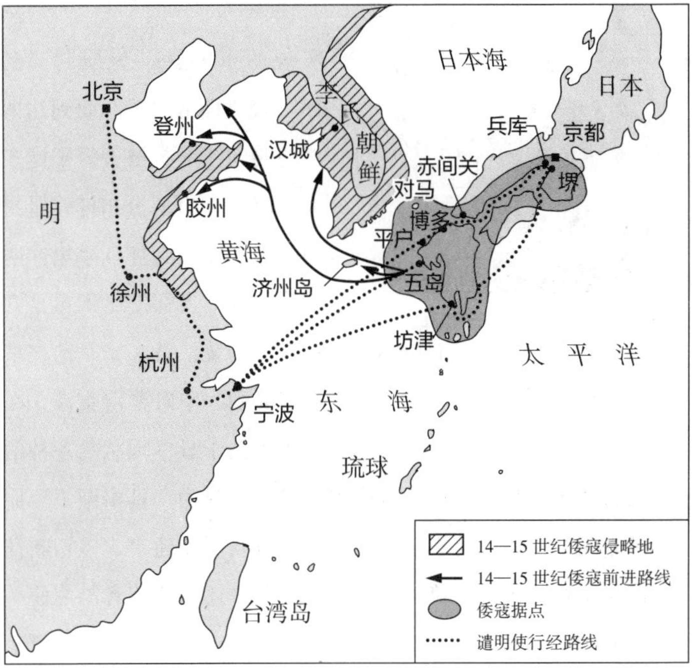

14—15 世纪中国东海地区

测，这里有可能形成一个能让“国家”概念相对化、具有一体性的地域。明朝建立册封体制，就是尝试在这个具有可塑性的环东海地区建立秩序。村井推测，或许怀良是想以统治九州的“日本国王”的身份参与这个秩序构想，并因为想到这种可能性而改变了态度，向明朝派遣使节。或许九州各豪族也有支持这种构想的意思。

但是，即便怀良真有如此意图，最终也止步于一种未能

《倭寇图卷》中倭寇上陆的场面　以16世纪倭寇为题材的17世纪中国画（东京大学史料编纂所藏）

实现的可能性。为册封“良怀”为“日本国王”而到达博多的明朝使节，被占据了博多大宰府的今川了俊扣押，册封诏书也未能送到怀良手里。明使了解到“良怀”已不再是九州地区的统治者，于是前往京都与北朝、室町幕府交涉，在收集了关于日本现状的各种信息后回国。另一方面，幕府因怀良被册封为“日本国王”而担心明朝可能进行军事介入，于是也与明朝建交，以切断怀良与明朝的关系，确保对九州的控制，还派遣使者与明使一同回国，但被对方以未携带“良怀”的正式国书为由拒绝。一旦明朝和“良怀”之间建立起册封关系，能与明朝交往的就仅限于正统的“国王良怀”，这是明朝坚持的原则。这种情况使得萨摩的岛津氏在向明朝派遣使节时也使用了“良怀”的名号。[1]后来，足利义满想要与明朝建交，明朝也是先承认义满为“正君”以取代“良怀”，并将他册封为“日本

1 据《明太祖实录》记载，洪武七年（1374），岛津氏久曾遣使入贡，呈上“表文”，但是明太祖以其“无本国之命，而私入贡，仍命却之”，拒绝了岛津氏入贡的请求。具体记事详见《明太祖实录》第九十卷，洪武七年六月乙未朔。

国王”，然后才同意建交。

南朝诸帝

后醍醐天皇未能实现夺回京都的夙愿。而后村上天皇继承了他的遗志，多次派兵攻打京都。正平一统崩溃以后，他在正平八年（文和二年，1353）、正平十年（文和四年）和正平十六年（康安元年）三度进京。正平十年那次，是投诚南朝一方的足利直冬率领着山名时氏、桃井直常等人进京。

表面上看，整件事的经过是两股势力围绕京都角力、抗争，重复着此消彼长的拉锯战，但实际上并非如此。总的来说，京都的地势易攻难守，过于依赖从周边地区输入粮食等物资，一旦近江的重要粮道被切断，马上就会陷入窘境。即便通过单点突破夺回京都，对南朝来说，要想确保周边地域也很困难。因此，每次南朝军队突破防线、逼近京都，尊氏就拥戴后光严天皇逃往近江，让南朝军队进入京都，自己则在重整旗鼓后发动反击，夺回京都，而南朝每次都会疲于应对。

在武士们看来，南朝逐渐失去了作为反幕府势力集结据点的魅力，于是纷纷抛弃了南朝。“宫方认为，只要打败京城的敌人，天下武士就会像元弘之乱时那样四分五裂，纷纷归顺朝廷，但事与愿违，不再有新的武士前来谒见。”（《太平记》第三十七卷）这里讲的是南朝第四次也是最后一次进京时的情景。武士们想要站在赢家一边，一时的胜利已不能满足他们。事情并未朝着南朝方期待的方向发展。旧直义派的武士要么没落，要么回归了幕府。南朝作为一种选择的价值降低了。

每次南朝方夺回京都的时候，公事就会陷入混乱或停滞，公家官员对此深感不安，纷纷在私下表示不满。而仕于北朝的公家官员往往遭到解职或没收领地等严厉处分，也逐渐积累起不满。其间不断传出双方进行和解交涉的谣言，后村上天皇周围的人虽然确实努力以有利于南朝的形式达成和解并统一，但上述举措切断了公事的连续性，结果让京都的人心更加疏远。

在这段时间里，正平九年（文和三年，1354）四月，北畠亲房在贺名生死去。晚年的亲房不再以领导者自居，而是隐居于大和国宇陀郡，靠近其子显能占据的伊势。对南朝来说，亲房的死无疑是个沉重的打击。而在被南朝软禁的北朝上皇中，光明上皇在文和四年（正平十年，1355）回到了京都，光严、崇光两上皇及废太子直仁也在延文二年（正平十二年，1357）回京，其背后或许有日渐衰落的南朝寻求融合之道的影响。另外，延文四年（正平十四年），畠山国清、土岐赖康等人率军进入京都，南朝方从中预料到足利方的攻势，产生了动摇，有传言说正平一统以来出仕于南朝方的大部分公卿将要回到京都，但实际上，只有中院通冬、二条为忠等二十余人投降了北朝。

在这种状况中，后村上天皇于正平二十三年（应安元年，1368）死去，继承皇位的宽成亲王（长庆天皇）似乎是相当坚定的强硬派。后村上天皇晚年不断尝试的和解交涉在长庆天皇的时代消失得无影无踪，不时代表天皇参与和解交涉的重臣楠木正仪也在正平二十四年（应安二年）离开南朝，投降了足利方，由此可见长庆天皇的态度有多么严厉。

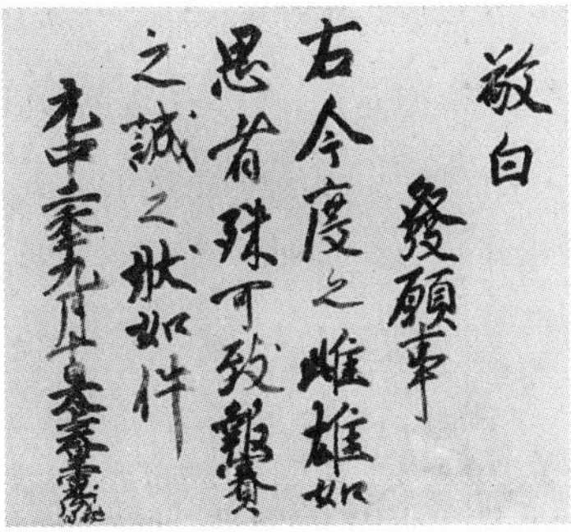
敬白
發願事
右今度之雌雄如
思者殊可致報賽
之誠之狀如件

长庆天皇的愿文 “今度之雌雄如思者”，祈祷胜利。但关于其敌人，一说是北朝、足利方，另一说是后亀山天皇，文书内容被看作南朝内部对立的证据（金刚峰寺藏）

长庆天皇在弘和三年（永德三年，1383）让位于（关于时间有不同说法）弟弟熙成亲王（后亀山天皇），在他让位前后，弘和二年（永德二年），楠木正仪又回到了南朝，有学者据此推测长庆天皇和后亀山天皇在对北朝及足利方的方针上有嫌隙。

形势日益严峻，留在南朝的廷臣也对京都产生了憧憬。《新叶和歌集》表现了南朝廷臣对京都的看法。这部和歌集是由宗良亲王奉长庆天皇敕命编撰的准敕撰和歌集[1]，于弘和元年

1 敕撰，指天皇下令编撰，南朝方的敕撰和歌集被称作“准敕撰和歌集”。

（永德元年，1381）成书。宗良亲王年轻时热衷于和歌，曾拜二条为定为师。宗良亲王期望自己的作品能入选二条为定在北朝方编撰的敕撰集《新千载和歌集》，但因身为南朝方歌人而未能实现，不甘心自己的作品被埋没，于是策划编撰了《新叶和歌集》。从内容看，《新叶和歌集》中多是表达对京都风景的憧憬和描写颠沛流离之苦的作品，在此列举几首：

暮年秋色美，月从古都来。谁解离乡苦？

——后村上天皇

吉野孤枕畔，犹响捣衣声。谁言古都风，不来吉野山？

——宗良亲王

若无京都月相伴，良辰美景总难眠。

——二条为忠

尽管其序文表示不承认北朝敕撰集的正统性，但是，南朝众人内心想必也很清楚，自己身在远离文化中心的穷乡僻壤。

顺带一提，《新叶和歌集》也是供我们一窥南朝廷臣构成的重要史料。这部和歌集收录了一千四百余首和歌，包括从建武初年到弘和年间一百五十余名南朝方的作者。这并未网罗全部的南朝廷臣，另外也有不少无法确定真实姓名、宗谱或活跃时期的作者，即便如此，仍可从中看出，与北朝相比，南朝歌坛里的高级官员多，下级官员少，是一个“头重脚轻的歌坛”（井上宗雄《中世歌坛史研究——南北朝时期》）。若认为这从某种程度上反映了南朝官员的构成特点，就可以从中看出南朝的致命缺陷——远离京都，缺少基层机构，无法作为政权自立。

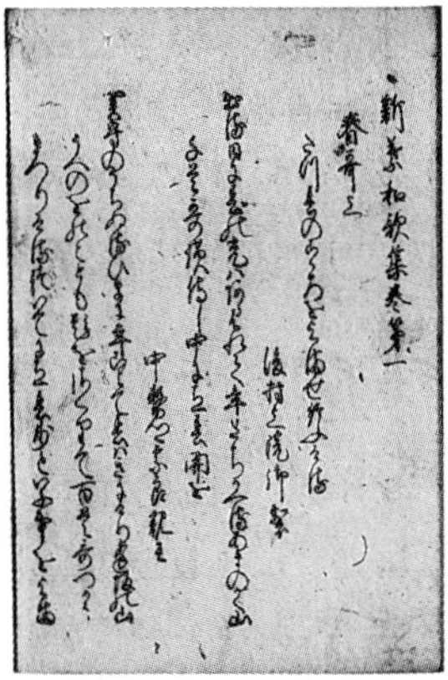

《新叶和歌集》抄本第一卷开头（日本国立公文书馆藏）

在《太平记》所记载的延文、康安年间（1360 年前后）的一则故事里，也有一位“看起来像是儒学家的云客（贵族）”登场，他说“直到今年春天为止我都出仕于南方，但我看出自己既不能倾覆天下，也不能守成治国”（守文），于是离开了南方（第三十五卷）。对以儒学为业的人来说，“守文”无非就是维持和继承先祖留下的家业，而朝廷官员只有在京都才能找到自己的存在意义。这明确表现出京都的中心地位，要想在吉野山建立另一个中心终究是不可能的。南朝正是以夺回进行公事的场所——京都为目标而存在，但这也逐渐失去了现实意义。

在这种情况下，后龟山天皇积极推动与北朝、足利方和解，最终让南北对立的局面落下了帷幕。

第四节 ｜ 二代将军义诠的时代

幕府官制的整顿

室町幕府初代将军足利尊氏在延文三年（正平十三年，1358）四月三十日去世，享年五十四岁，据记载，直接死因是背部肿块，发病十五日后去世。

此时，其子义诠已经积累了不少从政经验，作为继承人无可置疑，于同年十二月接受了天皇的将军任命诏书。尊氏去世四个月后，同年八月二十二日，后来的第三代将军足利义满出世。义满出生时，虽然战火还未燃尽，但局势已渐趋平稳，他就是在这种环境里长大的。

义诠继承了尊氏的职位，他的任务是巩固室町幕府的政权体制。尊氏去世两年前，观应之乱中投靠直义、后来占据了越前的斯波高经归顺幕府，北陆的形势终于稳定下来。

尊氏死后过了两年左右，延文五年（正平十五年，1360）七月，历任伊势、伊贺守护、侍所头人等职的仁木义长由于同畠山国清、细川清氏发生冲突而背叛幕府，翌年归顺了南朝。然后，赶走了仁木义长、掌握了实权的执事细川清氏又与佐佐木导誉发生矛盾，后来也背叛幕府，投降了南朝。政治情势中仍然蕴藏着流动性。有实力的武将因为政治矛盾而离开幕府、投降南朝，而南朝一旦获得力量便会试图夺回京都。幕府内部矛盾的主因是武将关于守护职和领地的争斗，而上述事件则体现出调节这些矛盾的体制还不成熟。

然而，与南朝联手获得的军事胜利都不长久，南朝的利用价值便明显降低了。然后在贞治二年（正平十八年，1363），山阳的大内弘世和山阴的山名时氏相继归顺幕府，自此以后，大规模的反幕府行动基本上消失了。

随着体制基础逐渐变得稳固，义诠开始着手整顿幕府的官制。贞治元年（正平十七年，1362）七月，斯波高经之子斯波义将奉命担任自细川清氏叛离以来一直空缺的执事。此事的经过在《壒囊钞》（由室町时代中期的僧人行誉编写，是一种百科辞典）中有记载。据说斯波高经再三推辞，但将军恳请他"务必担负起治理天下的重任"，于是高经让嗣子义将担任该职，自己则从旁辅佐。与之相对，义将的兄长氏赖则认为相当于足利家家宰的执事应该由高氏那样的谱代家臣来担任，而由同族的斯波氏担任会有损家名，于是愤而出家（《壒囊钞》说此事发生在义满的时代，若发生在义满的时代则与时间不合）。这则逸闻似乎来自斯波家的家传，所以有可能为了强调斯波家的门第而进行了修饰，但学者普遍认为，它说明在这个时期，足利家的执事正在逐渐转变为一个管理天下政务的官职。

管领之职承担着幕政，从足利家的家政中分离出来。关于其权限内容，可以认为是负责"政务"的官职，继承了镰仓幕府的“执权”，在室町幕府初期曾由直义承担，后来则是义诠。

像这样，管领制就被确立为一种承担幕政的机构。管领制的确立将足利本宗家与旁系各家区别开来，幕府首长的地位从此成了足利本宗家的家业，代代相传。管领制还使足利一门的其他各家承担起辅佐本宗家运营幕府的职责，甚至让其他各家也参与幕政，将他们安排在不同的位置上。斯波、畠山和细川三氏都属于足利一门，根据当时的政治形势，管领由三家中某一家的成员担任。山名、大内等足利一门以外的大名也从各自的立场参与幕政。除了关东足利家这个特例（此后数年，实际上关东足利家的当主总是参与京都本宗家的继承权竞争），足利家的职责和其下各家的社会位置关系都逐渐被固定，规范各家关系的礼仪也得以确立。武家社会效仿公家社会，终于在义满的时代确立了门第秩序。

另一方面，管理家领等与足利家家政相关的职责由政所承担，从以管领为核心的幕政指挥系统中分离出来。另外，有研究者认为，镰仓时代负责统领御家人的机构侍所，在这个时代开始参与检断等维护京都治安的事务，也作为将军直辖机关而从管领体制中分离出来（佐藤进一《日本中世史论集》）。从这里可以看出足利家家政的形成与幕政密切相关，但仍作为独立部分被分离出来。从义满的时代开始，幕府加强了对奉公众（直属军）的整顿，可以说是上述现象的延续。另外，因为京都是幕府脚下的特殊领域，在统治京都的方式这个问题上，幕府与公家政权特别是检非违使厅的关系就显得十分微妙，后文还将谈及这一点。

诉讼手续的整顿

在二代将军义诠的时代，对诉讼手续的整顿仍在进行。其中的典型就是研究者所谓的“特别诉讼手续”。这是要求返还被强占领地的手续，只要当事人能出示证书，提供某种有力的历史渊源，证明该领地当由自己知行，就可以获得知行权，这比通常的手续简单许多（石井良助《中世武家不动产诉讼法的研究》）。

在这里，希望读者能回忆起本书第一章谈到的，与领地和所职的知行权有关的权门及其职能（的变化）。权门通过任命、承认领地和所职，为当事人提供行使知行权的依据，而当有人对这种依据提出质疑的时候，就要重新进行裁决，然后再将裁决结果当作新的依据使用。这就是被研究者称作“本所裁判”的权能。但是，本所裁判提供的依据并不排斥继承、买卖和转让等与本所无关的依据，也不排斥来自其他本所的依据。在镰仓后期登场的公方，就是从外侧来规范本所裁判的，还要不时调停本所裁判造成的矛盾。这正是人们期待公方承担的职能。

一方面，室町幕府具有本所的特性——赐予麾下武士领地，让他们补任所职，并为其提供有力的依据；另一方面，它又承担着公方的角色，要调停来自不同地方的依据与依据之间的矛盾。像这样作为公方的室町幕府，其权能特征就是所谓的“施行”或者说“遵行”手续。拥有知行权的人，依据某种历史渊源，在当地知行领地和所职，而要想改变这种知行现状，就需要采取“遵行”手续，也就是前一章第四节曾提及的“使节遵行”。镰仓末期采用的这种遵行手续的原型，就是派遣使节到当地执行命令，并告知周边地区的人，而室町幕府则将这种手续规定为守护的职务，并确立为制度。

“特别诉讼手续”就是以这种遵行制度为前提构成的。它的模式是，当拥有有力依据但并未实际知行领地和所职的人，要求实际知行的时候，可以不回溯并检验这种依据的真伪，承认其有效性并马上启动遵行手续。但是，通过了这种手续的依据并不会马上获得排他的正确性，没有被采用的依据也不会遭到全面否定。这种手续的作用并不在于对以各种形式提供的各种依据之间的关系进行决定性判断，而是以暂定的形式进行调度整理，曾一度被拒绝的依据，也仍有可能被接受。

在义诠的时代，要求启动遵行手续的诉讼会被提交给义诠本人，由义诠直接裁决，然后守护再据此启动遵行手续。因为不再回溯依据的根源，也就不再需要审理证书、报告先例，这样，引付就不必出场了。可以认为，在室町幕府的政务处理过程中，引付所占的比重相对较小。但这并不一定意味着“趋向专制”。来自各种地方的依据具有相对性，而遵行手续抛开了这种相对性，独立进行知行认证。这样，“是否通过了遵行手续”就成为能否拥有知行权的指标，无须再回溯、验证各种依据的根源，而是以暂定的形式表明权利所在。领地的知行权则由公方视具体情况、以不与依据相抵触的另一套标准来决定。发生在领地知行的秩序、诉讼的作用以及公方职责上的变化，可从上述现象中窥见一二。

尽管如此，不论这种制度有多么完备，若是对通过武力颠覆现状的行为置之不理或者给予默认，也无法发挥实际效果。只有采取某种手段，让通过武力改变现状的行为失去效力，制度才能有效运转。

事实上，室町幕府早就准备处理上述问题了。贞和二年（正平元年，1346）二月，室町幕府提出被称为“故战防战法”的方针。“故战”是指发起战斗，而“防战”是指防御。“故战防战法”就是禁止武士私自以武力解决与领地相关的纷争，不论缘由如何，发起战斗一律被视作犯罪，防御的一方若无充足理由也是同罪。总之，要想改变现状，必须听从上意并通过遵行手续；不经过正规手续，以武力改变现状的行为被视作犯罪，将受到惩罚。提出这种方针是为了支持遵行，使其作为改变现状的必要手续发挥实际效果。其中或许也包含着令南朝方提供的依据失去效力的意图。但这种意图在多大程度上得到了实现，又是另一个问题了。

以这种制度性保障为杠杆，进行领地知行的再定义、再整理。幕府的诉讼处理制度作为中世后期的公方权能范本，在义诠的领导下得到了重组。

守护分国的形成

在室町幕府体制下，守护承担着重要职能。在镰仓幕府中，守护负责统领国内御家人、执行犯罪检断。而在《建武式目》中，守护则被称作“上古之吏务”，意思是守护的职能被按照古代国司的标准重组，参与维持管国内的领地知行秩序。

在室町幕府中，除了前节所述的使节遵行以外，守护有时还承担着授予阙所地的职能。所谓的授予阙所地，就是对因犯罪或其他事由而遭没收的领地（阙所）进行再分配。这项职能与遵行的职务相结合，守护便承担起了统领管国内领地知行秩序的职责。

正因为如此，如何控制守护就成了幕府体制要解决的重要问题，幕府对这个问题的认识也表现在其安排守护的原则中。另外，原则上守护以一国为单位设置，室町幕府将守护的管辖国称为“分国”，但有时也视情况将其称作“分郡”，也就是说，在国内下设不同的郡，将守护的权能分别给予不同的人。

在政权成立初期，足利氏还不具备能在各国设置守护的人员基础。为了让守护最重要的职务——军事动员具备实际效力，足利氏录用了许多当地有势力的传统豪族为守护。其中，既有下总的千叶氏和甲斐的武田氏、萨摩的岛津氏这种从镰仓时代起就担任守护的家族，也有相模的三浦氏这种过去曾担任守护，但被以得宗家为中心的北条氏一族夺走了职务的家族，还有像常陆的佐竹氏、信浓的小笠原氏这种没有在镰仓时代担任过守护的家族。室町幕府的守护体制，就是从这些外样[1]守护开始的。中央政府要想控制在各国拥有独立势力的守护，经常会遇到困难。

虽然以这种情况为出发点，但足利氏仍抓住各种机会，任用一族中的各家系和高氏、上杉氏等谱代被官为守护，努力确保对各分国的直接统治。不过，因为与南朝方对立，也很难无视当地的势力关系来任命守护，有时，为了让像山名时氏这种南朝方的武将归顺幕府，还不得不采取承认其守护职的妥协办法，事情未必会依足利氏的意愿进行。纵观整个14世纪，幕府、守护体制就是在不断寻求政治平衡的过程中一点点构筑起来的。

其间，有不少家族像桃井氏、石塔氏和高氏那样，以足利族人或其被官的身份被录用为守护，但在观应之乱中没落了。也有像石桥氏、仁木氏这样在其后的历史中体验到没落之苦的家族。在守护管国，没有独自地盘的同族守护遭到了严酷的淘汰。其中，管领辈出且参与幕府政务中枢的细川、斯波和

---

1 外样，非谱代家臣。

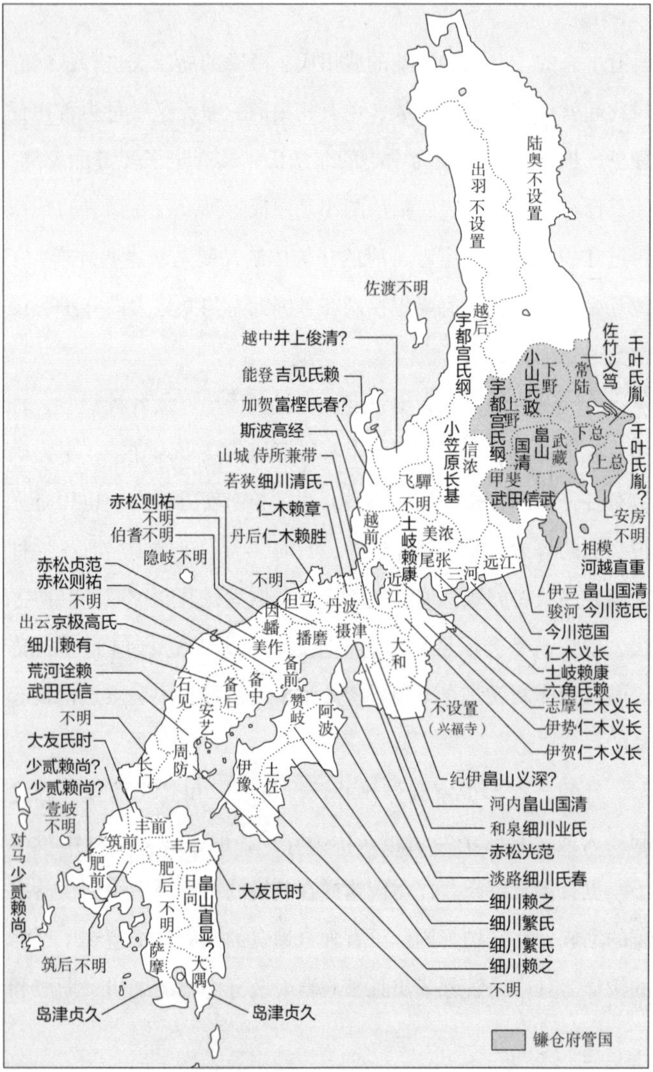

义诠将军继位时的守护配置

畠山三氏确保了各自的世袭分国。另外，隶属于足利一门的一色氏、今川氏，一门之外的山名氏和赤松氏也被称为“大名”，负责为幕政上的重要事宜提供建议，他们也都确保了各自的世袭分国。此外，上杉（越后）、大内（周防等地）、富樫（加贺）、土岐（美浓）、河野（伊豫）诸氏也基本确保了各自的世袭分国（参见第 248 页图片）。单看个别家族，似乎一直在变动，但从大框架上来看，守护家世逐渐固定，被公认为武家社会中门第的重要指标。

进入 15 世纪后，守护原则上必须在京。守护门第形成，分国也已固定，守护和分国当地代官之间的联络渠道逐渐建立并稳定下来，成了维系中央政治与地方秩序的纽带。另一方面，如前所述，以与领地知行秩序有关的诸项权能为杠杆，国内武士的被官化、国内领地收益的确保与再分配也都被守护以“守护请”的形式承包。在守护的领导之下，各地都在对分国秩序进行重组。在此过程中，关于前者（守护的被官化），幕府想要以守护为媒介来统治分国，同时又担心分国过度独立；关于后者，庄园领主（本所）想要利用守护，以高效的方式确保收益，但又担心领地变成实质上的守护领。守护与两者的上述关系就造成了种种摩擦。

在这种守护体制中，只有东国与九州是例外。在这些远离京都的地区，传统豪族的势力得以保存，守护的在京原则也并不适用。在关东，以镰仓府为核心，上野、武藏、伊豆等地守护都由上杉氏世袭，此外，常陆的佐竹、下总的千叶等传统豪族也被任命为守护。奥羽两国不设守护，足利一门的吉良氏和斯波氏作为奥州探题和羽州探题被派遣至当地，后来也被纳入镰仓府的管辖之下。但是，在南奥羽，实际的统治权被以“分郡检断职”等形式分割，委托给当地有实力的武士，如相马氏等。而在北奥羽，以镰仓时代被任命为“虾夷管领”的津轻安藤氏为代表，当地势力通过贸易与北方世界紧密结合，以京都为中心的政治秩序在这里的影响力极为有限（海保岭夫《虾夷的历史》）。在九州，继今川了俊之后，同属足利一门的涩川氏被任命为九州探题，但岛津和大友等镰仓时代以来的守护并不会轻易听命于九州探题。他们与东海世界联系紧密，有可能谋求脱离以京都为中心的政治秩序。在与京都的关系中，这些地方豪族都拥有较强的独立性，这为其后的时代遗留下需要解决的重大政治问题。

第五章

社会整合的转换

第一节 | “法”的确立

“天下一同之法”

中世的人不时会用到“法”这个词，但它与近代所说的法含义稍有不同。

简而言之，这里的“法”是指“做法”和“规则”。被称为“法”的事物，是现行的某种做法，但不一定意味着“正确”或者拥有制度依据。

虽然现代的“钟摆式打法”和“不正当的经营法”等词语中的“法”也是指“做法”，但这在中世是一般用法。从这种种“做法”当中将作为制度的法区别开来，赋予它有别于其他“做法”的特殊效力，近代法就是这样产生的。与之相对，中世的法未做这种制度上的区分，是并存的。尽管如此，遵从现行的、有序的规则也被认为是社会生活平稳运行的基础。究其原因，若众人都对现行规则进行观察，就会从中发现规律，这种规律又会为众人的言行举止提供某种标准，使他们能够协调一致，从而保证社会生活有序进行。

因此，中世的法虽不具备普遍的通用性，但能在不同场合发挥相当于当地规则的作用。做法、规则一旦被认定为上述性质的法，就能为实践提供依据。每个村落有每个村落的法，商人也有商人同行的法。至今为止一直采用的做法，就作为“先例”“习惯”被引申为各种场合应实践的法，为各种主张提供理论上的依据。

但是，这样的法，即便在本应共同实践的人群内部，都未必具有稳定性和统一性。比如，在近江国，某商人集团在某地进行交易，他们推崇以“古法”为依据的“古来惯例”，指责别的商人集团脱离了“古法”，实行“新法”。像这种对立时常发生，往往不是通过武力解决，就是靠有权力的人来调停（樱井英治《日本中世的经济构造》）。在这个过程中，商人们不断调整自己的行为，逐渐更新法。人们在不同的场合实践不同的法，并且不断创造出新的法。

幕府和朝廷的法，基本上都是在各种现场实行的法。因此无须另行通知众人，无论是谁，只要与幕府、朝廷接触，就能当场观察并体会到。例如，只要接触到幕府的诉讼，就能从实务官员的行为中体验到诉讼法，也可以从公示的判决当中观察到幕府的法。当然，这些法都有可能成为更广阔人群之法的源头，但必须有人参照幕府之法，将其导入自己的行为现场。这里并不存在像近代法体制中的立法和公布这种能将诞生于某地之法的效力普及到全社会的程序。法不断产生于不同的实践现场，是应现场之需而产生的。

不过，到了中世后期，史料中经常出现被形容为“天下一同”的法，它与适用于个别场合的法不同，拥有独特的运作范围。换句话说，它是指天下各种势力都应遵守的、内容相同的法，其中的代表就是13世纪末期以后经常有人提倡的“天下一同之德政”。与个别场合的实际情况无关，从外部引入，适用于天下所有的场合——这样的法，为不能共享地方法的众人提供了可以共享的规范。“天下一同之法”的近义词是“天下之大法”。

13世纪末期以后，“公方”开始广泛提倡“天下一同之法”，使其在最广泛的人群中发挥媒介作用。关于公方，正如第一章所述，相当于朝廷或幕府，它能超越个别场合，调停各种相互对立的法。参照“公方之法”，人们可以调整法与法之间的冲突；公方经手之后，也可能对不共有地方法的人群行为做某种程度的预测。以这种“公方之法”为媒介，通过各种场合的反复实践，“天下一同之法”的“天下一同”性增强了，事实上发挥了相当于众人皆知的共同法的作用。这样，中央制定的法被公方使用，就有可能产生“天下一同”的影响。

地方法的变化

有别于地方实践传统的“天下一同之法”被从外侧反复引入，应用于地方法的领域，成为地方法标准化的契机。

比如，知行某块领地的现象。在镰仓初期成为高野山领地的备后国大田庄（今广岛县世罗町附近），领主高野山将庄园

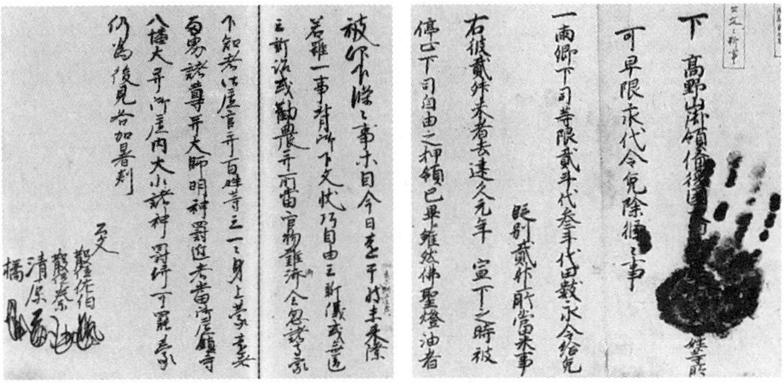

“僧鑁阿下文”与“请文”（右起，金刚峰寺藏，东京大学史料编纂所藏影写本）

管理委托给了僧人鑁阿。鑁阿根据“置文[1]”“下文”，向当地庄官公布了庄园管理方针，而庄官则提出“请文[2]”，表示同意。此时达成的具体协议就形成了大田庄的法，其中所包含的对各种职务的知行权，是在与本所的关系之上成立的。

然而，因为中世后期“天下一同之法”的登场，这种地方法被逐渐改写。如第一章所述，在镰仓后期弘安德政的过程中，权门在国制上的职能被重组。在弘安德政颁布的宣旨里，有“应停止将寺社领地捐赠给其他寺社及个人”的规定，而且，这条规定还说：“若以土法代替制度，岂不反而阻碍新法。”从中可以看出这样一种认识，那就是若总是采纳地方法，

1 置文，古文书的一种，表示应遵守的规则。

2 请文，在日本古代和中世，地位较低的人向地位较高的人提交的一种文书，表示知悉、同意并保证执行对方的命令。

政策的推行就会受到阻碍；还能看出这样一种意图，即要让中央制定的法超越地方法之间的差异，在各地通用。

以此为开端的领地秩序重组进程，最终催生出新的知行方式。有关领地知行的纷争须仰赖公方裁决——通过在各地重复、积累这样的实践案例，“公方之法”就为各地的规则提供了一贯的根据与说明。例如，关于前文提到的大田庄领主和实际经营者的关系，镰仓末期的誓约书中提到，忠于“京都和关东的指令”是承包领地的前提条件。到了14世纪下半叶，守护似乎承包了大田庄的经营，应永九年（1402），幕府也对此予以认可，作为领主的高野山实际上仅参与经济分配，而不再与现场的法直接相关。

诚然，地方法并未因此崩溃。随着社会流动性的提高，地方法与其他各种法之间的摩擦变得越来越常见，于是人们引用共通的“天下一同之法”作为回应，这样一来，地方法也就逐渐变得相似。但是，公方之法渗透地方法的程度并不均等，另外，即便以公方之法为前提，也有人试图以改编地方法来抵制公方之法的渗透。从南北朝到室町时期，出现在“国人一揆[1]”承诺书中的法便是其中一例。逐渐接受公方之法，并在这个框架之内调整一揆成员相互之间的法——这种地域性法规的形式就被称为“地域性一揆体制”。

---

1 一揆，中世武士团的一种组织方式，不分宗族关系，由小领主们联合组成的军事同盟组织。

这样，“天下一同之法”就赋予了秩序的应有状态一种统一的形式。法虽然依旧产生于各种具体的实践，但是由于这个过程中有了统一的规则，一种能让许多人依靠的稳定性就出现了。这件事也为领地知行以外的多种社会关系提供了新的环境条件和参考范例。

村落和“法”

作为生活场所的村落，也不能置身于这种环境条件的变化之外。在村落这个社会里，人们的生活方式，也即村庄法的存在方式，也因外来的“天下一同之法”而产生了变化。

先看看人们对德政令的反应。镰仓后期，幕府颁布的德政令准许原主收回未得到幕府认可而被出售、典当的御家人领地，这被称作“天下一同之德政”，逐渐扩大到御家人领地以外的土地，成了人们取回自己已放弃领地的依据。尤其是在永仁德政令时，有人收回已经卖出的土地卖给别人，或者又交还给同一个买家（不限于再次卖出）。

在买卖土地时，人们本就会采取各种保证手段，比如安排保证人、让子孙在交易证明（卖券）上签字画押，或者让卖主在“追夺担保文言”中写下保证：“这块土地没有被子孙和他人提出异议的危险。”各个地域的法就这样形成了。

而此时登场的“天下一同之德政”干扰了既有之法。作为回应，13 世纪末的地契中出现了“德政担保文言”。卖主表明“即便有天下一同之德政的命令，也不要求应用于该土地”，14 世纪以后被广泛应用，最终定型为交易证明的范本。不过，这种声明原本也不是特别可靠。到了 15 世纪下半叶，在认识到“即便有天下一同之德政”这种话本身也会被德政推翻之后，人们又开始写下“由于这是特别商量好的协议，所以必须遵守”这样的话。然而实情是，就算是特别协议，一旦发布“天下一同之德政”，也很有可能作废。另一方面，也经常有人写下发生纠纷时会请公方调解一类的话。就这样，在进行土地买卖时，人们吸收了德政的要素，有时还会搬出公方，当事者之间的法就被逐渐改写了。

这种法的改写并不仅限于土地买卖关系。中世后期，“大犯三条”——给重大犯罪分类的法、“故战防战法”——禁止私自动用武力的法也都属于公方规定的“天下一同”之法，在村落和国人一揆中发挥着制约地方法的作用。例如，在明德三年（元中九年，1392）肥前松浦党一揆的契约书中，有一条写着“应坚守大犯三条与本条之要旨”；永正十一年（1514），在法隆寺领地播磨国鵤庄（今兵库县太子町）发生的砍人事件被判定为“难逃大犯三条之罪”（《鵤庄引付》）；天正二年（1574），在奈良近郊的九条乡发生的砍人事件被判定为违反了“后佺方佺”（与“故战防战”同音）（《药师寺中下腊检断之引付》）。

这种环境变化也规范了领主与百姓之间的关系。可以认为，庄园领主抚民劝农，百姓则上缴年贡杂税，这种个别的相互关系形成了各个庄园的法。但到了中世后期，领主和农民的关系不再是个别的关系，而是被笼统看作“相当于领主之人的职责”和“相当于百姓之人的职责”这种普遍性的关系。

美国的日本史学者托马斯·基尔斯特德（Thomas Keinstead）将形成这种人际关系的场所称作“抗议的剧场”（the theater of protest）。它意味着，对庄园领主的抵抗不再直接发生在个别领主与百姓之间，相反，这种抵抗是在“领主与百姓的关系理应如此”的共同认识之上被构想出来、被实践的；另外，其依据也会在社会上公开，让“他者”看到、听到。

从南北朝到室町时代，人们对领主与百姓关系的认识恰如“百姓申状”所示。例如，建武元年（1334），东寺领地若狭国太良庄（今福井县小滨市）的百姓向领主和东寺提出申状，其中，关于百姓的责任是这样说的：“依百姓习俗，不论是否有未缴纳的年贡，在农月都应专事农耕，完成农业，尽量缴清年贡”；与之相对，领主的责任是：“依以往惯例，在百姓衰微之际，应下赐农米，以使其完成农业”，要求领主以“御哀怜”的形式减免杂税负担。百姓提出缴纳年贡与劝农抚民这种相对的职责关系，并以此为前提，要求减免而不是废除百姓的义务。随着时代的变迁，这种做法也将出现在后来的所谓“百姓一揆”中。

领主和百姓双方所共享的原则，成了对话和交涉的前提。这样，“剧场”中可能发生的事态在范围上就受到了限制，同时，可能使用的手段也受到了限制。将各自的职责当作原则，保持势均力敌，这种状况对双方而言都既是武器也是制约，且能起到固定双方关系的作用。这种情形，造就了日本社会从中世后期到近世的根基。

正如网野善彦所极力主张的，上文中那种将领主与百姓的关系视作日本社会根基的认识，没有考虑到非农业要素，因此是一种虚构。另外，也无法判断领主和百姓内心是否相信这种关系。但正因为它是一种虚构出来的原则，所以才表现出了全社会共享的自我认知——“应该如此”，这种认知正是法的前提条件。

在日本社会从获得这种自我认知，到共享一种虚构出来的“规范”的过程中，文书发挥了巨大的作用。

第二节 | 文书的渗透

从口传到文书

进入 14 世纪，流传至现代的文书在质和量两方面都发生了巨大的变化。有学者估计，和镰仓时代相比，室町时代制作并保留下来的文书数量增加了一位数。这不仅是因为新时代的文书更易保存。单就文书的质量而言，14 世纪以后，文书在多样化的同时，其样式也出现了解体的倾向，看上去像伪作的文书也一下子变多了。总的来说让人感觉和前代相比，有更多不同阶层的人开始使用文书了。实际上，在这个时代，无疑有远超前代的大量文书诞生于远超前代的多种场所。

中世前期社会使用的文书样式，大部分来自令[1]的规定，是在公家社会中通用的公文样式。话说回来，正因为与国家机构相关，使用文书的行为才形成了制度，公家社会以外的人也会通过官司国郡的行政、与权门的关系加入到文书的世界中。只有在与官司或各家族业务有关的场所，也就是说，在由“职”构成的社会关系中，人们才会用到文书。那么，与此无关的人自然就不会用文书的形式来表现社会关系。

例如，在自己开垦并耕作土地的情况下，就不需要特意制作证明文书。在土地从父祖到子孙代代相传的过程中，通常也不会出现文书的授受。将土地卖给他人的时候，虽然有时也会制作文书并让村里有影响力的人签字证明，但这种情况下一般是由卖方在买方准备好的东西上简单签字，这一般是只记录了必要事项的文书样本，也有人一次性制作大量样本来收集土

1 令，指律令中的令。

地。也有很多买卖和转让行为并未留下任何文书证明。对那些在日常生活中不会接触到文书的人来说，偶尔才用到的文书是非常陌生的事物。

像这样，原本并不依赖于文书而存在的关系，逐渐采取了和先前不同的表达方式，文书开始渗透到日常生活中，这正是14 世纪的一大特色。

例如，从“百姓职”的买卖中也可以看到这种现象。百姓作为直接耕作者或者年贡承担者的立场原本并不是“职”，一般也不需要制作文书。“百姓职”这个词是在中世后期才登场的。也是在这个时期，“百姓职”才成为买卖的对象，买卖时才开始制作文书。这种情况下的“职”，并不表示受托于本所，而是表示对土地拥有权利。

另外，在以近江国为中心、广泛从事商业的人群中，每个商人都会以“卖场”“立庭”的名义宣示自己的地盘，并得到同行认可，遭到侵害时则会动用武力。就这样，通过反复的实践，习惯性的秩序形成并维持下来。这种秩序被称作“古法”或者“古制”，但没有形成文书，外人很难看出来。不过，14 世纪以后，这些商人之间的秩序也被写入文书，卖场、立庭变得肉眼可见，到了战国时代也成了买卖的对象（樱井英治《日本中世的经济构造》）。

总的来说，在中世前期，不经过本所、只存在于当事人之间的局部关系被称作“杂务”，在处理这类杂务时，出现了使用文书的倾向。其实质是以公方的秩序表现形式为样板，重新认识并规范社会关系。

这样一来，第三方参与这种社会关系的方式就发生了变化。另外，由于产生了书面语这种以当事者之外的第三方为对象的表达方式，一种即便换了当事人也仍能存在的社会关系就形成了。与此同时，整个社会以公方建立的"所务"世界为样板，形成了稳固的结构。原本只涉及当事人的口头承诺被写成文书，使得更多的人可以参与进来。在这里，文书正是面向社会的语言，通过文书来讲述的事情，逐渐形成了社会规则。文书表达这种行为模式便形成了。

伪文书的效力

文书效力的扩大提高了文书的产量。但是，大量生产对文书的质量造成了消极影响。

首先，因为过去从未在日常生活中使用文书的阶层也开始使用文书，人们在读写能力上的差距就拉大了，固定的用语、格式等也渐趋消解。过去，在公家社会及其外缘，各种文书被按照不同的场合细分成不同的格式和书札礼，这种形式上的区别本身也成了重要的交流手段，但是因为其用途和使用者的扩大，有时复杂的格式和书札礼就不再适用，这导致了格式的瓦解。与此同时，因为人们不再共有使用书面语这种文化基础，结果产生了大量无法从和汉典籍中引经据典、使用相关惯用表达及措辞的文书，简而言之，就是幼稚而拙劣的作品。这导致了不同于过往的文书样式的诞生。

更重要的是，当人们想要以文书表达过去从未以这种形式表达过的事物时，总会有意无意地造成错误、歪曲或者谎言。例如，在以文书表现商人之间的秩序——比如说各自的地盘时，就要将这种由具体实践界定的疆域视作一种明确的界线而不是模糊的范围，这种行为本身就意味着新认识的形成。话说回来，记述的基础——记忆原本就受记忆者的关注点和认识能力等因素制约，包含着模糊性，另外，选择性地描述过去的实践也会改变过去的样貌。总而言之，以现在的观点来描述过去这件事本身，不外乎以反映现在关注点的方式来塑造过去。

另外，人们不仅会记述从过去到现在的实践，还会通过说明其依据的正确性来增加自身主张的说服力。有时甚至会假借用明、天智、天武等古代天皇以及源赖朝这样的武将来讲述起源，并回溯过去，制作能够证明其依据的文书。如果将这种文书称为伪作，那么在14世纪以后，像这样伪造出来的文书明显增多了。像铸工、木匠之类的手工业者和商人，在融入文书世界的时候，往往会以对自己有利的方式来回溯其营业传统，并制作文书。

当然，并不是说这些文书都是出自恶意的伪作。实际上，有些确实是前代流传下来的起源故事，有些则可能是以史实为背景的。比如被铸工当作诸国经营权之依据的藏人所牒，其中大部分被认为是在中世后期通过回溯时代制造出来的伪作，但是也有研究者（网野善彦《日本中世的非农业民和天皇》）认为其上加盖的“天皇御玺”有不少是真货（也就是说朝廷自身也参与了制作伪文书）。总之，不可能马上判定回溯年代制成的文书是伪作，要想准确把握文书内容背后的情况，对当时的人和现代的学者来说一样不容易。即便有人因为可能是伪作的文书发生争论，要求幕府和守护进行裁决，凭当时的书面证据鉴定技术也经常无法应对（樱井英治《日本中世的经济构造》）。因此，即使是伪文书，也具有一定的有效性，再者文书的存在本身就有十分重要的意义。

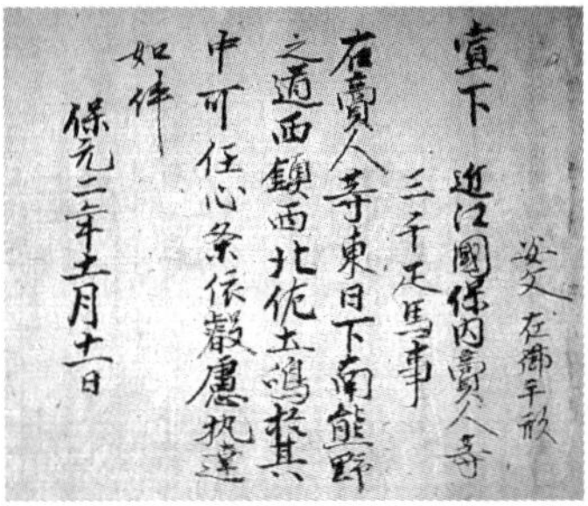
宣下 近江國保内商人等
三千疋馬事
右商人等東日下南熊野
之道西鎮西北佐土嶋於其
中可任心条依叡慮執達
如件
保元二年十月十日

“传后白河天皇宣旨案” 承认“近江国保内商人”通商和买卖自由的伪文书（南北朝以后）。当地商人据此从守护六角氏处获得了有利于自己的裁决（今堀日吉神社藏，滋贺大学经济学部附属史料馆提供图片）

在这种情况下，制作或收集文书这种行动模式延伸到了农村。当某个村子与邻村发生争端时，或者与庄园领主和武士进行各种交涉时，有记录的先例和类似案例就可能影响争论的走向与结果。从这一认识出发，在中世后期，制作记录、收集并保存相关文书以备不时之需，有时甚至伪造必要的文书，就成了普遍现象（田中克行《中世的总村和文书》）。即便这些文书不能直接证明人们的主张也无妨。由于他们也不清楚什么种类与形式的文书在什么样的语境中能起到什么作用，所以要先将文书收集起来，根据使用方法，说不定能派上用场——也就是说，总之要先采用文书的形式。这种认识反映在人们的行动模式中，造成了一种特别珍视文书的心理状态。学者们将这种行动模式和心理状态称作“中世的文书主义”。

这样，社会对文书的需求增加了，人们对文书作用的认知也提高了。于是，人们对文书的供给源——朝廷和幕府的期待和看法发生了变化，统治方式也随之大为改变。

读写能力与统治技术

认识、使用文字的能力在英文中叫“literacy”（读写能力，日语中常写作“识字率”或“识字力”，但不一定准确）。欧洲国别史学科非常重视全社会的读写能力与统治技术的关系。例如，有这样一种看法认为，在英格兰，从11世纪到13世纪，使用文字的记录和交流技术渗透进了全社会，使得社会结构发生了巨大改变。因为文字有形体，所以比声音语言更容易再现，也可以为第三方提供事后参考，这使得高度均质化的统治成为可能，甚至会对人们的心理状态和世界观产生影响。

当然，不能将这一观点简单套用于日本。毕竟，日本中世发生的变化并不单纯是“开始用文字记录声音语言的内容”。

日本中世文书中经常使用的汉文、汉字是与声音语言没有对应关系的符号群。使用汉字写成的文章原本就可以用各种语言来训读，它不是语言的媒介，而是意义的媒介。在中国，地方割据集团分别使用不同的语言，而汉字使统治者能够超越地方性，是一种意义重大的技术。使用汉字书写文章，是与统治作用相关的政治行为，和一般人的日常语言性质不同。中国王朝用科举考试选拔官吏，其要求之一就是拥有古代典籍的相关知识，以便在制作文书时能引经据典。这不仅仅是一种文化修养，还是一种根据情况选择并组织恰当语句的实践技巧。这点与西欧使用表音文字记录声音语言的文书技术有很大差异，若对这点进行比较无疑会相当有趣。

日本中世的书面语，实际上并不是纯粹的汉文，而是日本风格的改编版，被称作“和式汉文”或“变体汉文”，不过基本特征是一样的。但是，口语和书面语之间的差别比中国更加明显，于是，以正确的格式来使用书面语这种技能就成了少数人的专利，赋予了文书系官吏专业性。阅读书面语的能力也并非人人必备。可见书面语与人们的日常语言相异，是一种政治性的技术。

到了16世纪初期，出现了这样一个事例：从京都西郊梅津长福寺前往加贺国的僧人用混合着假名的文书报告当地情况，他自感其文书“极为不雅”，因而心怀惶恐，解释说自己“久居地方，忘记了文字”。所谓“忘记了文字”，是说按照一定规则书写汉文的能力下降了。所以他根据声音语言的结构，

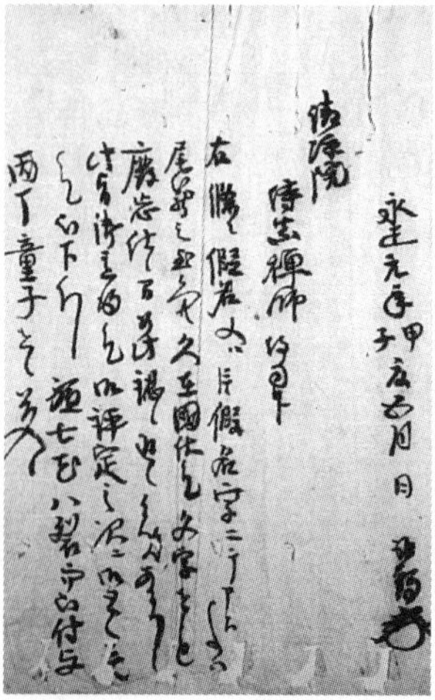

长福寺僧人绍鹤的书信　永正元年（1504）五月，写给同寺塔头清凉院侍真禅师的书信（东京大学文学部藏）

用汉字、假名混合的文字来写信，这种行为与“使用文字”是不同的。所谓“使用文字”，不仅意味着记录声音语言，还意味着用不同的符号体系来表达思维，与此相应，思维方式也会随之改变。“地方”的语言生活并不要求他每日进行这种思考，所以他长期居住在地方，就“忘记了文字”。

鉴于这种情况，很多人在想要使用书面语的时候，就更加需要此前并不重视的实践性知识。文书的范文集出现得很早，尤其是其中被学者称作“往来物”的往来书信集，经常被当作语汇和公文格式的范本使用。初期的往来物主要流行于公家社会及其周边，而据说成书于南北朝时期的《庭训往来》（相传为玄惠法印之作，实为后世假托，具体写作过程和作者不详）明显扩大了其传播范围。这部作品吸收了之前种种往来物的形式，还在往来书信中添加了词语注释等知识，是最为普及的往来物，也是面向初学者的标准化教材，在近世得到出版，并广泛用于寺子屋。其传播情况很快便见于室町时代的多种史料，还出现了多种注释本。就这样，基础知识标准化，书面语获得了进入人们日常生活的可能性（参见本章第五节）。

因为要在各种场合使用文书，所以为了适应不同的场合和用途，原有的格式和用语就被施以种种调整，书面语的结构也发生了变化。例如，“御年貢無懈怠御沙汰候て永代知行あるへき者也”（遵照命令，不懈怠年贡者，便可永世知行），人们开始书写这种混合了汉文与日语语序、兼用汉字和假名的文章。到了战国时期，文书里经常能见到方言词语，大名家的家法中也使用了很多方言。另一方面，因为在实践现场，书面语和日常语言的交集扩大了，书面语的词语（特别是汉语）和措辞被日常语言吸收，出现了改变口语的可能性。国语史指出，汉字的用法正是在中世逐渐扩大的。例如，从和语的汉字表示中，和制汉语被创造出来（从“物騒がし［读作 monosawagashi，闹闹哄哄］”到“物騒［读作 bussou，不太平］”），和语的假借字（用“荒猿”表示“あらまし［读作 aramashi，与‘荒猿’同音，意为‘大概’］”）、汉语活用为动词（“敵対”被活用为ハ行四段动词“てきたふ”）等用法在中世逐渐普及。这些情况或许标志着汉字使用的日常化。

不过，就算经过了这些调整，人们也不是马上就学会在日常生活中使用文字。在书面语世界的边缘，有许多接触得到、却不能熟练使用书面语的人。他们能够不同程度地获取文书里的信息。有的人虽然理解不了具体的词句，但能根据文书的形式和固定用语了解到大致的内容。还有的人虽然知道那是文书，但完全不知道它在讲什么。即使是对这些人而言，“这是文书”这件事本身也具有一定的威信和说服力。很可能曾有人盛气凌人地挥舞着文书吓唬反抗者，嘴里还说着“看看这是什么”。也许文书被认为具有某种魔法般的效果。因为人们认为并期待文书技术能对他人发挥作用，所以，使用文书与他人交流就成了他们行动模式的一部分。

《近江名所图屏风》中描绘的告示牌　可以看到宽文二年（1662）之前江户时代膳所城附近町中立起告示牌的样子（三得利美术馆藏）

对于以幕府为代表的公方来说，这意味着统治条件的变化，受此影响，传达命令的对象和方法也都发生了变化。15世纪，幕府的传令文书会下达给村中的“名主沙汰人中”“名主百姓中”，由被称作“触口”的使者转达；或是用墨水将文章写在名为“高札”的告示牌上，立在十字路口等重要地点，向不特定人群传达其旨意。以书面语为媒介传达的信息，能被人切实地接收到——在这个前提之下，这种方式被各国守护和战国大名继承下来，进而又为近世幕藩体制下的文书行政提供了基础。

重要的是，文书作用的均质有效性为建立制度提供了条件，近世社会确实是在这种条件之下成立的。而 14 世纪正是实现这个遥远目标的标志之一。

第三节 | 货币与流通

城市和流通

从文书这种社会语言中，可以看出社会形成了固定结构，而其原因一般被认为是人和物的流动性增强。近年来，中世时远距离地区间流通经济的发展程度常被过高评价，不过，以京都及畿内地区为焦点、具有一定方向性的远距离财富流通确实意义重大。包括另一个焦点镰仓在内，财富流通中心都市的政治意义十分重要。

财富流通的这种方向性至少可以追溯到律令国家的征收体制，若再向前探寻起源，或许还可以上溯到律令国家建立以前。尽管如此，中世的远距离流通，与畿内和地方之间的放射状政治结构方向一致，都是从地方流向畿内。畿内的公家社会经济，就建立在这种稳定的财富流通之上，维持这种流通结构就成了公家社会的命脉。饥荒和战争时期，物资尤其是粮食供应的停滞，给京都社会带来了最严重的危机。

集中居住在畿内的中世庄园领主没有自己的军事力量，单独来看都面临着收不到年贡和被人非法侵占土地的危险。尽管如此，他们大体上还是能从遥远的领地收取到年贡，或者说可以指望收取到年贡。和中世纪的欧洲相比，这很令人吃惊。中世纪欧洲的封建诸侯为了确保领地收入，原则上要住在当地，或者不断巡视分散各处的领地，还要投入莫大精力才能确保自己的领有权和土地耕作者，并进行管理和经营。与此相对，日本中世的庄园主把领地经营权委托给当地势力，自己几乎从不去领地。不仅如此，耕作者拿出一部分收获充当年贡和其他杂税，当地管理者也会千里迢迢将其送往京都，双方都从各自立场上维持着庄园体制的运转。

而其中原因为何，实际上无人知晓。到底是什么在维持着年贡的缴纳，支撑着这种流通结构呢？关于这个问题，可以进行各种各样的讨论，但目前来看，最关键的恐怕是所谓“预期可能性”。人们每年都在重复同样的行为模式，但并未追问“为什么要这么做”，他们只是认识到这跟自己有关，也就是说，周围的人都在按照这种模式行动，在这个前提下，他们选择了合适的行为，以便平安无事地度过每一天。从事耕作的人、负责征税的庄官、以运输为业的人彼此形成联系，从各自立场出发，每年都反复实践着同一套规则，正因如此，具有一定方向性的流通模式才得以维持。

暂且不管最初的依据为何，这种共同的行动模式支撑着京都作为中心城市的特殊地位。从中，既能看出以京都为中心的这个时期日本社会结构的特征，也能看出集中于京都的公家社会的存在根据，还能看出南北朝或者说尊氏和直义两方军队争夺京都的重要意义。

信用经济的发展

且不论理由为何，总之，只要人们确信上缴的年贡会在来年送到领主手中，信用就会产生。因为每年都要缴纳贡物，所以可以用贡物的收纳权为担保来借款；因为每年都在特定时期运送年贡，所以可以进行买卖与结算分离的信用交易，比如汇款和结算，类似案例早在镰仓时代便已出现。信用交易是基于这样一种预期：就算现在不结算，下一次也可以。之所以出现这样的预期，就是因为同样的模式被不断重复。

从 14 世纪至 15 世纪，汇票主要是在从偏远领地向京都周边的领主运送年贡时使用。庄园开出汇票，送到京都的领主手中，领主用汇票结算。也有人使用“割符”，这是堺或京都等畿内地区的金融业者开具的、可以重复流通的定额汇票。有人在庄园当地卖掉年贡米，得到割符，然后把割符送到京都，庄园领主拿到割符后，就可以到金融业者那里结算（樱井英治《日本中世的经济构造》)。不管哪种方法，其前提都

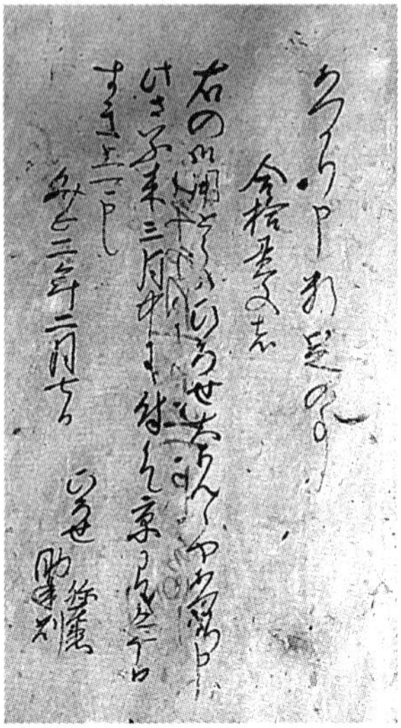

“东寺百合文书”的割符案 开票人是大山崎广濑“大文字屋”，收票人不定，在各地流通的割符，被东寺领地备中国新见庄庄官得到之后用于运送年贡。此处的“案”是指抄写的副本（京都府立综合资料馆藏）

是财富最终会流回畿内，并在那里结算。中世的信用经济，是以稳定的财富流通为基础，也就是说，是以财富集中的畿内地区为支撑。相当数额的财富从地方流向领主聚居的畿内地区，形成惯例和预期，于是人们就可以通过汇票来计算交易额、进行结算。在这个时期，也有个别庄园领主的领地面临着武士侵略的危险，但总体看，比较稳定的收取和再分配还是可以期待、也的确实现了的。

汇票以稳定的财富流通为前提，与之相对，货币则与随机的财富流通关系密切。下文将对货币流通进行理论性描述。

货币是发行主体的债务标识，它以发行主体最终将回收、结算为前提，是发行主体与接受者所交易之物。交易不是只有一次，而是重复发生的，不是单向而是双向的，这样，在重复的交易行为中，货币就可以被用作度量手段。另外，不止一人和发行主体维持这种关系，若这些人之间也存在财富的交换，那么他们也可以通过共有的符号——货币，来计算或估算财富，但也可能因此将结算推后。在此，货币的发行主体承担着总有一天将回收货币这种债务指标的特殊职能，同时支撑着货币的自由流通。可以说，因为债权债务关系的一方是固定的，另一方是开放的，就产生了货币自由让渡和流通的可能性。另外，因为预想到将会有更多的人以货币接受者的身份加入这个体系，最终的结算就有可能在事实上被无限延后。实际上，与固定的一方无关，货币开始作为度量手段流通。到了这个阶段，与国家的保证无关，货币正在流通这个事实为流通提供了依据，但前提是这种或许实际上并没有依据的循环过程不被切断。

这种循环是否发生，与货币能否成为财富交换过程中的度量手段有关。在这里，与货币发行主体有关的财富量占社会财富流通总量的比重是一个非常重要的初期条件。以发行主体为中心、以货币计量的财富流通能让多少人参与其中，能在多大程度上发挥“滑轮”的作用，关系到货币的产生。

古代律令国家发行的铜币“皇朝十二钱”没有得到广泛应用，很早就不再流通了。直到镰仓前期，在日本社会中实际发挥着货币功能的是米和绢布这种用于缴纳年贡的、流通量巨大的物资，也有很多用米来购买土地和家屋的例子。平安时期的朝廷财政也并不依靠货币来运转。另一方面，从平安末期开始，宋朝流入的铜钱盛行。朝廷原本想要制止宋钱流通，但在整个镰仓时期，主要的支付手段还是逐渐从米和绢布转向钱币。幕府和朝廷也逐渐倾向于消极认可，到14世纪初时，货币已被用于衡量各种财产的价值（中岛圭一《日本的中世货币与国家》）。

以宋钱为主，进口货币的流通是在没有国家干预的情况下开始并定型的。也有人认为，当时的日本社会实际上是以中国为中心的东亚货币流通结构中的一环。要想在这种既有的财富流通结构中投入新的货币，并使其流通，就需要一个能大大改变现在趋势的“滑轮”，而建武政权的货币发行计划没能满足这种需求，所以遭受了挫败（参见第二章第三节）。

对此，室町幕府没有采取铸造并流通新货币的政策，而是选择不改变现状，维持现有的财富流通结构，将京都的中心地位当作自身基础。

也有研究者认为，建武政权和室町幕府都依赖从中国输入钱币，没有也无法发行自己的通货，所以作为“王权”而言是不完整的。实际上，若从这个意义上来说，在日本，直到近世国家建立，才出现具备这种“王权”资格的政治权力。

财富的流通和政治

镰仓时期的庄园公领体制有畿内近国和镰仓周边两个中心。财富从分散各处的领地流向这两个中心，且彼此交错。两个中心在镰仓幕府倒台后仍然存在，只不过它们之间的关系发生了变化。

从各地流入镰仓的财富汇至镰仓幕府直辖领和得宗领，这些领地的主要部分都被足利氏继承。其中，关东的领地被编入镰仓府直辖领，关东以西的领地则被编入室町幕府的料所，这样，足利氏领地的财富流通也被重组为东部以镰仓为中心，西部以京都为中心。之后，在整个南北朝时期，东西两地域间不断进行领地交换，比如说，京都的领主有领地在东国，镰仓的领主有领地在西国，两者就会交换领地，使年贡收取和运送变得更加方便。例如，永和三年（天授三年，1377），一直担任镰仓府问注所执事的太田氏被召到京都，就任幕府问注所执事。太田氏马上就用上总国的领地交换了武藏国金泽（今横滨市金泽区）称名寺在加贺国内的领地。类似的例子还有很多，就整体趋势而言，东边的镰仓和西边的畿内近国成为两个中心，而指向两个中心的财富流通则倾向于在各自领域（东国和西国）之内完成。

畿内领主的东国领地和东国领主的西国领地都逐渐难以维持，但这不一定意味着难以收取当地的年贡。因为东西地域中的财富流通越来越倾向于在各自地域内完成，要想通过跨地域的定期财富流通来运送年贡就变得困难了，从这里能看出流通与再分配结构上的问题。从以畿内为中心的流通来看，在南北朝和室町时代，与年贡相关的信用交易——以年贡来偿还借款、以汇票为凭证运送年贡等，其案例的出现范围东至信浓和远江，西至周防。以京都为集散中心的、稳定的财富流通被限定在这个范围之内，东国和九州之间的信用交易难以为继。另一方面，以镰仓为中心的财富流通范围也逐渐被限定在关东。东西之间领地的交换正是为了应对这种状况。造成这种状况的原因则是政治情势的变化及领地秩序重组。这个时代的财富流通状况是由政治秩序决定的。因为政治整合的形式发生变化，各种变化也随之而生（新田英治《中世后期东西日本领地的交换与相关问题》）。

中世的庄园公领体制在这种条件的影响下发生了质变。如前所述，领主与百姓的职责关系形成了一种固定结构，在这种意识的基础上，缴纳年贡成了理所当然之事。然而，年贡应该上交到哪里，又该如何再分配，这些问题逐渐脱离了个别领主与百姓之间的关系，被赋予政治色彩，最终决定了财富流通的大趋势。随着时代发展，到了战国时期，大名领国建立，各领国内都形成了向心点，财富的稳定流通被进一步细化，再分配的结构发生变化，身在远方的领主终于再难确保收取年贡，汇票等远距离地域间的信用买卖也逐渐失效了。

另外，到了江户时代，虽然据说票据交易等贸易形式高度发达，但实际上远距离地区间的信用贸易主要发生在大坂和江户之间，也就是说，这样的贸易是在上一代的政治中心暨财富集散地和新政权建立的大型消费地之间，沿着从幕藩体制这一政治秩序中衍生出的大规模财富流通方向进行的。近年的历史学研究比较强调中世和近世信用经济的兴盛，但不可忽略，这种信用正是建立在其与政治状况的关联之上，流通经济则被包含在政治秩序之内。

第四节 | 认识世界的方式

认识世界的尺度

和作为价值尺度的货币一样，人们在测量、认识周围世界时使用了怎样的尺度，这种尺度又以何种形式为大众所共享，这些问题关系到社会形成的根基。尺度多种多样，比如测量时间的历法，测量空间、重量的度量单位，甚至包括衡量社会关系的官位。京都也是提供这些尺度的文化中心。

以测量时间的历法为例，各个地域社会使用农事历和民俗历，将各种活动镶嵌在每一年的四季流转之中，形成生活的周期。但是，要想精确测量年月日，估算超越特定时代的时间，需要精密的知识和计算技术。制作历法的基础知识与技术最初从中国经朝鲜传入日本，7世纪以后，每年的历法都由京都的历博士制成，提供给官司和官吏。至于官司、官吏以外的历法情况，虽然尚不明了，但最晚在镰仓末期已出现了木版印刷的历法，可见中央提供的历法在中世前期以后流传到了更广阔的地区。另外，最晚在14世纪初期，伊豆三岛大社的历法就已形成（三岛历）。据说在16世纪，武藏国的一宫冰川神社又制作了历法（大宫历）。到了中世后期，各地方也开始制作历法。将三岛历与中央历法对比，可以发现在闰月（阴阳历中，为调整一年的长度，每隔两三年设置一次的第十三个月份）和大小月的设置上略有差异，但基本上是依据9世纪从唐朝传来的“宣明历”制成的。这说明作为时间尺度的历法向地方上渗透，中央和地方间的关系被赋予了时间性，时间的尺度逐渐标准化。

近年，栃木县真冈市的庄严寺出土了康永四年至贞和三年（1345—1347）的假名历，就是地方编纂历法的一个例子（段木一行《中世东国农事历的考察》）。康永四年十月二十一日改元贞和，这份历法将第二年记作康永五年，将再下一年记作贞和三年，除此之外与中央历法并无不同。在历法中加上“破土”“播种”“插秧”等农事方面的注释，这种标准历法就以假名的形式传播开来，成为农事历的基础。这种历法上虽然有“草木萌动”“桃始华”“温风至”“玄鸟归”等显示季节变化的自然现象方面的注释，但都来自日本历中记载的“七十二候”，而日本历则来自记录中国季节仪礼的《礼记·月令》，所以并没有展现出与本地人切身相关的季节变化。农事和季节变化被赋予了可以测量的标准尺度，这样，人们对时间和季节的意识也一定产生了变化，可惜这方面的问题至今仍未得到充分研究。

关于物理量的量制，“升”方面的研究尤其丰富。在中世，升是经营庄园时用于测量授受米麦数量的单位，大体上以后三条天皇在延久四年（1072）制定的宣旨升为标准，但根据不同庄园和不同用途，也会使用各种不同的尺度。例如，在法隆寺领地播磨国的鵤庄，收缴年贡时有五种升可以使用，收上来的年贡被换算成其中一种，然后再分配下去。不过，到了中世后期，因为商业贸易介入年贡的收缴和运送，人们开始寻求标准化的尺度。在京都一带贸易活动中使用的“京升”，逐渐成了事实上的标准。到了16世纪末太阁检地时，京升被采用为标准升，这样一来，计量尺度的标准化就大体上完成了。

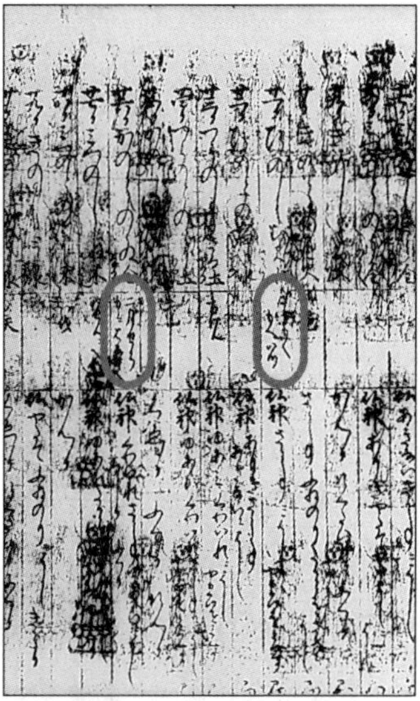

庄严寺的假名历 康永四年（1345）正月。画圈的部分，右边是“草木萌动”，左边是“二月桃始华”（庄严寺藏，枥木县立文书馆提供图片）

另外，中世前期，百姓的名字大多由氏[1]和实名（多数时候由两个汉字组成，是一种固有名称，也叫“讳”）组成，如“绫部时安”“凡海贞守”等，到了14世纪则主要以假名（借用了官职名或兄弟排行的一种别称，如源义家被称为“八幡太郎”，就是与实名不同的一种通称）相称，如“清九郎”“又太郎”等，特别是“清大夫”中的“大夫”、“善右卫门”中的“右卫门”这种与律令官名组合成的“官途名型”十分常见。这类官途名型的名称，只有通过了仪式、获得了一定地位的人才能使用，是借用律令官制的用语来表示社会地位关系和村落社会中的身份。从中可以窥见人们对官位——衡量众人社会位置关系之尺度——的感觉。

总之，14世纪以后，尺度的标准化现象出现在社会的各个层面。这不是由权力强行推动的，但也不是自觉选择的结果，而是因为人们一个接一个地接受了现在通行的尺度，于是造成了事实上的标准化。即使没有必然性，被广泛采用的标准最终还是会对人形成事实上的制约。人们甚至认识不到还有别的选择，理所当然地在被给予的尺度之上认识这个世界。

---

1 氏，在古代日本指拥有同一位男性祖先的同族集团，也就是氏族，如物部氏、大伴氏、源氏、平氏、藤原氏等。到了中世，出现了专指家族集团的“名字”（苗字），以区分于专指血缘集团的“氏”。例如，足利指的是源氏当中以“足利”为苗字的家系，新田则是指源氏当中以“新田”为苗字的家系。两家虽然在血缘上同源，但在中世已发展为两个不同的家族，之后，随着家族的发展壮大，下面又各自分出不同的家系，如隶属于足利氏一门的今川氏、一色氏等。

作为文化中心的京都

常有人说，中世社会以公事为纽带，也就是说，人们以完成年中行事和各种仪式为共同目标，社会则成立于这种共同意识之上。这里所谓的公事并不仅限于朝廷的行为。比如，在庄园或在村落，人与人以包含祭礼及诸多仪式的公事为媒介结成联系，赋予世界一种稳定的存在方式。

近世的大多数村庄都起源于南北朝以后形成的所谓“总村”，是一种自治型村落。在这里举行的祭礼等各种民俗活动都产生于总村的形成过程，可以看作共同性的表现形式。而其参照样板正是京都的公家社会。村庄年中行事的大框架源自庄园领主的公事动员或者国衙和一宫的祭礼，而后者则源自对京都的模仿。在村落的中心神社里，形成了被称作“宫座”的组织，负责举办活动，由拥有一定社会地位的村民组成。这种社会地位表现出村落中人与人的关系，在这里举行的祭礼则作为公事赋予了村落统一性。“承担公事”不仅是一种负担，更是地位的表现，是进入社会的证明。年贡等贡物也同样被认为是职责与地位的体现。

在这里，人与人之间的社会关系就体现在礼仪规范中。大多数情况下，各种礼仪规范都以京都及其周边社会为样板，所以日本各地的民俗活动常常会表现出相似性。另外，应注意，正因为是模仿，所以原原本本、毫无纰漏地实践形式化的礼仪就被看作最有意义的事情，就不会有人质疑其依据，提出“为什么必须这样做”。而且，人们会格外在意作为样板的京都，用自己与京都之间的差距来衡量礼仪规范是否得当。

京都也是各种艺能的发源地。比如说，相扑虽然被称为“日本传统的格斗竞技”，但并不是说各地区自发产生了相同的竞技方式，而是因为奈良、平安时代的朝廷从诸国召集膂力过人的相扑选手，举办相扑节以供天皇观赏，于是各国的多种格斗技彼此融合，形成了相扑。各种各样的格斗技能暂时被中央整合，形成供观众欣赏的观赏性技艺，被诸国寺社在祭礼中模仿，再经过一种放射状的集中与扩散过程，最后形成具有统一性的格斗竞技“相扑”。

虽然相扑节在平安末期被废止，但在镰仓时代，继承了相扑节与相扑手的传统、以相扑为职业的团体出现，通过为地方提供正宗的“京都相扑”而获取高收入。播磨国有一个名叫妻鹿孙三郎长宗的人，曾随赤松则村攻打六波罗，“十二岁有志于相扑，六十余州无人出其右”，率领一族之人在《太平记》中登场。镰仓初期的建永年间（1206—1207），“妻鹿四郎”被从播磨国召集到石清水和北野，表演奉纳相扑，在不久后的弘安年间（1278—1288），又有“妻鹿三郎”在今熊野的六月会上表演相扑，从中可以看出，妻鹿是一个相扑手辈出的家族，且与京都关系密切。在室町时代，来自全国各地的相扑手都聚集在其发源地京都。他们怀着对古时相扑节盛景的期待，凭借其技艺过活。于是，京都作为发源地，成了人们仰慕的对象，而相扑则作为一种技艺，具备了固定的形式。在近世和近代，相扑成了一种营利表演，也在各地举行祭礼时上演。就这样，在以京都为中心的统一结构中，人们争相模仿相扑，有时也加入些许变化和装饰（新田一郎《相扑的历史》）。

相扑以外的各种艺能也多少与之相通。中世发展起来的艺能当中，有不少起源于古代朝廷举办公事时附带的活动。例如，能、狂言起源于猿乐，最初则是在朝廷仪式上表演的杂艺之一——散乐，来自中国，是年中行事的余兴表演。其中，有些艺能还像南九州的隼人舞那样，具有臣服仪式或神话的含义，但都逐渐摆脱了原本的仪式性，作为供神佛或世人观赏的艺能，在神社的祭礼中表演，或者成为专业艺能人的生计，得到广泛的传播。这种形成于中央、流传于地方的情况，表现出日本社会的“高度均质性”。技艺的价值在以京都为中心的放射状结构中得到评估，相关人员也通过模仿、学习京都来磨炼自己的技艺。人们以憧憬的眼光看待京都，这为以京都为中心的文化整合提供了基础。

物语的流传

各种礼仪都以京都为样板形成。而讲述这些礼仪结构的言论，则表现为一个个具体的物语。

例如，中世的许多神社都有讲述自身历史渊源的传说，被称作“缘起”。其中大多数都讲述了其祭祀神灵镇守本地的经过，宣传神威灵验，以吸引信众。提到神社，现代人对它的印象是神道的、具有统一性的宗教组织或设施，然而原本镇守各地的神社信仰，并没有作为神道的系统化教义。各个地方祭祀的神灵，都在当地拥有固定的传说，可以说是土地的精灵。缘起中讲述的，正是这种被包含在当地风俗中的神祇信仰如何传播到地域社会之外、被更多的人接受并逐渐改变的。这时，讲述神灵由来的物语会吸收佛教的教义和传说，比如说，将本土众神看作改变了形象的佛，这被称作“本地垂迹说”，然后以所谓的神佛习合教义为切入点，讲述本土性背后的普遍性与体系性。

就像这样，在8世纪，人们开始借用外来的、具有普遍性的佛教言论，将本土神灵置于更广阔的世界（义江彰夫《神佛习合》）。另一方面，进入中世后，地方的信仰开始以伊势神道为中心，蜕变为拥有更广阔社会基础的宗教。为此，不仅教义得到补充，在镰仓初期和中期的伊势，人们还编纂了被统称为“神道五部书”的教典，结合佛教，尝试向更广泛的人群传播众神的故事。例如，在镰仓中期以后伊势信仰的传播过程中，伊势之神被当作宇宙最高神大日如来的垂迹，其他地方神灵则环绕在其周围。以此为样板，讲述其他地方神灵由来的物语也被改写，更加强调其与其他神佛的关系。在这个过程中，日本神话与佛教传说相结合，为新的物语提供了素材，从而获得了新生。

收录在《古事记》和《日本书纪》中的物语群，在形成时曾包含讲述天皇及律令国家正统性的政治意图，可以确定从8世纪就开始流传了。但要说镰仓时代的人是否普遍了解这些神话，答案则是否定的。在镰仓时代，各种与所谓“记纪神话”不同的、讲述世界神话性起源的异说广泛流传，其中的代表就是关于象征天皇地位的神玺由来的故事，据说神玺原本在日本的旧主、仇恨佛教的魔王手中，天照大神骗过魔王，抢走了神玺（新田一郎《说谎的神灵》）。研究者将这种在佛教传说影响下诞生的异说称作“中世日本纪”。这些异说存在许多版本，乍一看具备很多共同要素，细看相当不同。这一般被认为是某个传说与各地的原生故事相混合，然后衍生出多种版本。各种版本的故事内容交错，互相影响，产生共鸣，进而形成了讲述世界起源的大型物语。

在南北朝时代，这类物语被大量创作出来，在民间广为流传。所谓的八百万神灵就以佛教教义为媒介，相互联系，获得了各自的位置。而《太平记》对这类物语的传播起到了重要作用。

如序章所说，《太平记》的结构是主线中点缀着许多插话，它们来自古今和汉，有时作者为了讲述这些插话甚至会牺牲掉主线，但只要了解它们，就能大概了解世界的构成。其中有日本的诞生（第十六卷“日本朝敌事”）、三神器的来历（第二十五卷“自伊势进宝剑事”)、神功皇后出兵朝鲜半岛(第三十九卷“神功皇后攻新罗给事”)、北野天神与藏王权现的历史渊源(第二十六卷“芳野炎上事”)等故事，另外还穿插着伊势、北野众神显灵的逸闻，使整个物语更加丰富多彩。以天皇宗谱为中心，原本分散各处的故事形成了一个认识众神的体系，为世人所共享。

一方面，《太平记》作为文本广泛传播，和下一节还将介绍的“往来物”一起，成为初学者的教科书；另一方面，从中世后期到近世，活跃于各地的所谓“太平记讲师”则以声音为媒介，向人们转述《太平记》的故事。《太平记》的物语世界是构建世界观的物语之集大成，一方面，它为人们提供了所谓的一般常识，另一方面，正如人们非常关注书中如何描述与自己相关的人物，它如镜子一般反映出每个人在世人眼中的形象。

这种常识也反映在诞生、流传于室町时代到江户初期的“室町物语”和被称为“说经节”的说唱故事中。前者的代表是《文正草子》(主人公“文正常冈”向鹿岛大明神许愿，得到一个女儿，后来他让女儿嫁给天皇，自己也成为宰相，飞黄腾达)，后者的代表有《山椒大夫》(安寿和厨子王的故事，因森鸥外的《山椒大夫》而出名)等。这些物语的特征之一是，经常以主人公“被任命为国司”“成了天皇的中宫”“当上宰相，一门繁荣”作结，也就是说，衡量一个人是否发达的标准认识来自京都的公家社会。同样的情况也能在能和狂言中看到。可见，无论是文艺和艺能的创作者还是其受众，都从以天皇为中心的公家社会中寻求发达的形象。

人们共享对世界的某种认识，生活于其中，彼此联系，然后走向死亡。从这个意义上来说，民俗的世界就始于这个时期。

第五节　知识和古制

实践知识的形态

有一种被统称为“往来物”的文本。它通常采用往来书信范文集的形式，举例说明公文格式、词语、古制和礼仪等多方面的知识。其中，本章第二节提到的《庭训往来》从正月问候开始，展示了在一年的生活周期里需要用到的各种书信对话范文，还穿插讲解了各种实用词语和杂学知识，包括日用品、农具、佛具的名称，职业的种类，农产品与海产品，各地特产，疾病的名称，幕府和国衙各部门的职责范围和书面称谓，等等，在中世后期广泛流传，被武士和庶民使用。与之相应，根据初学者的水平，一定的学习模式也逐渐形成。概括来说，一般先从基本读写入手，根据《庭训往来》《御成败式目》《童子教》《实语教》等入门书，学会使用基础词语和表达方式，然后再研读儒家经典与和书。不论这些入门书是否采取了往来书信范文集的形式，都被统称为“往来物”。

据推测，上述入门书籍中，《童子教》形成于镰仓时代，《实语教》则出现在更早的平安末期，都由从佛教、儒学典籍中选出的文章构成，是面向初学者，讲述处事伦理和心得的教训集，在近世被寺子屋广泛采用。收录于前者的“口是祸之门”“入乡而从乡”，收录于后者的“山高故不贵，以有树为贵”等格言沿用至今，正是通过这类书籍为世人所熟知。

人们通过将提供这种标准化一般性常识的文本与《太平记》中的物语群重合，获得了对世界结构的共同认知，在这个基础上，又建立起与各自职能相符的行动模式。那么，支撑着各自行动模式的知识又是什么形式的呢？

在中世社会里，佛教寺院发挥着知识中心的作用。例如，有人指出，像比叡山延历寺和高野山金刚峰寺等大寺院，汇集了金工与服饰等手工业、建筑与土木，甚至是运输与金融等经济活动方面的人才，成为实用知识和技能的中心（伊藤政敏《中世的寺社势力和境内都市》）。众所周知，有很多俗家人士为钻研学问而进入寺院，这也是令寺院成为中世社会一大势力的原因之一。

相对于自平安时代以来即占有这种地位的比叡山和高野山

等所谓旧佛教势力，以“五山”为中心的禅宗寺院在这一时期发挥了特别重要的作用。五山是禅宗的官方寺院，是镰仓幕府模仿宋制，于13世纪末引进的，最终确立于室町幕府。经过创建新寺院时的若干变动，在至德三年（元中三年，1386），南禅寺获得了“五山之上”的地位，京都和镰仓五山的顺序则被确定为天龙寺、建长寺第一，相国寺、圆觉寺第二，建仁寺、寿福寺第三，东福寺、净智寺第四，万寿寺、净妙寺第五，这成了后世五山顺位的标准。之后，在五山之下又确立了十刹，但包括“准十刹”在内的寺院数量不断增加，到15世纪末时已有四十余座。十刹之下又设诸山，总共有超过二百座禅院被授予了官方寺院的地位。室町幕府对这些禅院设置了名为制符、规式的规则，还设立了专管禅院的部门来处理人事和诉讼案件，试图将其置于管理之下。

以京都、镰仓的五山为中心，禅宗寺院与中国禅林的交流日渐繁盛，大陆的许多文化产物都经由禅僧传入日本。禅院不仅搜集了被称作“内典”的佛教文献，还有儒家典籍、以医书为代表的实用书、史书和诗文集等“外典”，并对这些作品进行讲解，刊行了被称作“五山版”的书籍。被后世称作“五山文学”的汉诗文也十分盛行，出现了一个文艺兴盛的时期。在实用领域，禅僧欢迎交流，他们以情报收集能力和文书处理能力支撑着室町幕府的外交，另外，在金融和庄园经营技术方面，禅宗寺院也提供了各类知识。

五山十刹

五山之上 南禅寺			
五山		十刹（至德三年）	
京都	第一 天龙寺 第二 相国寺 第三 建仁寺 第四 东福寺 第五 万寿寺	京都	第一 等持寺 第二 临川寺 第三 真如寺 第四 安国寺 第五 宝幢寺 第六 普门寺 第七 广觉寺 第八 妙光寺 第九 大德寺 第十 龙翔寺
镰仓	第一 建长寺 第二 圆觉寺 第三 寿福寺 第四 净智寺 第五 净妙寺	关东	（位次不详） 禅兴寺 瑞泉寺 东胜寺 万寿寺 大庆寺 兴盛寺 东渐寺 善福寺 法泉寺 长乐寺

十刹、准十刹（延德四年左右）			
京都	等持寺	周防	乘福寺
京都	临川寺	伯耆	光孝寺
相模	禅兴寺	备后	天宁寺
筑前	圣福寺	陆奥	圆福寺
相模	东胜寺	陆奥	兴圣寺
相模	万寿寺	下野	云岩寺
上野	长乐寺	相模	善福寺
京都	真如寺	相模	东光寺

续表

十刹、准十刹（延德四年左右）			
京都	安国寺	越前	弘祥寺
丰后	万寿寺	越中	兴化寺
骏河	清见寺	丹波	安国寺
美浓	定林寺	下野	能仁寺
京都	宝幢寺	出羽	光明寺
京都	崇禅寺	播磨	法云寺
相模	瑞泉寺	筑前	崇福寺
京都	普门寺	陆奥	兴德寺
京都	广觉寺	越后	米山寺
京都	大德寺	和泉	海会寺
京都	妙光寺	信浓	开善寺
播磨	宝林寺	阿波	补陀寺
伊豆	国清寺	日向	大慈寺
纪伊	兴国寺	肥后	正观寺
筑前	承天寺	美浓	天福寺

从禅院是讲解、传授各种知识的宗教组织和设施这一点来看，似乎与中世纪欧洲的大学很相近，但“学问”的性质却不太一样。例如，禅宗寺院讲授的儒学，主要是以经典注释为中心的训诂学，缺乏对意义、根据、原理的综合性反思，因此并未形成系统解释世界的学问。或许正因如此儒学才能与佛教共存，但总的来说，中世的儒学让人感觉只是被笼统看作了世俗知识的源泉。

与之相应，中世社会中的知识作为实践性知识存在于各个具体的场景当中，没有被总结成普遍的原理原则，也没有形成系统化的学识。对实践现场中的人来说，重要的是不断积累具体的先例，并不断从中总结出有效的方法。为此，不论公家还是武家，任何家族和官司都要记录先例、收集授受文书、制作并保存范文集，以便日后参考。像这样积累起来的史料，就因为具备“对照”“核对”的功能而被统称为“引付”。以引付的形式积累起来的信息，会被按需分类、整理，然后通过不断吸收实践案例得到更新，以应对各种现场状况。

就这样，不同的地方积累起不同的专业知识，然后规定一种具有历史渊源的行为方式。正是实践知识的这种现场性和神秘性，保证了老手拥有比外行更优越的地位。

言行举止的形式

在不具备普遍性原理原则的地方，只有礼仪和规则能教会人们恰当的行为方式。在公家社会的官司与官司、家族与家族的相互关系中，礼仪和规则的标准被称作“古制”。

前文提到的《建武式目》规定“可专礼节事”，要求武士以公家社会的古制为行动依据。武家以京都为大本营，和京都公家的交际、交涉已成日常，因而不得不适应有礼、节俭等公家社会的价值观，京都周边社会中的武士也被要求言行符合古制。

在这个过程中，人们也回顾了镰仓时代武士的行为规范，并从中提取出古制。例如，骑马和箭术等武艺的规矩，以及武家在殿中的日常生活、仪式、宴席中的规矩。话说回来，这些规矩有不少来自鹤冈八幡宫的祭祀礼仪，而鹤冈八幡宫又是模仿石清水八幡宫，追根溯源，还是来自京都文化，但都被改写为武家古制。

有一部《源威集》，据说是常陆国武士佐竹师义所著。在书中，他以长年追随足利尊氏、转战各国的亲身感受为依据，述说足利氏作为源氏嫡系拥有统治的正统性，评价足利尊氏对从弓马等武艺到歌道、管弦技艺等各种古制都表现出强烈兴趣，并且在上述各方面都十分卓越，堪为武士领袖（加地宏江《中世历史叙述的展开》）。也即是说，武家栋梁应该通晓古制，掌握京都文化世界的言行规范。从中可以看出，这位了解京都文化的作者试图将京都文化纳入公认的行动准则。

在继承了古制的武家栋梁——足利氏的领导下，武士们在创造文化价值的中心——京都，以公家社会为样板建立起新的社会。在这个过程中，伊势氏发挥了重要作用。

伊势氏是平姓，也是足利氏的谱代被官，康历政变（参见下一章）之后，伊势贞继取代了曾在镰仓和室町幕府世袭政所执事的二阶堂氏，成为新的政所执事，该职后由伊势氏世袭。一方面，职务上，他需要深入参与室町幕府周围的各类礼仪，积累实践经验和知识；另一方面，他又从二阶堂氏等镰仓幕府以来的官僚、奉行人家族借阅、抄写、收集了许多世代传承的书籍，积累了各种信息。原本就靠近幕府中枢，又进一步巩固了其立场和职能。以这些积累的知识与信息为基础，建立起言行举止的规范，后来被称为伊势流古制。

包括伊势流在内，武家古制的核心是书札礼。对人们在通信时应如何写作的问题，根据写信人和收信人的不同立场和不同的事情性质进行详细说明——这就是书札礼。其雏形是镰仓后期以来公家社会使用的礼仪准则——《弘安礼节》。就这样，武家社会建立起书札礼，武士们以被纳入公家社会关系类型且反映在书札礼中的社会关系为尺度，认识、表现并规范自己与他人的关系。因此，书信不仅是信息交换的媒介，也是以肉眼可见的形式表现社会中自他关系的方法，具有重要的意义。在整个中世，公家都在试图“驯服”武士群体，这一过程就此进入新的阶段。

伊势氏主导了武家古制的形成，在15世纪下半叶足利义政的时代，这个过程是由伊势贞亲及其子贞宗推动的（二木谦一《中世武家仪礼的研究》）。整个南北朝时期，武士不断融入公家社会，到了足利义满的时代，公武两社会的融合已在一定程度上实现（参见下一章）。而在义政的时代，人们回顾义满时代实践的各种礼仪规范，将其表现为古制。

实际上，在15世纪中叶，外记和史等官员与幕府奉行人等实务官僚实现了在先例等实务方面的情报共享。他们在同一个地方讲解和汉书籍，共同举办连歌会，还同台欣赏能和猿乐。就这样，奉行人与官员拥有了共通的文化心理，从实务方面支撑着武家，于是武家也和公家社会共享京都这个文化空间，被纳入同一个文化修养的世界。

武家古制的流传

过去，在公家社会，古制的相关知识仅传授给继承家业的子孙，家传书籍大多作为“秘书”被隐藏。不过，这种被独占继承的知识也会根据需要向外界提供一小部分，主要是为了彰显其家族的存在价值。但是，伊势流古制却被积极地提供给外界，并因广泛流传而成为标准，价值也随之升高。

这大概是因为，武家古制是以自身社会外部的公家古制为模型形成的新事物。因为公家社会已然共享公事规范的大框架，所以各家族——比如九条流和小野宫流两个流派的争论，就集中于古制的专业性——谁能提供更精细的解释、应该选择哪种先例作为依据这种层面上。与之相对，武家社会则需要建立能够在整体上与公家古制共存的新规范。为此，首先必须将标准化的基本规范广泛地提供给全社会。

根据武士的需要提供古制、指导礼仪规范就是古制家族的任务。但伊势氏自身处在公家社会的礼仪之外，甚至处在前代武家政权的实务之外，是外来者，可能正因如此才会着眼于标准化古制的商品价值。在这种古制的供求关系中，包括地方武士在内的古制化进程不断深入。掌握了古制，就可以参与以京都为中心的文化世界，也可以在统一的文化世界里，披上符合武士身份的、“正确的”外衣。这种“文化上的正确的外衣”自然包括了与骑射等武技相关的古制，还包括书札礼、岁暮、八朔（阴历八月初一的赠答礼仪）等表现、规定相互关系的礼仪规范。武士不能仅凭武力立足，还必须表现出符合古制的礼仪规范。这种文化上的要求受到认同，伴随着类似于“婆娑罗”那样的反作用力，不断地渗透进武士群体。

因下述内容远远超出本书所描写的时代，所以仅做简单交代。

15 世纪下半叶，武家古制在伊势氏的手中逐渐成形，作为标准广泛传播，还派生出细川流、小笠原流等分支。在将军身边担任申次的大馆氏等人，搜集了各种引付和伊势流的古制书，努力学习幕府实务现场中的各种礼仪规范。

另一方面，在远离幕府的地方，由于书信规则和赠答礼仪的形式性，大名与大名之间的关系被以肉眼可见的形式表现出来，并得到规范和调整。因此，各大名都努力学习古制。例如，16 世纪初，周防的大内氏命令家臣饭田氏、龙崎氏向伊势氏咨询与公家、门迹（有实力的寺院）、各大名交往时的礼仪规范，以及举办能、猿乐活动时的古制，其中要点被记录在《大内问答》这部文献中。习得伊势流古制后，饭田氏又将其传授给肥前松浦氏的家臣笼手田氏，另一方面，《大内问答》

本身也成了古制书，受到各方重视，丰后的大友氏还想得到其抄本。就这样，伊势流古制传播到各地。与此同时，人们越来越需要具备古制素养的人，例如伊势氏及其被官蜷川氏、参与幕府实务现场的奉行人及其一族，等等，他们中的一些人受地方大名邀请，前往各地传授古制及其附带的各种文化。

古制所表现的并非社会规范本身。规范是看不见的，古制指导人们的言行举止，使其符合规范，而这些言行举止在事实上得以通行，反过来证明了其“正确性”。通过这样间接的推导，人们创造出能够维持人际关系、保证安稳度日的处世智慧，这就是礼仪规范的实质。

从某种意义上来说，现代人所奉行的“社交礼仪”，其基本形式也可以追溯到这个时代。这件事同样可以用来说明室町幕府在大名关系方面拥有的政治凝聚力。更进一步说，正是这种关系体现了天皇所拥有的职能与社会地位。这一事实规定了中世后期的政治结构，甚至可以说影响到后世日本社会的构造。

第六章

北山殿源道义

第一节　幕府体制的稳定

康历政变

贞治六年（正平二十二年，1367）十一月，足利义诠把政务委托给年仅十岁的继承人义满，召回身在分国赞岐的细川赖之，让其辅佐义满、接任管领一职，以代替由于前一年斯波高经失势而辞职的斯波义将。同年十二月，三十八岁的义诠去世。义满继任足利家家督，但暂时由管领细川赖之实际总揽政务。如前所述（序章），《太平记》说细川赖之就任管领后，人人服从其施政，并以“天下太平的时代到来，可喜可贺”结束全书。虽然南朝还在吉野山中主张自己的正统性，但天下大势正在向北朝、幕府倾斜，并逐渐形成平衡。此时，政治史的主题已转向各势力在这种渐趋稳定的体制下得到了怎样的安排。

细川赖之推行的政策中，最重要的是“应安大法”。应安元年（正平二十三年，1368）六月十七日，室町幕府发布了关于“寺社本所领事”的命令，当时的史料称之为“大法”，研究者时常将其称作“应安半济令”。所谓“半济”是指只缴纳一半庄园年贡，言外之意是说另一半会被征收为军粮。虽说类似法规已在战乱中实行，或被视作仅限部分地区实行的军粮征收法的前提，但此处的“应安半济令”并不是指缴纳一半年贡，而是指建立分割领地的制度和规范。也就是说，其主旨是划分出可以征收军粮的领地和不可以征收军粮的领地，对前者规范管理，对后者禁止征收。具体来说，天皇与院的领地、寺社一圆领、摄关家领一概不可成为军粮料所；其他领地，已经设立了军粮料所的，只承认其中的一半为军粮料所，超过一半的部分要还给本所，而在没有现存军粮料所的一圆领内，不得新设料所。

原本而言，凡是有地头的领地都应承担相应军役，但是在南北朝对峙的特殊条件下，武士们也要求向没有设置地头的领地征收军粮，于是出现了“半济”这种方式。“应安半济令”的目的在于让特殊条件下实行的紧急措施适用于和平时期，保全以寺社为代表的主要庄园领主的领地，调整其与已成既得权益的军粮征收法之间的关系，并维护和平时期的领地秩序。

当然，很难说这些目的都达到了。配给军粮料所是各国守护为掌控国内武士而采取的手段，为了维系武士的忠诚，恐怕很难否定、限制他们的既得利益。虽说“应安大法”被寺社本所视作保全或恢复其领地的论据得到推崇，但实际上负责实施的各国守护却消极怠工，所以法令的实际效力取决于各个现场的具体情况。

尽管如此，“大法”仍然象征着战时体制终结、太平之世到来。在此前后，楠木正仪代表南朝参与南北和谈，甚至在贞治六年（正平二十二年，1367）促成了南朝敕使与义诠的会面，但或许是由于后村上天皇去世后南朝内部的路线对立，他在应安二年（正平二十四年，1369）离开南朝，归顺了幕府。南朝因此失去了军事支柱，已不再可能与北朝、足利方进行军事对抗。这样，北朝接收南朝就被提上了具体的政治日程。

当然，并不是说此时幕府内外的各种势力相安无事。在幕府内部，同出于足利一门的实力派细川氏与斯波氏共同支撑着足利氏，且彼此对抗，这成了最明显的政治不安定因素。斯波义将曾与父亲斯波高经一起被义诠赶走，短暂流落越前。贞治六年（正平二十二年，1367）七月，他回到京都，隐隐与主导政务的管领细川赖之形成对抗之势。永和三年（天授三年，1377），两者之间的对立浮出水面。在当时义将的分国越中，一些国人与守护代斯波义种（义将之弟）发生冲突，逃到细川赖之领地内的太田庄（今富山县富山市附近）寻求庇护，守护代方面的军队便随之闯入了太田庄。细川赖之愤而出兵，试图与守护代方一战。赖之与义将各执已见，导致京都市内气氛紧张，谣言四起，都认为众大名各自袒护一方，参与其中，终将导致天下大乱。

虽然此事最后得以和平解决，没有酿成严重后果，但人们对义将的期待与对赖之执政的不满相结合，事态愈演愈烈。康历元年（天授五年，1379），大和的十市、越智、秋山等当地豪族叛乱，在被派去镇压叛乱的军队中，反赖之派的武将公然倡议赶走赖之，最后土岐赖康返回了分国美浓。义满拒绝了他们的要求，下令追讨赖康，并命令大和战场上的诸将回京。但斯波义将没有服从，于是义满罢免了他的越中守护职位。结果，义将率军进入京都，义满马上赦免了他，不久之后又赦免

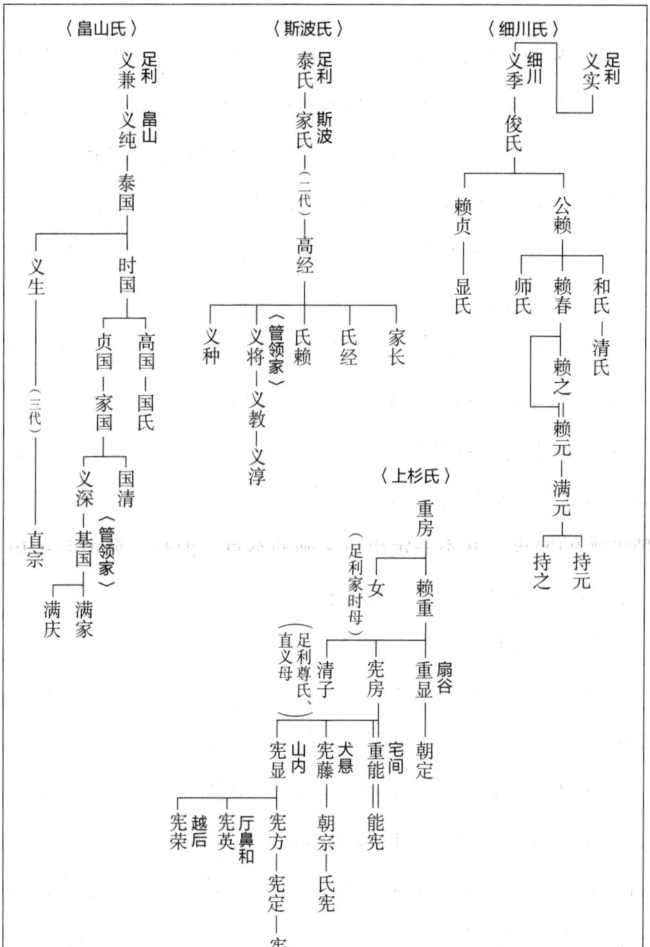

有实力氏族的谱系略图①

了赖康及其同党京极高秀。至此，反赖之派的优势已经很明显，诸将更进一步包围了义满的府邸，逼他罢免赖之。当年闰四月，义满终于下令罢免赖之。于是赖之回到分国四国，管领一职由斯波义将接任。这就是“康历政变”。

这件事的背景之一是，应安五年（文中元年，1372），十五岁的义满举行“判始”仪式，开始使用自己的花押（签名）处理政务。这意味着他摆脱赖之的庇护，开始摸索政治上的独立。应安六年（文中二年），自建武以来一直侍奉尊氏、义诠，且活跃于各种政治事件背后的佐佐木（京极）导誉去世，这件事大概也为义满的政治独立提供了条件。罢免赖之是斯波派的要求，并不一定出自义满的本意。但是，斯波与细川两派争夺幕政的主导权，试图诱使义满下达有利于己方的命令，从而排挤掉竞争对手，以结果而言，这实际上确立了义满作为幕府首长、立于两派之上的地位。正是通过调节、操纵两派的斗争，义满看出了确保自身权力的可能性。

不过，义满原本也并非单纯依赖于幕阁内部各势力的平衡，而是有意构筑自己的权力基础。义满扩充了名为“御马回”的直属亲卫队，成为后世以奉公众为主的将军直属军队的前身。义满及其后继者将直辖领的管理委托给这些直属部下，赋予其从国内征收段钱[1]的特权，并以此牵制守护。

---

1 段钱，中世日本征收的一种税，起始于镰仓时代，最初是一种临时税，向部分地域征收，到室町时代成为惯例。原则上缴纳钱币。

另外，义满身边有被统称为奉行人的实务官僚，其职能变得越来越重要。他们多出身于曾担任镰仓幕府和六波罗探题奉行人的实务官僚世家，从事制作并保存文书记录、调查先例、提供建议、管理日常事务等工作，而且，随着时代变迁，其业务范围也日渐扩大。可以认为，这是因为幕府的政务内容逐渐日常化，并作为规则渐趋稳定。

驱逐对抗势力

细川赖之回到四国后，曾一度被幕府下令追讨，但在年末就得到赦免。赖之的弟弟，同时也是他的养子兼继承人赖元在永德元年（弘和元年，1381）进京，出仕于幕府。明德二年（元中八年，1391），赖元代替斯波义将出任管领，赖之也随之进京，重回幕府中枢。明德四年，义将代替赖元，再次出任管领。可以认为，这一系列事件是义满主导的，他利用斯波家与细川家的对立使其互相牵制，以防止他们坐大。

这种煽动对立以削弱双方的策略，也同样适用于幕阁之外的世界。从前，在南北朝对立的情况下，幕府经常通过承认或授予敌对者领地、守护职的方式来使其归顺，但这就让守护变得难以控制，给政治带来了不稳定因素。为了消除这种不稳定因素、削弱外样守护的势力，义满经常采取的策略就是挑起一族内部对立，再派兵讨伐。

首先，美浓、尾张和伊势三国的守护土岐赖康在嘉庆元年（元中四年，1387）去世，其养子康行继承了职位，但义满却任命赖康的亲生儿子满贞为尾张国守护，尾张国恰好位于三国中间，从而挑起了两者间的对立。翌年即嘉庆二年，满贞与康行的堂弟兼女婿诠直开战，康行加入诠直一方，一切正如义满所料。于是在康应元年（元中六年，1389），义满下达了追讨康行的命令。翌年即明德元年（元中七年，1390），康行被诛杀，康行的叔叔赖世被任命为美浓守护，仁木满长被任命为伊势守护。

随后，幕府又将矛头转向山名氏。贞治二年（正平十八年，1363），山名时氏从南朝投诚北朝，其丹波、丹后、因幡、伯耆、美作五国的守护职得到承认。自此，山名氏在室町幕府中的势力日强，时氏死后分给诸子的守护国除上述五国外还有但马、和泉和纪伊，再加上“康历政变”之后获得的出云、隐岐和备后三国，总数达到了十一个。这相当于日本六十六国的六分之一，山名氏也因此被称为“六分一众”。义满担心其过于强大，于是抓住康应元年（元中六年，1389）山名时义死后家族内部对立的机会，在明德元年（元中七年，1390）三月，利用旁系的山名氏清、山名满幸攻打山名时义之子时熙、氏幸。然后在明德二年（元中八年），又反过来将满幸赶出京都，

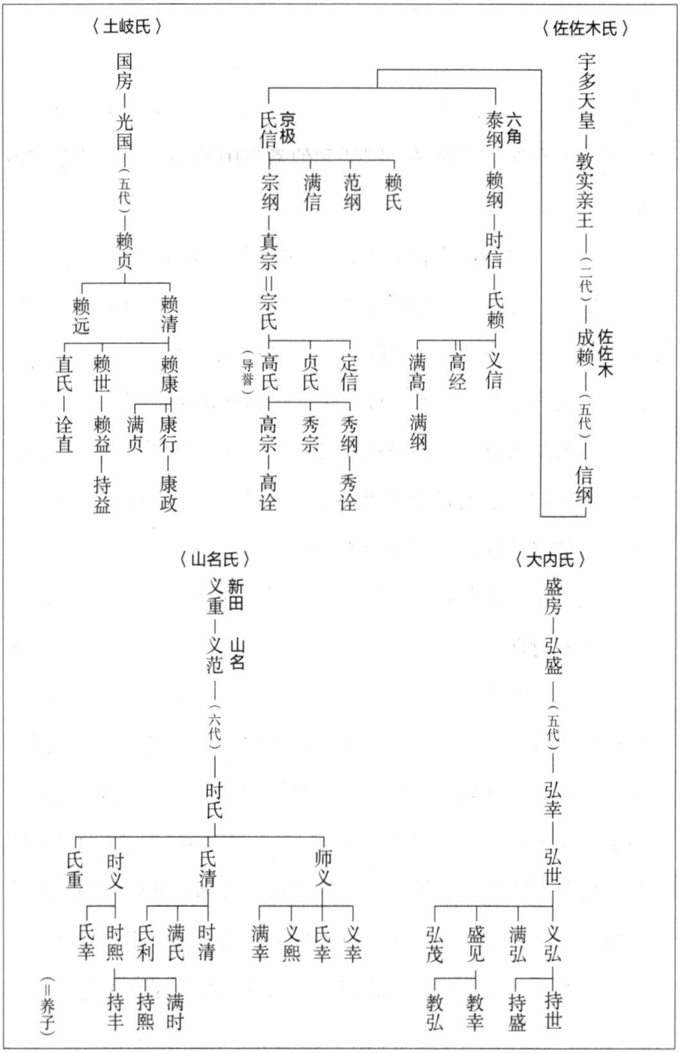

有实力氏族的谱系略图②

迫使其与氏清一同举兵。经过京都内野[1]的激战，氏清最终被消灭，满幸也一蹶不振，这就是明德之乱。结果，山名时熙等山名一族只保住了但马、因幡和伯耆三国的守护职，其余都被分给了其他家族。

土岐、山名两氏都是斯波一方的实力派守护。有人认为，明德之乱的背后，有刚刚代替斯波义将担任管领的细川氏的影响。不过，考虑到动乱之时，斯波义将之子义教和原来反对细川氏的大内义弘、土岐一族都加入了讨伐山名的军队，可以认为斯波与细川对立的格局正在义满的主导下逐渐解体。再加上义满直属的三千余名御马回在内野战场上十分活跃，说明义满通过明德之乱取得了明显的优势地位。

接下来，北朝接收南朝之后，应永六年（1399），大内义弘也被幕府诛伐。大内氏最初从属于南朝一方，贞治二年（正平十八年，1363），大内义弘的父亲大内弘世归顺了幕府，于是得到周防、长门、石见、丰前的守护职，控制了濑户内海的西部，明德之乱后又得到和泉、纪伊的守护职，控制了濑户内海航线东部的要冲之地堺。这样一来，细川氏就与大内氏在濑户内海贸易线路方面形成了竞争关系，义满也开始警惕大内氏的势力扩张。另外，大内氏自称百济王的子孙，李氏朝鲜在壬申年（明德三年，1392）建国后，大内氏与其建立了单独的外

---

1 京都内野，原本是大内里所在地，1177 年大火后荒废，在镰仓时代成了一片原野，被称作内野。

交关系。据李氏朝鲜正史《李朝实录》记载，定宗己卯年（应永六年，1399）七月，“日本左京大夫六州牧义弘”派遣使者来确认自己的宗谱，并请求赐予领地。经过考证，定宗认为大内氏的宗谱“无征”，但还是认定其为“百济始祖温祚高氏之后”，想要赐他领地，但由于近臣怀疑义弘的真实意图而作罢。义满大概也很戒备大内氏的举动，不仅动员九州诸氏，还试图没收大内氏的纪伊、和泉守护职，借此挑衅义弘。

义弘察觉到义满的意图，一边努力经营九州，一边呼吁在应永二年（1395）被解除九州探题职务、成了骏河半国守护的今川了俊（贞世），镰仓公方足利满兼，山名氏清之子时清，旧南朝系的桥本、菊池等对义满不满的势力起兵，自己则在堺筑城，举起叛旗。经过激战，义弘身死，其弟弘茂投降了幕府。足利满兼本想响应义弘的号召而起兵，但被关东管领上杉宪定劝阻，今川了俊则引咎隐退。这就是应永之乱。

结果，大内弘茂虽然保住了周防、长门两国的守护职，但是其他各国被分给畠山、仁木等家族，大内氏的势力遭到大幅削弱。就这样，除了东国和九州之外，外样大守护势力的威胁被解除。作为武家的政治中心，室町幕府的实际统治领域基本确定。

花之御所

永和四年（天授四年，1378）三月，义满从继承自父亲义诠

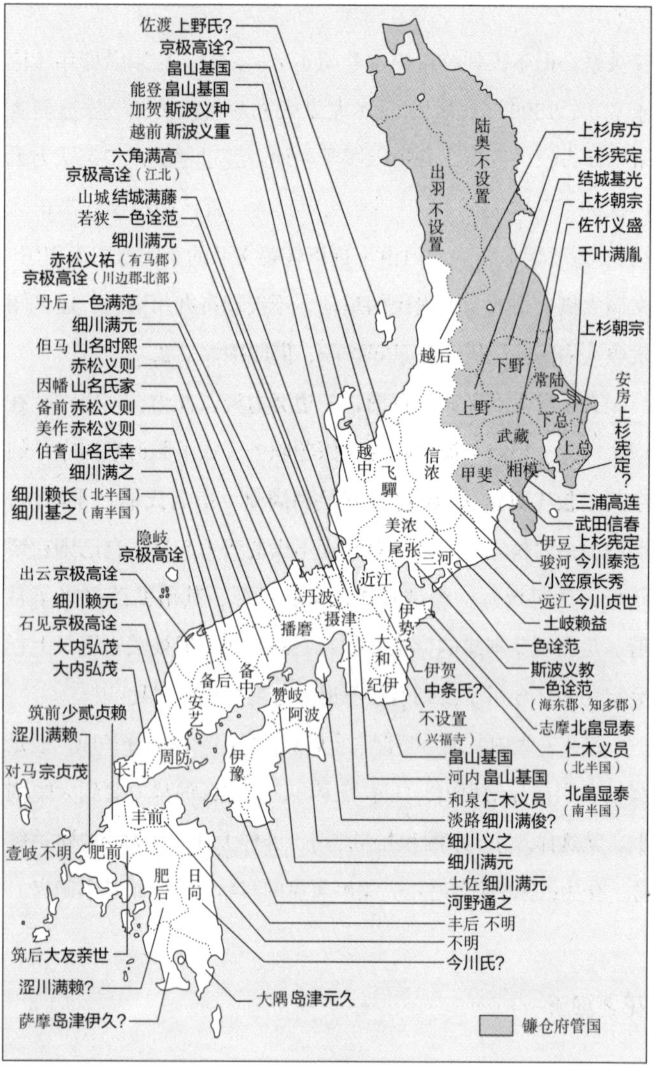
佐渡 上野氏?
京极高诠?
畠山基国
能登 畠山基国
加贺 斯波义种
越前 斯波义重
六角满高
京极高诠（江北）
山城 结城满藤
若狭 一色诠范
细川满元
赤松义祐（有马郡）
京极高诠（川边郡北部）
丹后 一色满范
细川满元
但马 山名时熙
赤松义则
因幡 山名氏家
备前 赤松义则
美作 赤松义则
伯耆 山名氏幸
细川满之
细川赖长（北半国）
细川基之（南半国）
隐岐
京极高诠
出云 京极高诠
细川赖元
石见 京极高诠
大内弘茂
大内弘茂
筑前 少贰贞赖
涩川满赖
对马 宗贞茂
壹岐 不明
筑后 大友亲世
涩川满赖?
萨摩 岛津伊久?
大隅 岛津元久
陆奥 不设置
出羽 不设置
上杉房方
上杉宪定
结城基光
上杉朝宗
佐竹义盛
千叶满胤
上杉朝宗
安房 上杉宪定?
越后
下野
常陆
上野
下总
武藏
上总
信浓
甲斐
相模
越中
飞驒
三浦高连
武田信春
伊豆 上杉宪定
骏河 今川泰范
美浓
尾张
三河
小笠原长秀
远江 今川贞世
近江
土岐赖益
丹波
伊势
一色诠范
播磨
摄津
大和
斯波义教
一色诠范（海东郡、知多郡）
伊贺
中条氏?
备后
备中
赞岐
纪伊
不设置（兴福寺）
志摩 北畠显泰
安艺
阿波
仁木义员（北半国）
北畠显泰（南半国）
周防
长门
伊豫
畠山基国
河内 畠山基国
和泉 仁木义员
淡路 细川满俊?
细川义之
细川满元
土佐 细川满元
河野通之
丰后 不明
不明
今川氏?
丰前
肥前
肥后
日向
镰仓府管国

应永之乱后的守护分国

《洛中洛外图屏风》上杉本中的室町殿 描绘了16世纪中期的情景（米泽市上杉博物馆藏）

的三条坊门第搬到了位于北小路室町的、正在营造的新府邸。这座府邸建立在前一年烧毁的崇光上皇御所与菊亭家宅邸的遗址之上。同月，义满就任权大纳言和右大将，正式加入公家社会。翌年即康历元年（天授五年，1379）七月，寝殿完工；永德元年（弘和元年，1381），整个工程结束，新府邸迎来后圆融天皇、关白二条师嗣及其下多名公卿官员，举办蹴鞠、诗歌、管弦等活动。因为这座府邸正面对着室町小路，所以被称作"室町殿"。为了行文方便，本书一直称以足利氏为首领的武家政权为"室町幕府"，实际上这个称呼是这时才出现的。另外，室町幕府的首领、足利家当主也被称作"室町殿"，理由同样源自此处。这座庭园在建造时引入了鸭川的水，栽种了四季的花木，因其壮丽的景色而被称作"花亭""花之御所"（也有人说这一美称来自崇光上皇的御所），象征着君临京都社会的义满的威信。

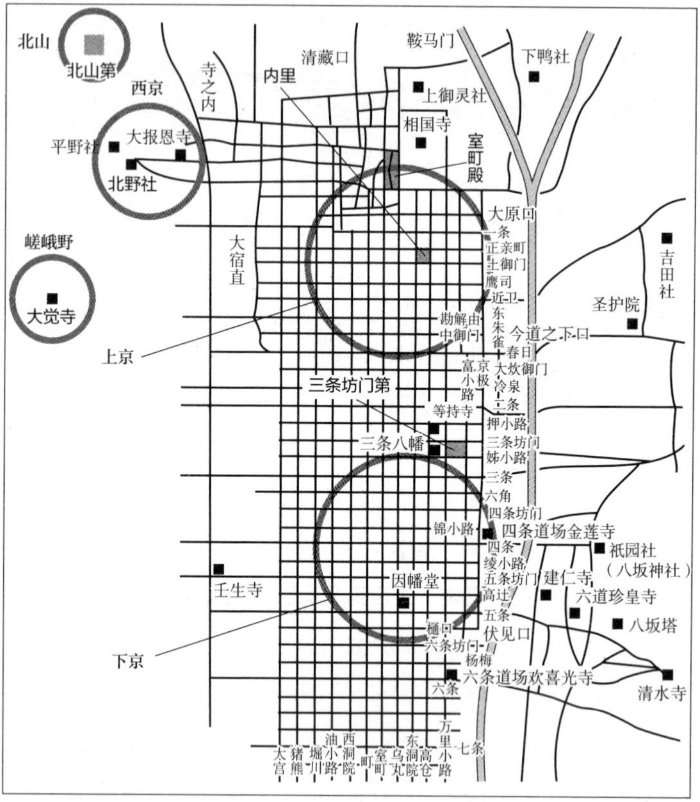

足利义满时代京都市街略图

中世京都的街道已不再具备条坊制下的井然秩序。右京的城市化进程早已被废弃，成了荒芜的农田。与之相对，左京则被分为上京和下京两个性质迥异的部分，上京以当时位于土御门东洞院的皇居（土御门内里）为中心，是权门的聚集

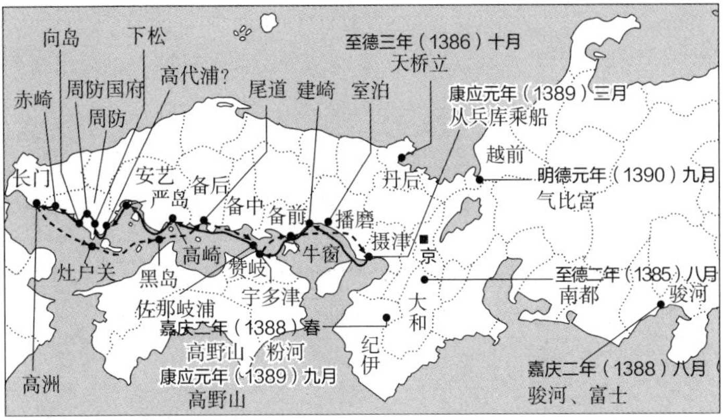

足利义满的诸国巡游

地，而下京则以四条大道为中心，在祇园社门前形成一片商业区。花之御所所在的北小路室町离土御门皇居不远，义满从靠近下京的三条坊门第迁到这里，得以进出权门之地，并将其变成了自己的大本营。这件事无疑正是公武关系重组的一次展示。正如下一节还将讲到的，公武关系的重组表现出义满的政治意图：他不满足于武家首领的身份，还想进一步对公家社会也发挥直接影响力。通过此事，上京进一步巩固了其政治中心的地位。

若说室町殿的上述姿态是面向京都公家社会的所谓内部展示，那么，自至德二年（元中二年，1385）开始的、盛大的诸国巡游则可说是面向京都以外广大地区的外部展示。这年八月，义满参拜了奈良的东大寺与兴福寺，以此为开端，他于嘉庆二年（元中五年，1388）春天造访纪伊国，同年八月又来到骏河，翌年即康应元年（元中六年，1389）三月从安艺严岛出发，经赞岐巡游周防，九月又参拜高野山，明德元年（元中七年，1390）九月则参拜了越前气比宫。以这种节奏，义满在数年内巡游了各地。可以推测，这种巡游包含着视察并怀柔大寺社、考察地方政情并昭示权威的意图（田中义成《南北朝时代史》）。用这种形式炫耀自己，重新确认与地方势力的关系，以维持自身的政治凝聚力，可以说是相当有效的手段。这与欧洲中世纪的国王巡游王国版图内各地的行为相似，是为了维护自己的领地，确认与国内各地掌权者的个人关系，并通过他们来保持自己的政治影响力。义满的巡游也包含着类似意图——以肉眼可见的形式表现室町殿的立场，并昭告天下。

这样看来，义满东起骏河、西到周防的巡游范围就非常具有暗示性。在这个范围之外的东国和九州都是外样守护势力依然强大的地区。针对这些地方，室町幕府究竟能在多大程度上发挥凝聚力呢？据说义满巡游周防时原本计划涉足九州，但因天灾而没能实现，正如后文还将讲到的，因为与明朝有来往，义满绝非不关心此地。至于东国，因为镰仓府和镰仓公方的存在，这里逐渐变成了京都幕府所不能直接统治的地域。

到了 15 世纪足利义持和足利义教的时代，甚至在室町幕府周边，与镰仓府管辖领域接壤的骏河也被称为“关东国堺”。至于九州，则被认为“毕竟是远国，即便稍有不遂意之处，也应该点到即止，至今为止代代都是这么做的”。对遥远地区的这种固有认识，或许说明室町殿的权力基础——政治凝聚力虽然看似强大，其实在结构上格外脆弱。

但是，只要这种政治权力结构上的弱点还未被很多人认识到，就无法对义满形成实际的威胁。以花之御所、诸国巡游时的华丽衣饰为代表，室町殿的壮丽姿态一时间震慑、迷住了众人，成为一种权威的标志，君临以京都为中心的社会。

第二节　公武关系的重组

作为公家的义满

足利义满出生于祖父尊氏去世的那一年——延文三年（正平十三年，1358），被足利氏的谱代被官伊势氏养大。儿时曾因战乱一度逃往播磨，后来回到京都，在京都社会中长大，深受京都文化的熏陶，年轻时就继承了足利家督之位。虽然出身于武家，但义满的特殊之处不如说在于其官僚生涯，仅仅将他看作武家栋梁是不合适的。

义满作为官僚晋升得极快。贞治五年（正平二十一年，

1366），他以九岁之龄叙从五位下，后又晋升，在应安六年（文中二年，1373）担任参议左中将，位列公卿，两年后又升至从三位，进而在永和四年（天授四年，1378）升任为权大纳言兼右大将，康历二年（天授六年，1380）升至从一位，永德元年（弘和元年，1381）成为内大臣。其祖父尊氏、父亲足利义诠均官至正二位权大纳言，虽然位列公卿，但没有实际职务，不能从内部参与朝廷的仪式和政务。而义满不同，他拥有公卿的实质性职务。在永德元年正月的白马节会上，义满担任外弁（负责承明门外仪式的公卿）上首，被人评价为行止极其优美。以此为契机，他在永德二年就任左大臣，此后也多次担任节会内弁（负责承明门内仪式的公卿），并开始作为公卿上首领导朝廷的仪式和政务。

出身于武家的义满就这样确立了自己在公家社会内部的地位，并逐渐掌握了公家社会的言行举止规范。在这件事上，二条良基起到了极大作用，他通晓古制，在朝廷中主导公事复兴，是公家社会的重臣。义满在永和四年（天授四年，1378）被任命为权大纳言兼右大将之后，时常造访良基的府邸，也常将良基请到花之御所，向他请教公家社会的礼仪规范。良基还是连歌方面的内行，在和歌、连歌和管弦等文化修养方面给了义满许多指导，充当他在公家社会的引路人，并因此被称作“扶持大树（将军）之人”。据说良基热衷于恢复在战乱中停滞的公事，且对去世的后醍醐天皇怀有敬意。

义持　　义满〈公家样〉　　义满〈武家样〉　　尊氏

足利将军的花押（出自平凡社《书法的日本史》）

他大概是希望以统率武家、拥有强大领导力的义满为媒介，用公家文化驯服武士，并复兴公事。

另外，以永德元年升任内大臣为契机，义满开始使用所谓“公家样”花押。这种花押在设计上与尊氏、义诠使用的“武家样”花押不同。起初，义满根据不同事由分别使用两种花押，但从康应年间（1389—1390）开始，他废除了武家样花押，开始只使用公家样花押。统一花押的直接原因不明，但可以推测这种变化与义满的重心从武家社会转向公家社会相应。这说明，义满这个人在公家社会的文化中找到了自己的位置。

其代表性事件就是武家执奏职能的废除。在北朝、室町幕府体制下，公家向武家传达要事时，会将院宣或纶旨下达给相当于联络窗口的公卿，随后再由该公卿传达给武家，而武家联络公家时，同样要通过负责联络的公卿才能向院、天皇提出申请。这种申请手续和负责联络的公卿就被称作“武家执奏”，相当于前代的关东申次，是公家社会及其外部武家之间的联络渠道。然而，在义满于永德元年就任内大臣以后，武家执奏的职能就被废除了，据说义满本人开始承担起在公家社会内部联络传达的职责（家永遵嗣《室町幕府将军权力研究》）。与之相应，新的手续与规范产生了，第五节将详述。从这种变化上也可以看出，义满的立场已经不仅限于武家。

义满作为公卿，在永德三年（弘和三年，1383）被册封为“准三宫”。“准三宫”也可以称作“准三后”“准后”，原本是指给予皇族和摄关等人相当于三宫（太皇太后、皇太后、皇后）的经济待遇，但在这个时期只是一种表现身份地位的虚名。尽管如此，这个称号向来只授予摄关和天皇外戚。对于这项例外的册封，后小松天皇的外祖父、前内大臣三条公忠在日记中写道：“左大臣成为‘准后’，这还是头一遭吧？”随后又说：“但如今武家之事已不再考虑先规旁例，别人也不好插嘴。”此后，义满在嘉庆二年（元中五年，1388）一度辞去了左大臣之职，又在应永元年（1394）升任太政大臣，位极人臣。

义满作为公卿，得到了少有的晋升，这或许与其宗谱上的特殊位置有关。义满的母亲纪良子（义诠之妻）是顺德天皇的第四代孙，与后圆融天皇之母崇贤门院（后光严天皇典侍）是姐妹。也就是说，从母亲那方的血统而言，义满是顺德天皇的第五代孙，和后圆融天皇是表兄弟。不少学者推测，这件事决定了公家社会对义满的态度。也常有人说义满的功绩是“作为武家政权，接收了王朝权力”，但这种说法是否妥当，还须慎重考虑。

礼仪规范的重构

足利义满逐渐在公家社会确立地位，这也迫使公家社会的门第秩序发生了一些变化。究其原因，足利家一直以来处于公家社会的外部，但义满以公卿的身份不断晋升，就他的立场而言并不存在可依照的先例。总体上来看，自平安时代以来，公家社会里一个人能够晋升的最高官位和相应的晋升途径都是由家族门第决定的，有各种不同的模式。而若有人脱离了这些模式，就会在社会内部造成不和谐的声音，成为非难的对象。然而，关于义满的登场和晋升，就像三条公忠对敕封准三宫的评论一般："武士是例外，没有办法。"公家也放弃了追究，结果成了一个先例。

从某种意义上来说，这件事的确象征着"武士以实力战胜了公家旧例"。然而，义满在开此先例之际也并不是不需要依据的。家族门第不同，相应的官位晋升途径就不同，就连外出时的装束、礼仪规范都有区别。义满在处理公事时一般参照摄关家的言行规范。

例如，在康历元年（天授五年，1379）七月的右大将拜贺奏庆（任官后向天皇表示感谢）上，义满效仿摄关家，让公卿官员和随从跟随其后，装束和礼仪也以摄关家为标准。前一年三月任官，过了一年多才举办拜贺奏庆，实在是不同寻常。原因之一可能是其间发生了康历政变，另外准备礼仪大概也需要时间。义满的任官与迁居上京花之御所差不多在同一个时期，从那时起，他招募了许多摄关家的随从担任“武家兼参”，让他们同时侍奉自己；其间还一直接受二条良基的建议和指导，以摄关家的礼仪规范为标准来构建足利家的礼仪规范。此后，义满在出行时都仿效摄关家，身着公家式样的装束。

另外，在就任内大臣的永德元年（弘和元年，1381）前后，义满组建了以公家官员为家臣的组织（后被称作“室町殿家司”），派他们做各种事。这个组织以洞院等大臣家的子弟和山科家、中山家、万里小路家等中层贵族为中心，在室町殿与公家官员之间规定了保护和服从的双重关系：前者为后者的晋升提供后盾和经济扶助，同时将他们组织为室町殿家的政所别当，让他们在仪式上作为侍从装点门面，并参与政务，依据室町殿之意行动。这也是对摄关家制度的模仿。由此，掌管足利家家政的政所就成了支持室町殿作为公卿活动的据点。足利的谱代家臣伊势贞继取代了自镰仓幕府以来兼任武家官吏与幕府评定众的二阶堂氏，就任执事，总揽政所实务，这件事或许也反映出室町殿家政所的性质变化。

此外，因为足利氏是清和源氏的后裔，义满还被任命为源氏长者与淳和院、奖学院两院别当。淳和院原是平安初期淳和天皇的离宫后院（天皇私邸），奖学院是为源平两氏等从天皇家分出来的诸氏（所谓“王氏”）子弟设立的大学别曹（宿舍），两院别当都位列公卿，虽然在这个时代已仅仅是名誉职位，但仍象征着地位最高的王氏后裔，在过去，和源氏长者的称号一起，都是由村上源氏中院流诸家担任的。自义满在永德三年（弘和三年，1383）被任命为源氏长者和两院别当以来，两院别当由足利家当主担任就成了惯例，后来的德川氏也继承了这个传统。

就这样，室町殿家以公家社会的规范为基础，作为源氏领袖获得了堪比摄关家的最高地位，并借此吸收了一批家臣，两者形成保护与服从的关系。从能给予社会生活上的扶助这点来说，室町殿义满也被认为拥有与摄关家同等的利用价值。在众人的期待之下，他凝聚公家社会，以自身为中心构建起“权力”。

室町殿义满的“权力”形成，也意味着公家社会的政务规范被重新确立。公家社会的重臣二条良基正是因此才积极支持义满，众人也是为了寻求庇护才追随义满。但若因此就认为武家压倒了公家、嘲笑公家的行为，则不一定合适。

然而，集中于义满手中的“权力”，并未止步于重新确立公家政权的政务规范。恐怕在嘉庆二年（元中五年，1388）二条良基去世之后，这种集权过程也并未停止，反而远远超过了良基的预估。最终，权力要求获取摄关家之上的地位，在院和天皇之间形成了非常微妙的关系。相关内容将在本章第五节讲述。

今谷明认为，以“康历政变”为界，兴福寺的嗷诉[1]“突然

1 嗷诉，也写作“强诉”，是指平安时代中期到室町时代，中央、地方的大寺社僧众、神人以宗教权威为背景，拉帮结伙，强行向朝廷和幕府提出各种要求的行为。

停止”了（《天皇家为何能够延续》）。作为当时的惯例，藤原氏的氏寺兴福寺一旦发生嗷诉，春日大社的神木就会被抬进京都，藤原氏的公卿就无法进行公事（仪式和政务），上述事态频发也是公事停滞的原因之一。而这种现象却突然停止了。其理由虽然不甚明了，但或许说明南都也屈服于公家社会新统治者义满的权威。若果真如此，就意味着义满并未辜负二条良基的期待，复兴了公事，实现了后者的嘱托。

京都市内的行政

义满迁居上京的花之御所，以他为核心，京都市内的统治机构也得到重组。在平安时代以来的所谓王朝国家体制下，京都市内的行政管理，特别是司法和警察等治安维持功能主要由检非违使承担。尽管如此，镰仓时代的检非违使，实际上是受六波罗探题领导的武士辅佐。室町幕府也从这种状况出发，逐渐深入参与京都市内的治安维持。

事实上，从足利义诠的时代开始，京都市内的司法和行政权就逐渐从检非违使移交给了侍所和政所。关于各种权限的移交时间，佐藤进一指出：①市内的关所管辖权是在贞治二年（正平十八年，1363）；②市内的风纪的管理权是在应安二年（正平二十四年，1369）；③市内的警察权在应安三年（建德元年，1370）之前由侍所掌握，后来移交给义满；④市内的土地相关的裁判权是在至德元年（元中元年，1384）；⑤买卖借贷相关的裁判权是在至德三年（元中三年，1386）；⑥对土仓[1]和酒家征税的权力是在明德四年（1393）。移交对象不是侍所就是政所（《日本中世史论集》）。其间，在至德二年（元中二年，1385），山城守护一职从侍所独立出去，侍所的管辖范围被限制在包括京都市内及其周边地带的"洛中边土"。这些地区截然区分于山城的其他地区，成为室町殿的直辖领，其治安维持的职权也被侍所掌握。

除此之外，还设立了一支由负责实务的奉行人领导、由被称为"小舍人"和"杂色"的下级职员编成的行动部队，以支撑侍所运转。检非违使厅内也设置了一支行动部队，由被称为"使厅下部"的下级职员组成，不过，据推测，这些人有一部分同时也是侍所的下级职员。总之，可以认为，检非违使厅的部分业务需要使用武力，这部分业务就由室町殿家承担，负责这部分业务的机构则通过重组公家、武家的机构形成。

另外，与京中房地相关的纠纷处理及遵行手续则被视作"地方"问题。正平七年（1352），中条秀长作为"地方管领"被要求处理祇园社和建仁寺之间的纷争，可知幕府的人很早就参与了和"地方"有关的案件，但直到康历元年（天授五年，1379）室町幕府任命二阶堂行元为"地方头人"之后，这

1 土仓，镰仓、室町时代从事金融业的人。

个职位才成为管辖“地方”的常设职位。二阶堂行元此前担任政所执事，这次任命与政所改革相关，曾经由检非违使厅负责的京都市内行政及其相关职权被重组，上述任命大概也是其中的一环。

如前所述，此时的京都已经不再是一座具有一体性的都市。从前的左京向北方和鸭川东侧（河东）等地扩展，形成市区，且被重新规划为上京与下京两个性质不同的区域，而一度被废弃的右京也以北野社神人（为神社承担杂役并接受神社保护、拥有种种特权的人）为中心，建立起被称作“西京”“西郊”的地区。以公家为中心的上京，以祇园社及其背后的山门为中心结为一体的下京，以及以北野社为中心的西京。义满主导重建京都市内行政，也是在尝试重新统一分开来各自发展的京都。

与此同时，为了从经济上支撑室町殿的统一及统治职能，新的税种被引入。以房地正面宽度为标准征收的“地口钱”，向洛中、西京的重要产业酒、酒曲征收的“酒屋役”，向金融业征收的“土仓役”等，虽然大多曾有过检非违使厅的征收先例，但很多本应承担税役的地主、酒家、土仓以有实力的权门和寺社为本所，试图在他们的庇护之下逃避缴税。山门的抵抗尤为强硬，要想向他们征税，必须有武家介入才可能实现。明德四年（1393），义满指示，关于“洛中边土散在土仓并酒屋役”，即使是“诸寺诸社神人并诸权门扶持奉公人事”，也要

“悉悉勘落”（废除所有特权），“平均沙汰”（一律处理），并大致实现了目标。重新统一京都社会，就意味着解除寺社本所的统治和保护。

山门扼守着从东国、北陆方面经琵琶湖向京都运输物资的要道，庇护了大量从事物流的运输业者，可以说控制着京都的生命线，对公家社会有莫大影响。这正是过去白河法皇所说的“三不如意[1]”之一，对公家政权来说，驾驭山门是一个长期重大课题。至此，义满政权对山门的控制可以说暂时成功了，以五山为中心的禅院发挥了很大的作用。在以山门为代表的既存寺社势力与新兴的禅院之间，不仅有显密佛教与禅宗这种教义上的对抗关系，更有庄园领地的集聚、以所积累技术为基础的领地经营承包、以捐赠金钱（祠堂钱）为资本的金融经济活动等方面的严重对立。在幕府的庇护之下，以五山为中心的禅院不断发展经济实力，各寺社在经济领域的所占比重发生了变化，禅院参与的财富流通越来越重要，以各种名目从禅院征收上来的资金成了幕府财政的重要支柱。当然，不能忽视，由禅僧承担的对明外交对幕府来说意义重大。禅院既是经济中枢，也是令室町幕府有可能与山门等寺社势力对抗的条件之一。

1 三不如意，据《平家物语》第一卷记载，白河法皇曾感叹：“贺茂河的水、双六比赛、山法师，总是不如我意。”当时，比叡山延历寺的僧众（僧兵）经常抬着日吉山王社的神舆涌进京都，向朝廷强诉。

第三节 | 南北朝统一

统一的条件与交涉

在义满主导下，京都社会日趋稳定，剩下的最大问题就是怎么处置南朝。先来看看南朝的情况。

由于和解路线上的分歧，楠木正仪曾一度归顺幕府，经过十几年的时间，弘和二年（永德二年，1382）闰正月，他再度回到南朝，被任命为参议。然而，当月下旬，他在河内被山名氏清打败，失去了很多族人、郎党，自己也逃走，从此再无活动的迹象。

北畠显能（北畠亲房之子）自正平以来数次参加京都争夺战，后据守伊势的多气，在弘和三年（永德三年，1383）去世。其子北畠显泰继承父业，被南朝任命为伊势国司。伊势离吉野不远，在这里，纪伊熊野氏等海上势力频繁出入伊势大凑和志摩泊浦等航路要地，因为他们的协助，南朝势力得以保存。北畠氏大概控制了云出川以南地区，与幕府任命的守护土岐赖康、康行等人对峙，但在南北朝统一以后，他们与幕府的关系变得十分微妙，很长时间里一直保存着自己的势力。

另外，明朝皇帝册封的“日本国王”——怀良亲王仍以征西将军宫的身份留在九州，在被今川了俊夺走了博多和大宰府之后，他无力挽回颓势，终于在弘和三年（永德三年，1383）去世。宗良亲王曾作为“征夷大将军”转战于东国和信浓，但在弘和元年（永德元年，1381）编撰并进献了《新叶和歌集》之后便再无消息，记录了南朝历史的《南山巡狩录》说他死于元中二年（至德二年，1385）八月十日，但这部书成书于江户后期，细节上不是那么可信。

弘和三年（永德三年，1383），长庆天皇让位，后龟山天皇践祚。至此，一直支持着南朝的重要人物大多离世或不再活动。被视为对北朝强硬派的长庆天皇让位，暗示着南朝的路线转换。实际上，与稳定的义满政权相比，南朝每况愈下，做出这样的选择已是不可避免。不过，在南朝内部，以长庆上皇为代表的势力似乎仍然态度强硬。

明德三年（元中九年，1392），双方再度展开关于统一具体问题的谈判。室町幕府方面，首先由和泉、纪伊两国的守护大内义弘承担起安排交涉场所的任务，这大概是因为其守护国接近南朝的大本营，且其父大内弘世曾一度仕于南朝。随后，南朝方面派出后龟山天皇的亲信阿野实为和吉田宗房（吉田定房之子）参加交涉。出身于神祇官[1]家族的吉田（卜部）兼熙在南朝与义满之间担任联络人，十月，双方关于统一的条件基本达成了一致。

1 神祇官，律令制下负责朝廷祭祀的官厅。

南北统一的条件主要有三项：①通过“让国之仪”归还南朝方手中的“三种神器”；②今后以“两朝御流相代”的形式继承皇位；③天皇家领中，诸国国衙领由大觉寺统继承，长讲堂领由持明院统继承。除了最后一项是经济问题以外，前两项都是有关南朝正统性的条件。

执行条件①中的“让国之仪”，就意味着认同南朝后龟山天皇的正统性，而北朝后小松天皇则通过后龟山天皇的“让国”即让位获得正统性。条件②意味着再现镰仓末期充满争议的两统迭立原则，后小松天皇之后将由南朝大觉寺统的天皇继位。无论哪条都承认了南朝的正统性，这也是双方达成一致的基础。对义满来说，这样就能从南朝手中收回“正统性”了。而对南朝来说，他们自后醍醐天皇以来一贯坚持自己为唯一的正统，所以这算是主张上的倒退，但从客观形势来看，到这里为止都还算是可以妥协的部分。

不过，在交涉过程中，本应是当事者之一的北朝究竟参与了多少？事实上，一些情况表明，北朝或许成了谈判的局外人。

例如，南北统一后的第三年，朝廷授予后龟山“太上天皇”的尊号，当时北朝方面对既不曾继承皇位也并非天皇生父的人被授予尊号一事提出了质疑。结果诏书中出现了这样的话：“虽无旧例，但特垂礼敬新制，敬奉太上天皇尊号”，强调这是前所未有的特例。尊号的事对北朝廷臣来说似乎十分唐突。关于这件事，左大臣一条经嗣在日记中写道：“据说，如此大仪竟未经敕问或群议就径直决定了。”也就是说，敕封后龟山尊号一事，是在群臣不知情的情况下决定的。事实上，在这件事发生的前一天，后龟山与身为南朝皇太子的弟弟惟成亲王会见了义满，有学者据此认为，当时后龟山曾要求义满履行南北统一时定下的条件，于是义满没有咨询廷臣就决定授予其尊号，并指示了如何应对（森茂晓《暗之历史，后南朝》）。一条经嗣在日记中又说，“这个尊号真是前所未有的稀罕事”，批评幕府没有断绝后醍醐天皇的血脉。半个世纪之后，这件事被列举为“未承帝位之人获得尊号之例”，可见北朝廷臣并不认为后龟山是天皇，也不承认南朝是皇统。

关于三种神器的移交，也没有实际举行“让国之仪”，而是依义满之命，参照“文治之例”——源平合战时被平家和安德天皇带去西国的神器，在平家灭亡之后又回到了后鸟羽天皇手中——进行的。这样一来，神器的移交就不代表让位，而是表示一度离开正统天皇的神器又回到了原来的地方。实际上，这种对“文治之例”的模仿甚至也并不完全，有几项仪式被义满下令省略了，整个过程都很轻描淡写，结果引起了官员的质疑。

至于义满自己，虽说他向南朝方提出了可能接受的条件，努力实现了统一，但为了之后双方都能保全颜面，恐怕也颇有些为难。

南朝的终结

虽说交涉是义满独自进行的，北朝也没有参与制定统一的条件，但后龟山天皇总算表示了同意，在明德三年（元中九年，1392）十月二十八日携神器从吉野出发，途经奈良，在闰十月二日进入了嵯峨大觉寺。神器在同月五日交到了土御门内里的后小松天皇手中。

记载了当时后龟山天皇出京过程的《南主御出次第》说，一同出行的人有后龟山天皇的弟弟“三宫”（惟成亲王）和似乎是其弟的“福御所”（怀成亲王？），随行的南朝公卿官员有“关白近卫殿”（近卫经家？）和“阿野前内府”（实为）等共十七人，此外还有“伯耆党六人”“楠党七人”等武士，总计不过四十人左右。当然，除了列举在此的人之外，还有许多皇族、官员直到最后都与南朝同在，他们都另行返回了京都。

另外，长庆上皇没有与后龟山天皇同行，在两年后的应永元年（1394）八月殁于纪伊国。此外，四条资行、日野邦氏和中园宗赖等官员也没有随后龟山天皇出行，而是留在了大和。但他们是否追随长庆上皇则不清楚。

进入嵯峨大觉寺后，后龟山上皇被称为“南主”或“大觉寺殿”。他与曾负责南北统一交涉的吉田兼熙及其子兼敦还有来往，但平常身边只带着少数近臣，过起了隐居生活。公家社会的官员构成与礼仪规则几乎没有因为南北统一而受到影响。

抱着实现两统迭立的期待，后龟山上皇与以上京为中心的北朝方公家社会保持距离，在应永初年出家，成了法皇。

曾参与南北统一交涉的阿野实为（南朝内大臣）、六条时熙（南朝中纳言）、三条实兄（南朝权大纳言）在陪同后龟山入京以后也没有出任官职，而是随侍隐居在嵯峨的后龟山上皇。实为和时熙负责奉后龟山之意经营领地，下达院宣。另外，实为之子公为也随侍上皇，虽然有史料称他为“阿野前中纳言”（应永九年，1402）和“内府公为”（享德四年，1455），但他实际上并未在统一后的朝廷中任官。实兄之子季久似乎也随侍后龟山上皇，没有任官的记录。不过，实为的孙子实治曾在朝廷任官，官至权中纳言。

菅原为兴是少数任官的南朝方官员之一，他在应永八年（1401）出仕贺茂祭，叙四位。据《吉田家日次记》记载，他曾“多年祗候南朝”（书中还说“不知官”，无从得知他的具体官职是什么）。尽管为兴的宗谱和在南朝的做官经历不详，但菅原家是文人世家，祖上曾出过菅原道真等一干学者，为兴或许也是因其家世和才华而被看中。另外，同族的菅原为基是《新叶和歌集》的作者之一。

还有一个比较特殊的例子是花山院持忠，此人虽在《尊卑分脉》等宗谱图中被记载为“忠定之子”，但实际上是“南方近卫息”。据伏见宫贞成亲王的《看闻日记》记载，应永二十三年（1416）忠定去世，时年三十八，无嗣。此时“南方近卫息十二岁”（他在宗谱图上的位置关系并不明确，但从年龄推断，可能是陪同后龟山天皇出京的经家之孙），曾一度成了花山院长亲（南朝内大臣，此时已出家）的养子，随后又以花山院持忠之名成为花山院忠定的养子，并继承家业。持忠后来官至内大臣，于文正二年（1467）去世，被追封为太政大臣。

这些例子都是少数，曾在南朝出仕的官员大多未在北朝担任新职，就这样消失于历史中。以近卫家和西园寺家为代表，争夺家督之位的两个派系往往分属于南北朝，家族在京都公家社会中的位置大多已被北朝方家系占据，曾在南朝方的人即便回到京都也不再有立足之地。考虑到这种情况，“南方近卫息”通过继承花山院家、改换姓名，在公家社会中找到了自己的位置，可以说完全是侥幸。

统一的意义与结果

义满在军事和经济上都占压倒性优势，却苦心协调南北两朝想法上的分歧，尽力接收了南朝，他的意图又是什么呢？首先，某种势力能代替天皇行使职权，不受义满掌控且能为反抗现状的人提供名分，这种状况显然不是他乐见的。而且，这也说明义满意识到，要想通过接纳南朝来切断这种反抗的源泉，将其纳入自己的掌控，不是只能依靠武力实现，而是有可能通过政治来实现，其媒介就是以正统性为主题的“物语”。序章也曾提及，义满很有可能参与了《太平记》的修订，所以这点十分重要。

但是，义满的这种认识和意图恐怕并不是北朝方众人所共有的。关于接收南朝的条件，义满并未与北朝方的廷臣认真沟通，这从神器的让渡仪式和尊号问题中都可窥见，恐怕义满也并未在事先做过详尽的设想。这件事最后主要影响到了南朝方。

例如，在应永初年，后龟山上皇对纪伊、若狭等国国衙领的统治提出了指示，说明在三项统一条件中，至少由大觉寺统管辖各国国衙领这一项得到了一定程度上的执行。尽管如此，其间，播磨国衙领从持明院统传给伏见宫家，近江国衙领由今出川家世代继承，周防国衙领在此前后都受东大寺知行，成了造营料所，关于这些领国的归属，持明院统似乎并未与大觉寺统发生纠纷。

两统迭立的问题也是如此，义满在世时，后小松天皇没有确立皇太子。近年来，有人认为其背后原因是义满有“篡夺皇位”的企图，但若果真如此，又该如何解释义满并未断绝后龟山天皇的期待，保留了立大觉寺统后嗣为太子的可能性呢？后小松天皇和廷臣们想必不会接受立大觉寺统的后嗣为太子，但如果公然无视统一条件、从持明院统中选择太子，必然会导致旧南朝势力的反对，事态的发展将难以预料。曾身为南朝方皇太子的惟成亲王早已进入禅院，但其子成仁王和后龟山皇子小仓宫恒敦等人都有可能提出由大觉寺统继承皇位。这些人仍未遭到明确的排挤。关于统一的条件，虽然很难说义满曾在公家社会中力排众议以求实现，但另一方面，就像曾在尊号一事上考虑到了后龟山的要求，他并未追求最终解决这颗定时炸弹，而只求延续当下的平安无事。至少在义满的时代，旧南朝势力并未公开进行反抗，可以说义满的意图暂时算是达成了。

这种胶着状况是在义满去世后才被打破的。义满死后两年左右，在应永十七年（1410）三月，后龟山法皇拜访了义满的继承人义持，同年十一月离开嵯峨，前往南朝故地吉野。此前一年，成仁王进入东寺地藏院，不再是皇嗣候补，小仓宫恒敦的动向虽然不明，但从这个时期开始，出现了立后小松天皇皇子为嗣的动向。在这种情况下，后龟山法皇拜访义持，大概与之进行了谈判，但未能达成协议，且得知皇统迭立无望，于是突然出走。在传奏广桥兼宣的斡旋下，后龟山法皇在六年后，也就是应永二十三年返回了嵯峨。但在他出走期间，后小松天皇的皇子躬仁被敕封为亲王，践祚并即位（称光天皇）。与此同时，曾被义满压制的后南朝活动也带着新的政治意义活跃起来。

第四节 “日本国王”与天皇制

“日本国王”的登场

解决了接收南朝这个悬而未决的问题，义满在应永元年（1394）十二月十七日辞去将军职位，让给儿子义持，同月二十五日就任太政大臣，以三十七岁之龄位极人臣，但在翌年六月三日就辞去了这个职位，同月二十日出家，法号道义。进而，在应永四年四月，他又将室町殿的位置让给义持，移居京都西北的北山第。这里原本是西园寺家的山庄，现在是鹿苑寺，通称金阁寺。义满也因这个地名而被称为“北山殿”。

不过，这一点也不意味着义满从政界隐退了。从公家官职的任免，到领地承认、幕府管领的任免，不分公家还是武家，北山殿的指示涉及全部国政。明德四年（1393）四月二十六日后圆融上皇去世后，形式上是后小松天皇亲政，但实际由义满总揽政务。这样一来，义满在公家武家的官制上就没有明确位置了。可以认为，他正是为此才在位极人臣之时辞职出家，以便获得不受官制制约的自由立场。人们为参与义满的政务而聚集到北山，形成了新的都市，区别于以土御门内里和室町殿为中心的公武之都上京。成书于15世纪下半叶到16世纪初期的史书《春夜之梦》（作者不详）描写道：“公家武家门庭若市，卿相布衣享尽繁华。”这就是义满的都城。

以此地为中心，室町前期文化，也就是俗称的“北山文化”开花结果。这种文化以传统的公家文化为主体，禅僧和艺能人又为其增添了新的形式和色彩。说到北山文化的特征，首先可以举出禅僧从中国带来的工艺品（唐物）及其他各种文化产物、禅画、汉诗文、饮茶的习惯与造园技术。另外，在义满细心的保护之下，观阿弥、世阿弥父子成为能乐的集大成者，以他们为代表的专业艺能人、专供观众观赏的技艺在京都社会扎了根，这也是这个时期的特征。“观客”——支付报酬、观赏专业人士提供的高超技艺的人——出现了，猿乐、能、相扑等艺能展开劝进兴行（为修建寺社、道路和桥梁募捐的表演，也即慈善表演），承担这些表演就成了艺能人谋生的手段。义满也作为这些新文化的资助人立足于京都社会的顶点。

那么，该如何说明义满所获得的政治立场呢？研究者的见解不同，此时常被引用的一种比较方便的解释就是，明朝皇帝授予义满的“日本国王”的封号。

过去，义满曾数次向明朝派出使节，但明朝每次都以没有被册封为“日本国王”的“良怀”的正式表文，且足利氏并非日本君主，而仅是“持明”（持明院统的天皇）之臣为由拒绝。但是，在明洪武十三年（康历二年，天授六年，1380），明朝左丞相胡惟庸的谋反计划败露，局势大为改变。胡惟庸试图勾结北元（中国史书称元顺帝北归后的政权为“北元”）和日本起兵，据说“良怀”也响应了。弄清这一连串事件之后，明洪武十九年（至德三年，元中三年，1386），明朝停止与“良怀”往来，义满与明朝建立外交的最大困难消失了。另外，义满辞官出家，尝试从并非天皇之臣的立场与明朝建交，满足了明朝所要求的资格。结果，应永八年（1401），使节携“日本准三后道义”的表文被派往明朝，终于达成目的，翌年，与带着写给“日本国王源道义”的建文帝诏书和大统历的明朝使节共同归国。义满在北山第迎接明使，态度极其郑重，据说还亲自跪拜接受了诏书。然而，明使逗留日本期间，传来明朝发生政变（明成祖永乐帝即位）的消息，于是义满让人制作了以“日本国王臣源表”开头、写给永乐帝的表文，在应永十年委托使节送到了明朝。继位不久的永乐帝对使节的到来非常高兴，赐予“日本国王源道义”诏书和刻有“日本国王之印”字样的金印以及通好所必需的勘合（分写“日”“本”两字以备与底簿核对的证明书）。

就这样，义满得到了“日本国王”的封号，明朝皇帝将“源道义”看作中华皇帝的外臣，并承认其为外交对象。义满也对明朝皇帝称“臣”，天皇则不在讨论范围内，与明朝皇帝保持官方外交关系的仅限于“日本国王源道义”。

此后，基于这种宗主和外臣的关系，义满几乎每年都向明朝派遣使船，明朝皇帝则要求日本取缔倭寇，并回赐铜钱。过去，倭王曾接受册封，律令国家建立后，天皇则成为对中国关系的主体。而义满作为“日本国王源道义”重建了这种关系，在这种局面下，相当于取代了天皇。

义满的意图

自古以来就有不少人认为，义满这些行为的背后隐藏着篡夺皇位的意图。早年田中义成曾认为义满试图篡夺天皇之位（《足利时代史》），近年今谷明又大胆提出论断，认为义满出家之后执政，是想让自己的儿子义嗣坐上天皇之位，天皇制在这个时期遭遇了最大的危机（《室町的王权》）。

当然，因为义满突然死去，这些猜想都无法被证实，要想窥探义满内心的真实意图是很困难的。被今谷明视为皇位篡夺意图证据的材料，有许多可说并不充分，其中之一就是义满与“百王说”，即“皇统百代即断绝”的传播有关。

“百王说”是平安时代以来流传的一种可疑的预言诗。《野马台诗》中有“百王流毕竭，猿犬称英雄”的句子，有人将之解释为皇统延续到第一百代就会结束的预言。镰仓时代的僧人慈圆在史论《愚管抄》里也写道：“虽不知神之御代如何，但在人的时代，听说神武天皇之后只有百王。现已有八十四代，所余无多。”这种说法在中世社会似乎颇为流行。

虽说在中世有好几种计算天皇代数的方法，若将上文中《愚管抄》成书时的顺德天皇或后堀河天皇算作第八十四代，第一百代就是后圆融天皇或后小松天皇（当时普遍视仲恭天皇为废帝，不算入历代天皇），恰好是义满掌权的时代。今谷明注意到此事，认为《野马台诗》中的那句话因为预言天皇家将终结而引起了义满的注意。另外，关于后半句“猿犬称英雄”，室町中期的禅僧瑞溪周凤在其日记《卧云日件录》中解释为，义满生于戌年，所以“犬”是指义满，而“猿”是指镰仓公方足利氏满（足利基氏之子）。今谷明引用了这部分内容，认为义满自比为在“百王”之后登场并掌握霸权的“犬”。另外，因为在义满死后，鹿苑院主大岳周崇为追悼他而草拟的佛法讲义中有“寻百王坠绪”的句子，今谷明推断义满生前曾四处询问亲信“百王说”，借机散布这种说法，以此酝酿天皇家即将灭亡的预感。

但是，将“猿犬”解释为氏满和义满是五十年后才出现的事。而且氏满出生于亥年而不是申年。再者，“猿犬”之称也包含了对那些在末世登场、自称为英雄、祸乱世间之人的批判（比如，描写了应仁之乱的《应仁记》称两大乱军之首山名持丰［山名宗全］和细川胜元为“猿犬”），义满自称为“犬”就显得很不自然。佛法讲义中的“寻百王坠绪”也是想表达“继承诸王业已衰微的事业”之意，虽说是在称赞义满的霸业，但跟百王说无关。将这些事当作义满想篡位的证据是很勉强的。

当然，尽管如此，要想论证义满并无篡位意图也很困难。

比如，义满在世时没有决定后小松天皇的皇太子，这件事既可被解释为顾虑旧南朝，也可被解释为准备让义嗣继位。总之，要想窥探他的内心意图是很困难的。

比起义满的意图——是否想自己当天皇，或者是否想让义嗣当天皇，笔者更关注的是这样一个事实，即义满在构建权力时是以天皇的政治角色为样板的。也就是说，天皇的地位和职能被看作值得篡夺的目标和值得仿效的范例。义满作为公卿置身于公家社会的礼仪规范中，以相当于摄关家的身份凝聚身边众人的期待，然后以天皇（或上皇）为样板，建立起总揽政务的立场。在这里，并不存在能从根本上改变公家社会的另一种结构，义满的权力是在现有政务体系中建立起来的。

这并不意味着“天皇制最大的危机”，但可能是“天皇家最大的危机”。如果义满篡夺了皇位，那么天皇制就将丧失“万世一系”的神话，发生重大变质。但也有可能，顺德天皇的五世孙义满将成为皇统继承人，回溯历史，重新讲述“万世一系”。不管怎样，义满重新发现天皇或治天处理政务的方式是可供依据、可资利用的样板，不如说这件事反而肯定了天皇制。义满有改变这种构造的意图或构想——这种说法笔者无法认同。

中华世界体系

或许，现在依然有人认为不是这样，义满确实准备好了与天皇制对立。例如，正是为了取代天皇，义满才从拥有更高权威的明朝皇帝那里寻求支持，获得了“日本国王”的封号。然而，这里的关键问题是，明朝皇帝赐予的“日本国王”封号，到底能在什么场合、发挥怎样的作用呢?

近年来，关于这个“日本国王”的封号，有人提到了“中华世界体系”的概念。在当时的东亚世界，朝鲜国王与越南国王的关系，要由他们各自与中国皇帝的关系为标准来衡量、规范，这种以中国皇帝为中心的体系就被称为“中华世界体系”，以这种体系为媒介形成了某种国际社会。有人从这种观点出发，争论说“日本国王”的称号能够广泛通行于中华世界体系，比仅在日本一国内使用的地方性称号“天皇”更具权威。所以义满是依靠东亚世界的中心、中国(明朝)皇帝的权威君临于日本的。

然而，册封原本就只意味着中国皇帝与外臣之间建立了私人关系。皇帝将某人称为“王”，表示选择他为外交对象，打个比方，就相当于指定他为代理商，期待他代表当地人民维持并整顿与皇帝之间的外交关系。但这并不意味着他拥有了支配地方事务的依据。当然，因为举着皇帝代理商的招牌，所以他比周围的竞争者更具优势。

就算义满从明朝皇帝那里得到了“日本国王”的封号，也并不能保证他拥有统治的正当性。最明显的证据就是，这个称号只被用于对明关系，而完全没有被用于国内政治特别是中央政治。义满在中央政治中的权力并不是“日本国王”这个称号赋予的，而仅仅建立于公家社会的规范之上。

实际上，“日本国王源道义”这个称呼甚至引起了公家社会的反对。二条满基得知明朝皇帝诏书中有这样的措辞之后，在日记中批判道：“这封回信的写法真是荒谬。这可是天下第一等的大事。”另外，对于义满接待明使一事，也有人批判当时幕府的重臣斯波义将等人的态度过于郑重。因此，不能说明朝皇帝的册封发挥了权威作用，装点了义满在国内的立场。在当地的政治语境中，只有当地的言论具有意义。

另一方面，近年来，中华世界体系内部跨国境的财富和人员流动十分受重视。在货币流通等经济方面，有人指出东亚世界各地区间的联系紧密，尤其是九州地方，中世后期，在以东海为舞台的人、物、财产的流通当中，诞生了跨国境的地域一体性。这种构图十分吸引人（参见第四章第三节）。在考虑中央和东国时，夸大中华世界体系的影响是很危险的，但在九州和西国，倭寇等跨国势力反复聚合离散，则不能轻视明朝这个巨大势力对他们的政治磁场效应。可以做这样的解释：自称为百济王后代的大内氏，（似乎）采取了相对独立的外交政策的岛津氏和其他九州豪族，九州、西国地区随时都有可能背叛中央、投靠大陆，以“日本国王”称号为象征的对明关系，正是在维系这些地区的稳定方面拥有巨大效力。或许，对想要“跨越国境”的西海之人来说，“日本国王”的称号能起到“限定国境”的作用。

另外，也不能轻视对明关系带来的经济利益。在中华世界体系里，中国皇帝与周边诸国的关系常被描述为“朝贡贸易”，但这并不是互通有无的贸易，而是一种不对等的关系：外臣因为仰慕皇帝之德而派使者远道而来，向皇帝问好，而皇帝为了嘉奖其恭顺、犒劳使者，赠予其大量回赐品。皇帝需要的不是贡品，而是外臣通过恭顺的态度来向天下宣扬皇帝之德，外臣则可承受皇帝之德与中华文明的恩泽，获得政治与经济上的利益。在这种关系里，基本上是外臣单方获利，只要能安全往来就一定能获得巨大利润。义满也利用了这种关系来支撑其财政，特别是利用回赐的明朝钱币，使之作为货币在日本广泛流通。

第五节　“北山殿”的政务

义满的“院政”

义满在建构权力的过程中，以天皇与治天的礼仪规范为前提，不断实践、吸收先例，在不转换构造的前提下改写了规范。

据说，与义满同龄且处于治天地位的后圆融曾多次尝试反抗义满。在行院政的后光严上皇于应安七年（文中三年，1374）正月去世后，后圆融天皇开始亲政，然后在永德二年（弘和二年，1382）四月，他让位于皇子干仁亲王（后小松天皇），开始行院政，最后去世于南北朝统一后的明德四年（1393）四月，其间当了超过十九年的治天。关于后圆融天皇与义满的对抗关系，今谷明的著作里有详细介绍（《室町的王权》）。关于后小松天皇的即位礼日期与时刻，义满未征求治天后圆融上皇的意见就直接做了决定。以此事为开端，他开始经常架空治天，与摄政二条良基联手主导政务。辅佐后圆融上皇院政的院司也大多由身为义满"家臣"的公家担任，在这种情况之下，实际上决定政务的不是上皇，而是义满，公家社会的人也都服从他。这样的事实不断积累，形成了义满的权力。

北山殿义满实际执政，立场与此前的武家有很大不同。如前所述，义满任内大臣以来没有采用过武家执奏，而是作为公家社会的一员，言行举止皆遵从其规范，现在又辞去了太政大臣的官职并出家，也不再像过去那样以公卿之首的身份参与政务。尽管如此，政务的实权仍掌握在他的手中。于是就产生了新的政务规范。

这时，人们使用"传奏奉书"这种文书。被称作"传奏"的公卿奉主政者之命用文书向特定对象传达其旨意，主政者若

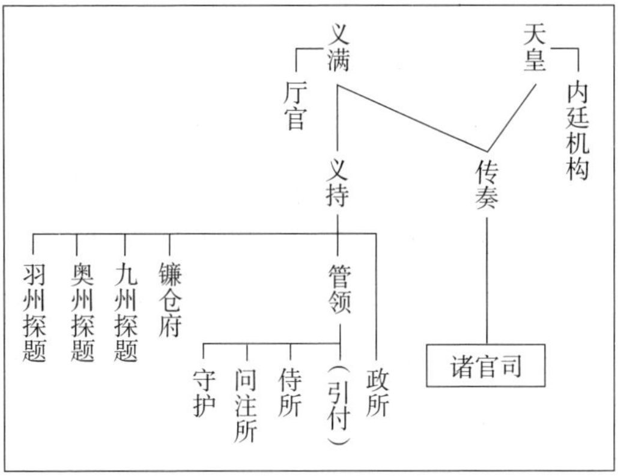

足利义满时代的政务机构

是天皇就相当于纶旨，是上皇就相当于院宣。若同时存在多个天皇和院，主政者就是治天，传奏奉治天之意下达的政务文书就是传奏奉书。

义满利用了这种系统和模式，将自己的意思告诉传奏，再通过传奏奉书的形式准确传达，效仿天皇亲政、院政，实现了以北山殿为实际治天的体制。奉义满之意的传奏奉书第一次出现在其出家后不久的应永二年（1395）九月，自此，义满在公家政权的政务处理手续上就与院、天皇平起平坐了。明德四年（1393）四月后圆融上皇去世后，本应由后小松天皇亲政，但义满却建立起了相当于“院政”的体制。值得注意的是，许多曾承担后圆融上皇院政实务的院厅下级职员也作为“厅官”出仕于义满，支持义满的“院政”。

与此相应，义满出家后，在出行比叡山时的行装、受戒礼仪及与公卿往来的书札礼等事上几乎全都使用了相当于上皇的礼法。义满辞去官职、出家为僧之后，就不再有礼法上适用的模式了，若要采用比摄关家更高级别的礼遇，就只有参照上皇。时人的日记中，对于义满的举措和礼遇，有“准御幸”“奉准上皇”“效仿龟山法皇御迹”之类的描述。就这样，北山殿获得了与天皇、院平级的地位。

此外，应永十三年（1406）十二月，义满之妻日野康子被册封为后小松天皇的“准母”，翌年三月又获赐“北山院”的女院号。女院号一般只赐给与天皇关系深厚的女性，获封者所受礼遇和太上天皇同等，赐予非皇族且非天皇、院配偶的女性女院号是前所未有的事。到了应永十五年（1408）二月，曾一度出家三千院的义满之子净文还俗，更名义嗣，同年四月元服，仪式参照亲王的标准。义嗣似乎被拟定为北山殿的继承人，若义满多活一些时候，义嗣顺利继位，那么，与天皇、院平级的政务主体——“北山殿”的角色或许就能被确立为公家社会的规范了。义满死后，公家中有人提议追赠他太上天皇的尊号，从北山殿在公家社会中得到的礼遇来看，这种提议其实非常自然。

义满与武家

就这样，北山殿义满建立起执政体制，但这并不一定意味着“武家战胜了公家”。武家出身的义满重新调整公家社会的秩序，巩固了自己在其中的地位——不如说这是巩固了以公家社会规范为模板的统治体系。

义满作为北山殿君临公武之上，而继承了将军之位的义持则作为室町殿，获得了幕府首脑的地位。在礼仪规范上，武家举行的年初政务开始仪式——沙汰始，新管领上任时举行的评定始，都是由室町殿和北山殿双方举办。但是，北山殿与室町殿的并立仅仅是官制上的，日常召开评定的是北山殿，实质上的政务也是根据义满的指示来进行的。

北山殿举行的武家评定，参加者有管领和评定众等主要幕臣，会上除了要决定守护职与侍所等与武家相关的人事安排外，还有一项最重要的职能，就是启动遵行手续。经过评定，管领表面上奉室町殿义持的“命令”，实际上依北山殿义满之意，起草被称为管领奉书的文书，递送给相关分国的守护，下达命令。而且，对北山殿义满来说，伺候室町殿的奉行人也和传奏及其下公家系官员一样，都是非常重要的“员工”。比如，所谓“御判御教书”，就是以义满的名义发布的、直接表示其旨意的文书样式，由武家奉行人起草、签上义满的花押后，被广泛用于给予、承认武士或寺社本所领地及所职等事务。也就是说，幕府这个组织形式上是由义持主导，但实际上只是一个执行义满决策的机构。

就这样，在北山殿义满主掌的政权之下，形成了两个并立的官僚机构：执行公事的公家机构，与负责向京都内外传达遵行的武家机构，但义满也经常通过传奏来指示武家奉行人的业务，这里采用了治天通过传奏来接触、调动官僚机构这种公家政权的模式。另外，在义满周围的政治世界里，也建立起以公家社会的官位、门第为标准的礼仪序列，同样适用于武士。武家并没有压倒公家，而是被吸纳为公家社会的边缘部分了。

其间，在应永六年（1399）的应永之乱（第一节前述）中，大内义弘被诛杀，此后，京都内外稳定了一段时间。足利一门及其下担任诸国守护的武将大体上都服从义满的政务，在政治上达成了平衡。但是，在这种稳定的背后，是诸国守护不断积蓄的不满，他们目睹大内氏的败北，意识到军事抵抗是不可能成功的。义满经常干涉守护家的继承问题，比如说，应永十三年（1406）畠山基国去世后，他拒绝将继承权授予其长子满家，而是给了次子满庆；他还撤掉和泉守护仁木义员的职位，让宠童御贺丸取而代之，随意安排人事，提拔自己的亲信，对待违背其意的人则十分严苛，压下武士的不满，行使专权。

而这不是仅仅针对守护。应永十三年（1406）三月下旬，义持遭到义满叱责，惊慌失措地跑到北山院之弟、传奏日野重光处，请求对方从中调停。叱责的原因不明，但义持身为将军却无法收拾事态，还不得不依靠义满的亲信。就连武家栋梁——将军的命运也只在义满的一念之间，不难想象义持对父亲义满的反感，另外，因为义满宠爱义嗣，兄弟之间似乎也有嫌隙。

这样看来，欢迎北山殿强势政治的不如说是公家，武家则心怀不满。

义满之后

正因为义满与武家之间存在这种意识上的背离，应永十五年（1408）五月六日义满突然去世之后，公家想要追封他太上天皇的尊号，其后嗣兼武家代表义持却表示谢绝。义满于五月初发病，不到十天就去世了，所以并未指定继承人。经武家长老、重臣斯波义将裁定，义持继位。这时，公家社会的一部分人预测甚至期待义嗣能成为继承人。在义满心中，继承北山殿地位、统领政务的人选大概是义嗣，但直到此时仍未建立起一套北山殿政务相关的继承规则，而义持已作为武家足利家的后嗣就任将军之位，可以认为，排挤义持的势力尚不足以登上舞台。

而拥戴义持的武家为调整公武关系，暂时解除了北山殿的政务，他们需要重组以武家为核心的政务模式。据说谢绝追封义满“太上天皇”的尊号是出自斯波义将的判断，他让儿子义教与孙子义淳先后继承管领职位，自己则作为监护人辅佐将军义持，主导幕政，直到应永十七年（1410）因病去世为止，其间一点点推翻了义满的政策。义满晚年的守护人事安排被撤销，对明外交也被叫停。

义满的后嗣义持最初住在北山第，但在应永十六年（1409）十月便迁到了祖父义诠的旧邸三条坊门第，义嗣也于同年末离开北山，只有北山院还留在北山。北山院于应永二十六年（1419）去世后，部分建筑被拆除并移至等持寺、建仁寺、南禅寺等地，旧址成了寺院即鹿苑寺。据说这是义满的遗命，但难以判断是否属实。实际上，这恐怕出自义持的意向，目的也是瓦解义满的政务体制。

因为义持从北山第搬到了三条坊门第，“首都”北山也就丧失了政务中心的地位，经义满一代而解体。有趣的是，义持没有居住在上京的室町殿，而是住在下京附近的三条坊门第，似乎是想与公家社会保持距离。不过，指代足利家当主的称呼“室町殿”仍被义持沿用，花之御所被称为上御所，与三条坊门的下御所一样，都是足利家的宅邸。

再来看公家方面的情况，由于执政的北山殿不在了，就需要新的政务主体，这成了后小松天皇让位于其子称光天皇的契机，院政也得以复兴。另一方面，此事露骨地表明两统迭立的协定已完全作废，导致“后南朝”掀起暴动。另外，在公家社会中支撑政治实务的下级职员经历了后圆融院政和义满的“院政”，最后被后小松院政继承，政务处理的主体结构也被公家重新掌握。义满的模式——在公家政权内部，通过“传奏”直接调动公家官僚机构的模式被改变，从义持开始，武家采取了从公家政权外部、通过由武家担当的“传奏”与公家沟通的模式。这样，在重新调整公武职能关系的过程中，义满“院政”的部分遗产被后小松院政继承。

就这样，在后义满时代，公家与武家并存，各自继承了义满的部分遗产，形成了分担政务的体制。天皇制何以超越动荡的南北朝时代而继续存在，其原因正如前文所述，其中大概有大量的偶然因素，同时也是不断变化的事态所需。天皇这样一种机制提供了可供利用的模式与样本，实际上也被人利用且发挥了机能。伴随着具体机能的变化，这个事实在重复与持续的过程中终于成了历史的一部分，不断为天皇制提供存续依据。

终章

南朝的去向——作为物语舞台的历史

后南朝与王权物语

南朝被北朝统一，最后一批廷臣也销声匿迹了。足利义满死后，公家的政务都被天皇家回收，皇位将由持明院统继承——这件事已不言自明，成了京都社会结构的一部分。尽管如此，南朝的痕迹也并未完全消失。中世后期，“南方末裔”仍然不时被人提起，作为旗帜对抗以京都为中心的政治秩序。研究者将其称作“后南朝”。

义满死后，后龟山法皇出走吉野，其间，后小松天皇在应永十九年（1412）让位于躬仁亲王（称光天皇），之后，南朝开始采取明显的行动。新皇趁大觉寺统上皇不在的时候践祚，南北统一的条件被公然废除，对此，旧南朝方的伊势国司北畠满雅在应永二十一年起兵反抗，这是后南朝早期的活动之一。同时，楠木某（应为正成族人）也在大和、河内地方发动叛乱，各地都出现了不稳定的形势，且有扩大的迹象。警觉的幕府一方面与满雅和解，另一方面又与后龟山法皇约定归还其领地，并请求他回朝，试图将叛乱扼杀在萌芽状态中。应永二十三年（1416）九月，后龟山法皇返回京都，事态暂时平静下来，但是，此后也不时出现反幕府势力，且背后总有后南朝的影子，这让幕府头痛不已。

后龟山法皇返回后不久，应永二十三年（1416）十月，在关东，前关东管领上杉氏宪（禅秀）公然反叛镰仓公方足利持

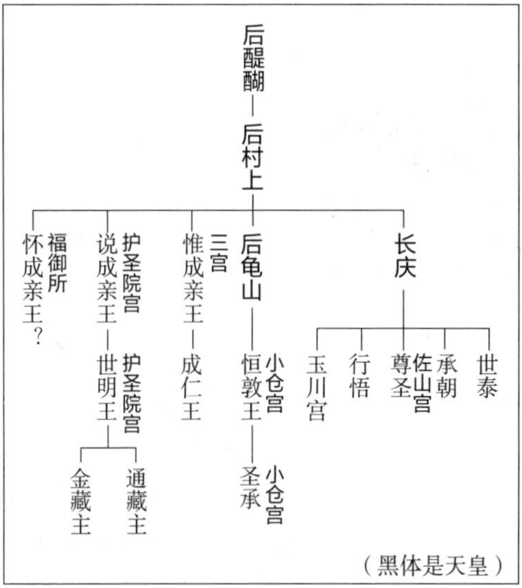

后南朝关系简图

氏（上杉禅秀之乱）。据说此事与后南朝势力有关，义嗣也参与其中。他曾经备受义满宠爱，但在义满突然去世后却遭到排挤。不久，义嗣被捕，随后出家且遭到幽禁，最终被杀害。于是关东之乱得以平定，但在如何处置支持禅秀的武士的问题上，镰仓公方持氏又和幕府产生了嫌隙。应永三十年左右，传来持氏与满雅联手拥戴“南方宫”起兵的消息。

病弱的称光天皇没有皇子，他的弟弟小川宫也暴病而亡，于是持明院统陷入了嫡系断绝的危机。应永末年，武家方的将军义量（义持之子）也英年早逝，前将军义持只好在没有后继

吉野的小仓宫庙所 祭祀住吉大明神的神社后面有圆形古坟（川上村教育委员会提供图片）

将军的情况下领导幕政。公家、武家共同面临着后嗣的问题。在这个时期，后南朝又开始活跃起来。应永三十二年（1425）七月，称光天皇病倒之后，后南朝就皇位问题表达了“御所望”（要求），却未被理睬。正长元年（1428）七月，称光天皇去世，崇光天皇的曾孙伏见宫彦仁王被立为后嗣（后花园天皇）。但是，称光天皇死前，后龟山法皇的孙子小仓宫圣承出走，北畠满雅将他迎入伊势，然后起兵，有消息说他和觊觎幕府将军之座的足利持氏联手，据说还得到了在京都的大名响应。在称光天皇去世半年前，足利义持还未确定后继者就死了，结果他在青莲院出家的弟弟义圆被签抽中，还俗后改名义宣（后又改名为义教），京都政局一度陷入极度的不安。

不久后，永享九年（1437），大觉寺门主义昭（义教之弟）在逃跑时据传曾与后南朝联络，义教去世后，嘉吉三年（1443），又发生了禁阙之变——号称“后鸟羽院后裔”的源尊秀和号称“南方护圣院宫之子”的金藏主、通藏主兄弟，以及日野有光、资亲父子等人闯入皇居，夺走了神剑与神玺。虽然这伙人在逃往比叡山时遭到讨伐，神剑被夺回，但神玺直到十四年后的长禄元年（1457）都掌握在“南方”手里。其间，文安元年（1444）、文安四年（1447），都出现了“南方宫方”在纪伊国举兵的传言。另外，应仁元年（1467）发生应仁之乱时，山名持丰（宗全）率领的西军拥护足利义视，为了与拥护将军足利义政、后土御门天皇和后花园上皇的细川胜元的东军对抗，曾设想推举“南帝”（小仓宫的后裔）。

当然，这些行动号称的“尽忠南朝”，有时也只是抵抗行动的一种宣传口号而已，就连被推举为“南方末裔”的人是不是真货都不好说。但是，为了对抗拥戴天皇和将军的京都政权，后南朝确实经常被拿来当作招牌。为了与现在的中心对抗，需要举起某种旗帜，后南朝之所以被人提起，就是因为它能够成为这种旗帜。也就是说，抵抗行动也形成了相应的规范，抵抗的旗帜逐渐集中在天皇手中。

另一方面，位于政治权力中心的室町幕府也认识到，要想消灭抵抗、主张自身的合法性，天皇的存在非常有用。永享十年（1438）永享之乱时，镰仓公方足利持氏公然反抗幕府，而将军足利义教请求后花园天皇下达纶旨，将持氏定性为“朝敌”，赋予追讨行动正当性。嘉吉元年（1441），义教被赤松满祐谋杀，将军之位空缺（嘉吉之乱），管领细川持之也被授予了追讨满祐的纶旨。上述两种情况中，幕府都在后南朝的阴云笼罩之时，为维持凝聚力而向天皇寻求能够赋予政治行动意义和名分的物语。

就这样，人们共享以天皇为中心的物语及其宏伟结构，历史也以其为中心展开。在这里，以“南朝对北朝”为对抗轴，将人与人的争斗变成“天皇与天皇之争”，并借此获得大义名分——这种《太平记》中的世界观被不断再现，逐渐形成历史。南朝的残影作为一种未然的可能性，始终萦绕在拥戴北朝的现有体制背后，作为一面镜子，反映出其存在。

因为“王权”这个词常被用来表达多重含义，所以有招致误会和曲解的危险。但是，当人们想要表现拥有各种物语的天皇的政治作用时，“王权”一词的确极具吸引力。不同的人从不同的角度，带着不同的动机靠近、集中、支撑着王权，这才是存在于世人之间的“正统王权”的形态。

我们的物语

若要用一句话来概括 14 世纪的历史进程，可以说它是一个“历史”成为众人的活动舞台，并逐渐被承认为“正统”的过程。人们参与到历史当中，而其参与方式形成了固定的礼仪规范，为记述、联系起发生在这个舞台上的各种事件提供了形式与素材。就这样，各人的行为赋予彼此意义，其总和创造出历史。不断积累的历史，总是被人从当下的视角回顾，被认识为一种归结于现存世界的物语，作为前提条件影响着人们的生活。就像看不出接缝的纺织品一样，在不断重复当中，一点点改变着质地与纹样，保持着连续性，记录着世界。

只要这样思考，就能明显看出后醍醐的特殊性——他试图切断历史，从历史时间的外部引入新的结构。对后醍醐来说，世界的存在方式有“正确”和“错误”之分，他从连续性的外部设想了一种准则，并试图以此批判现有世界的存在方式。这种准则和现有的存在方式对抗，为人们的行动提供了大义名分。与之相对，对足利义满来说，世界就是“现有的”世界，其存续基础恰恰在于“一直都存在”，也即连续性，“正统性”也体现于其中。义满所继承的各种物语都表现出这种连续性：从镰仓幕府继承的武家物语、王朝物语（“寻百王坠绪”）、从中国引进的物语（“日本国王源道义”），甚至连足利氏的对手——后醍醐的物语都没有被排斥，而是被不断积累的历史所吸收。

另外，也有学者关注义满和《平家物语》的关系。《平家物语》讲述源平的兴亡，也为《太平记》提供了许多故事素材。中世时有被称作“平家说书人”的艺人向民众讲述《平家物语》。兵藤裕己指出，就在源氏长者的地位从久我家转向足利家的同一时期，义满也从与久我家同属村上源氏中院流的三条坊门家继承了相当于“平家说书人”的管理者——本所的地位（《〈平家物语〉的历史与艺能》）。可以想象，或许义满意识到了物语与历史可能拥有的政治作用。

政治与历史不可分。或许正因为明白这点，义满才采取了慎重的态度，想要回避和南朝方进行决定性的对抗。公家武家所承载的种种物语，后醍醐“异形”的、甚至触及“边缘人”的构想，都被编入历史的织锦，而义满则不断从中提取物语的素材，获取政治资源。他从具体的历史积累而不是抽象的理念中发现了政治作用与可能性。这对义满来说是强有力的政治武器，但也成了他和后继者的制约。

足利氏及其拥戴的北朝并不具备否定南朝的对抗性教义。这是支撑足利氏政权和北朝的物语的结构性特点，也正因如此，南朝并没有被明确排除在物语之外，而是沉潜下来，成了一种边缘性的传说。后南朝也并未迎来明确的终点，而是作为未然的可能性始终延续。

其实近世时，将南朝奉为“正统”的观点十分常见。其中的代表就是德川光圀下令编纂的《大日本史》。关于这点，常见的解释是，因为德川氏将自己的宗谱与新田旁系得川氏联系在了一起，所以想要正当化新田氏的立场，把德川政权的建立说成是新田氏遗德的体现（比如兵藤裕己的《解读〈太平记〉的可能性》）。三河的松平氏原本姓贺茂——这种说法很有说服力，但是松平氏之所以自称清和源氏后裔并改名“德川”，背后或许存在这样一种物语意识，即认为源氏和平氏交替守护国家。足利氏和新田氏争夺源氏正统，而平姓的织田信长承袭了源姓足利氏的霸业，源姓德川氏又继承了织田信长的事业。德川政权的物语就是在这种双重关系的基础上形成的。

而支撑这种物语的，是世人所共享并共同讲述的对世界结构的认识。若尾政希将近世的政治社会称作“解读《太平记》的体制”（《解读〈太平记〉的时代》），而不是“《太平记》的体制”，这种差别包含着深意。流传甚广的并非《太平记》的原文，而是各种人在各种场合的朗读和讲解，正是这种“解读《太平记》”的活动塑造了世人对世界来源的共同理解。而这种理解又被纳入众人对现存体制的认识中，形成一种常识，不断被重新创造，建立起政治工作的基础。

那么，近代日本又是如何继承这些不同版本的物语的呢？明治历史学继承了律令国家作为正史编纂的《日本书纪》等“六国史”，以编写、叙述正统的历史为己任，其第一步就是重新审视从《太平记》到《大日本史》的物语群（关幸彦《天皇之国的历史学》）。对《太平记》中记载的各种逸闻，历史学家通过对比文书、日记等一级史料，首先确定叙述上的真伪，然后检讨事实上的错误和年份、日期及登场人物的名字、官位、宗谱上的出入，逐渐修正对历史事实的认识。正如序章所述，日本的实证主义史学就是这样发展起来的。

另一方面，在明治日本，“国体”的主轴——天皇的正统性和“万世一系”的连续性密不可分，作为物语的历史构想本身就具有政治性，因为它和人们对社会的来历、结构的认识相关。典型的例子就是曾经撼动整个历史学界的“南北朝正闰问题”：明治四十四年（1911），围绕着小学教育所用的国定教科书，出现了应该将南朝还是北朝记述为正统的问题。这个问题被政治化，在议会内外都引起了争论，最后，政府继承了《大日本史》的记述，以明治天皇敕定的形式确定南朝为正统，对平等记述南北朝的教科书作者之一——文部省教科书编修官喜田贞吉做了停职处分，教科书中的“南北朝时代”也被改称为“吉野朝时代”，以南朝的主要所在地吉野命名。这件事经常被定性为政治干预学问，历史学败于政治，此后，学院派历史学就开始避免与创造出物语的机制对抗，并退出了以“正统物语”为核心的政治性争论。

当然，在那之后，随着欧洲近代文明及思想的引入，出现了各种从正面对抗天皇物语的其他物语。特别是在第二次世界大战之后，已经很少有人从正面宣扬天皇的物语。在历史学内部，人们以唯物史观来解释历史、描述未来的图景。而在政治场所，人们也尝试暂时撇开来历的问题，以“宪法”的言论来阐释社会结构。然而，不管哪种物语，都没有成为公认的、讲述人与社会结构的正统性言论。对许多人来说，他们生活其中的地方社会似乎并未得到根本上的重新审视，而是维持了原样。

到了现代，一直以来束缚着人们的各种物语的虚构性被揭露，最近，常有人说全民共有的“大物语”已经消失了。但另一方面，论坛上还有人在提倡复兴“国民的物语”，巷间也仍有人在寻访与创造物语的机制有关的地方物语。在其他方面，我们也始终面临着一个严厉的拷问：应该如何面对拥有不同物语的人？

我们绝不可能生活在与物语隔绝的世界中。今后，我们将走向何方？所谓的当下，是历史暂时的结果，而生活在当下的我们，又该如何接受继承自前代的物语？是继承这个物语，还是继承那个物语？这与生活在现代的我们如何看待世界有关，而这些决定，正是我们需要不断面对的课题。

附　录

年表

公历	年号	天皇	院政	将军	日本	世界
1317	文保元年	花园	后伏见	守邦王（—1333）	四月，幕府促使持明院统与大觉寺统和谈，未能成功（文保和谈）。	
1318	文保二年	后醍醐	后宇多（—1321）		二月，后醍醐天皇践祚。	
1321	元亨元年				十二月，后宇多法皇停止院政，后醍醐天皇开始亲政。朝廷恢复记录所，废除诸所新关。	
1322	元亨二年				二月，后醍醐天皇命造酒司向洛中地区酒屋征税。同时免除洛中神人的各社课税，并命其提交供御人名册。	
1323	元亨三年				六月，后醍醐天皇任命日野俊基为藏人。	
1324	正中元年				九月，因土岐赖员告密，六波罗察觉后醍醐天皇的倒幕计划，讨伐土岐赖有，抓捕日野资朝与日野俊基（正中之变）。	
1327	嘉历二年				十二月，尊云法亲王（后为护良亲王）成为天台座主。	
1330	元德二年				二月，花园上皇赠予皇太子量仁亲王《诫太子书》。 五月，朝廷公定洛中的米价。	

续表

公历	年号	天皇	院政	将军	日本	世界
					六月，朝廷公定洛中的酒价。在二条町开设市场，强行以公定价格售米。 十二月，尊澄法亲王成为天台座主。	
1331	元德三年 元弘元年	光严	后伏见 （—1333）		五月，因吉田定房告密，幕府抓捕日野俊基、文观、圆观（元弘之乱）。 八月，后醍醐天皇携神器进入笠置山。 九月，幕府率大军上洛。楠木正成在河内赤坂举兵。因幕府奏请，光严天皇践祚。笠置山陷落，后醍醐被捕。 十月，后醍醐将神器移交给光严天皇。	
1332	正庆元年 元弘二年				三月，幕府流放后醍醐天皇于隐岐，流放尊良亲王于土佐，流放尊澄法亲王于赞岐。 六月，幕府斩杀日野资朝、日野俊基、北畠具行。尊云法亲王向诸国发布令旨。 十一月，尊云法亲王还俗，称护良亲王，于吉野举兵。楠木正成占据河内千早城。	
1333	正庆二年 元弘三年	后醍醐			一月，赤松则村于播磨国举兵，自镰仓率大军进京。	

续表

公历	年号	天皇	院政	将军	日本	世界
					二月，幕府军攻陷赤坂城。随即包围千早城。 闰二月，长门探题攻打伊豫，败于土居氏、忽那氏。后醍醐逃离隐岐，投靠伯耆的名和长年。 三月，赤松则村攻打六波罗。菊池武时攻打镇西探题，不敌阵亡。 四月，足利高氏投向后醍醐一方，向诸国武士发出檄文。 五月，六波罗陷落。后醍醐宣布在自己迁往笠置之后的所有任官无效，废光严天皇,废除正庆年号。新田义贞攻陷镰仓。镇西探题灭亡。 六月，后醍醐回京，承认公家、寺社领地。任命护良亲王为征夷大将军。后醍醐宣布所有领地的承认都依据纶旨实行。恢复记录所。承认除北条高时及其党羽以外的所有领地。 九月，设杂诉决断所。	

续表

公历	年号	天皇	院政	将军	日本	世界
					十月，北畠亲房、北畠显家随义良亲王前往陆奥。 十二月，足利直义随成良亲王前往镰仓。同年年末，北条氏残党开始在各地叛乱。	
1334	建武元年				一月，为营造大内里，朝廷计划发行纸币、征收正税及其下各税的二十分之一。 三月，颁布发行乾坤通宝的诏书。 五月，废除诸国的一宫、二宫本家和领家职。规定决断所的十项诉讼手续法。 八月，《二条河原落书》出现。 十月，为征收二十分之一税，要求领主申报各领地的田地数。 十一月，护良亲王被流放镰仓。	
1335	建武二年				六月，西园寺公宗与北条泰家串通，企图谋反。 七月，北条时行在信浓举兵，进攻镰仓（中先代之乱）。足利直义杀死护良亲王后向西逃亡。	

续表

公历	年号		天皇		院政	将军	日本	世界
							八月，足利尊氏出兵讨伐北条时行，夺回镰仓。 十月，足利尊氏拒绝后醍醐的召还令，在幕府遗址建邸。 十一月，后醍醐命新田义贞讨伐足利尊氏。 十二月，足利军在箱根、竹之下击败新田义贞军后西上。义良亲王、北畠显家接到追讨尊氏的命令，从奥州出发。	
公历	南朝年号	北朝年号	南朝天皇	北朝天皇	北朝院政	足利将军	日本	世界
1336	延元元年	建武三年	后醍醐	光明	光严（—1351）		一月，足利军进京，后醍醐逃入比叡山。新田义贞与北畠显家联军击溃尊氏军，将其驱逐至丹波。 二月，尊氏在摄津打出、丰岛河原败于楠木正成与新田义贞联军，逃向九州。 三月，尊氏于筑前国多多良滨击败菊池武敏。义良亲王、北畠显家回到陆奥国。 四月，尊氏将一色范氏留在九州后东进。	

续表

公历	南朝年号	北朝年号	南朝天皇	北朝天皇	北朝院政	足利将军	日本	世界
							五月，尊氏于摄津凑川击败新田义贞与楠木正成联军。后醍醐逃入比叡山。 六月，尊氏陪伴光严上皇进京。名和长年战死。 八月，因尊氏奏请，光明天皇（北朝）践祚。 九月，后醍醐派怀良亲王前往九州。 十月，新田义贞陪伴恒良亲王、尊良亲王前往越前。后醍醐回京。 十一月，后醍醐将神器移交给光明天皇。制定《建武式目》。 十二月，后醍醐出走吉野，南北朝分裂。	
1337	延元二年	建武四年					三月，越前国金崎城陷落。新田义贞逃亡，恒良亲王被捕，尊良亲王自杀身亡。 十二月，北畠显家拥戴义良亲王，进攻镰仓。	
1338	延元三年	历应元年				尊氏	五月，北畠显家向后醍醐上奏谏言。北畠显家战死于和泉。 闰七月，新田义贞战死于越前藤岛。 八月，北朝任命尊氏为征夷大将军。	

续表

公历	南朝年号	北朝年号	南朝天皇	北朝天皇	北朝院政	足利将军	日本	世界
							九月，义良亲王、宗良亲王、北畠亲房从伊势大凑前往东国。因遭遇海上大风，义良返回伊势，宗良漂流至远江，亲房漂流至常陆。南朝派怀良亲王前往九州。 十一月，北畠亲房试图诱降结城亲朝，且在此后五年间尝试了数十次，但仍以失败告终。	
1339	延元四年	历应二年	后村上				三月，义良亲王回到吉野，成为皇太子。 四月，高师泰、高师冬东进讨伐南军。 八月，后醍醐天皇在吉野驾崩（52），后村上天皇践祚。	
1340	兴国元年	历应三年					一月，南朝委托北畠亲房裁决关东八国。 五月，北朝施行历应杂诉法。 十月，因延历寺僧徒申诉，幕府流放佐佐木高氏和佐佐木秀纲。	
1341	兴国二年	历应四年					三月，盐冶高贞因高师直谗言陷害而被讨伐。 五月，坊间风传南朝前左大臣近卫经忠邀请小山氏、小田氏加入反北畠亲房联盟（藤氏一揆）。	

续表

公历	南朝年号	北朝年号	南朝天皇	北朝天皇	北朝院政	足利将军	日本	世界
							十一月，北畠亲房从常陆小田城迁往关城。	
1342	兴国三年	康永元年					四月，幕府定五山十刹。 五月，怀良亲王抵达萨摩。 九月，土岐赖远遭遇光严上皇的行幸队伍，出言不逊并以箭射车驾。 十二月，土岐赖远被处刑。	
1343	兴国四年	康永二年					八月，结城亲朝在足利尊氏的劝诱下举兵。 十一月，关城陷落，北畠亲房逃回吉野。	
1347	正平二年	贞和三年					十一月，楠木正行分别在住吉、天王寺击败山名时氏、细川显氏。 十二月，怀良亲王进入肥后。	
1348	正平三年	贞和四年		崇光			一月，楠木正行在河内四条畷阵亡。高师直攻陷吉野。后村上逃往贺名生。 十月，北朝崇光天皇践祚。	
1349	正平四年	贞和五年					四月，足利直冬成为长门探题，前往备后。 六月，四条河原举行桥劝进田乐，尊氏等人观赏。因观览台倒塌，死伤者甚众。	四月，琉球中山王西威去世。

续表

公历	南朝年号	北朝年号	南朝天皇	北朝天皇	北朝院政	足利将军	日本	世界
							闰六月，因与足利直义不和，高师直被免除执事的职务。 八月，因高师直强烈请求，尊氏禁止直义执政，并处死上杉重能、畠山直宗。 九月，尊氏任命足利基氏为镰仓公方。尊氏决定追讨直冬。直冬逃往九州。 十二月，直义出家。	
1350	正平五年	观应元年					十月，直义逃离京都。尊氏为追讨直冬而率高师直等人离京。直义为追讨高师直、高师泰而在诸国募兵（观应之乱）。光严上皇下达追讨直义的院宣。 十二月，直义向南朝提出三条议和条件。南朝允许直义本人归顺。尊氏从备前福冈撤兵。	琉球的浦添按司察度继承王位。同年倭寇开始侵扰高丽沿海。
1351	正平六年	观应二年					一月，桃井直常从北国进京。将尊氏、义诠驱逐至播磨。高师冬遭直义一党攻击，在甲斐自杀。	

续表

公历	南朝年号	北朝年号	南朝天皇	北朝天皇	北朝院政	足利将军	日本	世界
							二月,直义军在摄津打出滨击败尊氏军。尊氏与直义议和。上杉能宪杀死高师直、高师泰。 三月，幕府任命直冬为镇西探题。 五月，两朝的议和交涉因北畠亲房反对而破裂。 七月，尊氏出兵近江，义诠出兵播磨。直义逃往北陆。 九月，梦窗疏石去世（77）。 十月，尊氏投降南朝。南朝下达追讨直义的纶旨。 十一月，尊氏进军关东。南朝废除北朝的天皇、皇太子以及年号（正平一统）。直义进入镰仓。	
1352	正平七年	文和元年		后光严			一月，尊氏进入镰仓，直义投降。 二月，尊氏毒杀直义（47）。 闰二月，宗良亲王将新田义宗、新田义兴、上杉宪显等人和尊氏逐出镰仓。南军将义诠逐至近江，绑架了三位上皇。正平一统被打破。	

续表

公历	南朝年号	北朝年号	南朝天皇	北朝天皇	北朝院政	足利将军	日本	世界
							三月，尊氏夺回镰仓，义诠夺回京都。 八月，北朝后光严天皇践祚。 十一月，直冬从九州逃往长门，投降南朝。	
1353	正平八年	文和二年					六月，山名时氏、楠木正仪闯进京都。义诠拥戴后光严天皇，逃向美浓小岛。 七月，义诠光复京都。 九月，尊氏从镰仓进京。	
1354	正平九年	文和三年					四月，北畠亲房去世（62）。 十月，后村上天皇从贺名生迁至河内国金刚寺。义诠为讨伐直冬出兵播磨。 十二月，直冬与桃井直常等人逼近京都。尊氏陪伴后光严天皇逃至近江国武佐寺。	
1355	正平十年	文和四年					一月，桃井直常在直冬、山名时氏之后进京。 三月，尊氏光复京都。 十月，怀良亲王进入博多，一色范氏逃往长门。	六月，朱元璋在和州举兵。
1356	正平十一年	延文元年					一月，越前的波斯高经回归幕府。 三月，二条良基编纂《菟玖波集》。	六月，高丽停止使用元朝年号“至正”。

续表

公历	南朝年号	北朝年号	南朝天皇	北朝天皇	北朝院政	足利将军	日本	世界
							十一月，《诹访大明神绘词》成书。	
1357	正平十二年	延文二年					二月，光严上皇、崇光上皇与直仁亲皇回到京都。 闰七月，三宝院贤俊圆寂（59）。 十月，文观圆寂（80）。	
1358	正平十三年	延文三年				义诠	四月，足利尊氏去世（54）。 十月，新田义兴在武藏矢口渡被谋杀。 十二月，足利义诠成为征夷大将军。	
1359	正平十四年	延文四年					四月，少贰赖尚投向北朝。二条为定完成《新千载和歌集》。 十一月，关东执事畠山国清率东国军队进京。 十二月，义诠率大军进军南方。后村上天皇从金刚寺迁至河内观心寺。	
1360	正平十五年	延文五年					三月，畠山国清火烧河内金刚寺。 五月，仁木义长背叛幕府。细川清氏等人在河内赤坂城击败楠木正仪。 七月，细川清氏与畠山国清谋划讨伐仁木义长。义长逃离京都，投降南朝。	五月，元朝陈友谅自称皇帝。倭寇袭击高丽的江华岛。

续表

公历	南朝年号	北朝年号	南朝天皇	北朝天皇	北朝院政	足利将军	日本	世界
							八月，国清回到镰仓。	
1361	正平十六年	康安元年					六月，斯波氏经成为九州探题并离京。 八月，菊池武光在筑前击破少贰冬资，迎接怀良亲王进入大宰府。 九月，细川清氏背叛义诠，逃往若狭，次月投降南朝。 十一月，畠山国清背叛足利基氏，从镰仓逃往伊豆。 十二月，细川清氏、楠木正仪等人逼近京都，义诠陪伴后光严天皇逃往近江。随后义诠进京。南军退出京都。	
1362	正平十七年	贞治元年					七月，义诠任命斯波义将为执事（由高经辅佐）。 九月，伊豆国诸城陷落，畠山国清投降。	
1363	正平十八年	贞治二年					春，山阳的大内弘世归顺幕府。 九月，山阴的山名时氏归顺幕府。	
1364	正平十九年	贞治三年					八月，山名时氏上京。此时虎关师炼的《元亨释书》成书。	

续表

公历	南朝年号	北朝年号	南朝天皇	北朝天皇	北朝院政	足利将军	日本	世界
1365	正平二十年	贞治四年					二月，义诠迁至三条坊门万里小路的新府邸。 八月，出现两朝讲和的传言。涩川义行成为九州探题并离京。	
1366	正平二十一年	贞治五年					八月，斯波高经、斯波义将父子失势，逃往越前国。	
1367	正平二十二年	贞治六年					四月，镰仓公方足利基氏去世（28）。南朝提出议和，被幕府拒绝。 五月，足利氏满成为镰仓公方。 十一月，义诠将政务交给足利义满，任命细川赖之为管领。 十二月，义诠去世（38）。	
1368	正平二十三年	应安元年	长庆			义满	三月，南朝长庆天皇践祚。 六月，幕府追认在除皇室领、寺社领、殿下渡领之外的诸国本所领实施半济（应安半济令）。 十二月，义满成为征夷大将军。	一月，朱元璋即位为明朝皇帝。

续表

公历	南朝年号	北朝年号	南朝天皇	北朝天皇	北朝院政	足利将军	日本	世界
1369	正平二十四年	应安二年					一月，楠木正仪投降幕府。 二月，南朝良成亲王成为四国大将，前往伊豫。 四月，桃井直常在越中举兵，攻打能登。	倭寇袭击明朝沿海。明洪武帝要求怀良亲王清剿倭寇，并命令高丽防备倭寇。
1370	建德元年	应安三年					六月，今川了俊补任为九州探题。 十二月，细川赖之计划讨伐土岐赖康。赖康回到尾张。	明使赵秩来到大宰府。 倭寇袭击明朝沿海。
1371	建德二年	应安四年		后圆融	后光严（—1374）		二月，九州探题今川了俊离开京都。 九月，后光严上皇制定历应杂诉法的追加法规。 十二月，今川了俊渡海进入门司。《太平记》此时成书（？）。	怀良亲王听取赵秩的建议，向明朝派遣僧人祖来。明朝册封怀良亲王为“日本国王”。
1372	文中元年	应安五年					八月，今川了俊与弟弟今川仲秋攻占大宰府，将怀良亲王驱逐至筑后高良山。	五月，明使仲猷祖阐、无逸克勤抵达博多，被今川了俊扣留。 十二月，琉球国中山王察度向明朝进贡。

续表

公历	南朝年号	北朝年号	南朝天皇	北朝天皇	北朝院政	足利将军	日本	世界
1373	文中二年	应安六年					八月，兴福寺僧众将前关白二条良基从藤原氏除籍。楠木正仪、细川氏春攻占河内天野行宫。长庆天皇从天野回到吉野。佐佐木导誉去世（78）。 十月，幕府定镰仓五山。 十一月，北朝因南都强诉而流放赤松性准、范显。义满成为公卿（参议、左中将）。	六月，明使上京。 八月，义满命闻溪良宣与明使一同归国，并遣返倭寇俘虏一百五十人。
1374	文中三年	应安七年					四月，“《太平记》作者”小岛法师圆寂。冬，南朝宗良亲王从信浓返回吉野。	六月，义满的使僧被拒绝入明。
1375	天授元年	永和元年					八月，桥本正督归顺幕府，从和泉攻入纪伊。今川了俊在肥后水岛之阵诱杀少贰冬资。岛津氏久投降南朝。冬，大内义弘在丰后国渡海，进攻南朝。此时《异制庭训往来》成书。	高丽使者罗兴儒到访，请求取缔倭寇。
1376	天授二年	永和二年					八月，幕府义满之弟满诠进军九州，决定讨伐岛津氏久、岛津伊久。命今川了俊兼任大隅、萨摩守护。此时《增镜》成书。	春，绝海中津从明朝归国。

续表

公历	南朝年号	北朝年号	南朝天皇	北朝天皇	北朝院政	足利将军	日本	世界
1377	天授三年	永和三年					六月，越中守护代与国人相争，细川赖之的领地被烧。 八月，守护斯波义将与细川赖之因越中合战反目，洛中哗然。 十月，南九州六十一名国人响应今川了俊，结成一揆，与岛津氏对抗。	高丽使者郑梦周来到博多，请求取缔倭寇。
1378	天授四年	永和四年					三月，义满迁至室町第（花之御所）。 九月，菊池武朝在肥后诧摩原与今川了俊交战。 十二月，纪伊的南军将守护细川业秀驱逐至淡路。义满任命山名义理为纪伊守护、山名氏清为和泉守护，并派其征伐纪伊。	
1379	天授五年	康历元年					二月，义满下令讨伐土岐赖康和京极高秀。 三月，镰仓公方氏满有意叛变，上杉宪春为劝谏而自杀。 闰四月，应诸大名的要求，义满罢免细川赖之的管领职务，令其回到四国（康历政变）。	

续表

公历	南朝年号	北朝年号	南朝天皇	北朝天皇	北朝院政	足利将军	日本	世界
							七月，伊势贞继成为幕府政所执事。此后伊势氏世袭该职。	
1380	天授六年	康历二年					一月，义满升至从一位。	一月，明朝胡惟庸谋反。九月，高丽武将李成桂击败倭寇。同年，怀良亲王和义满的使者都被拒绝入明。
1381	弘和元年	永德元年					十二月，宗良亲王编纂《新叶和歌集》。	日本使僧如瑶入明。洪武帝向日本国王和将军递书，谴责其无礼。
1382	弘和二年	永德二年		后小松	后圆融（—1393）		一月，义满就任左大臣。 闰一月，楠木正仪归顺南朝。	
1383	弘和三年	永德三年	后龟山				一月，义满担任源氏长者和淳和、奖学两院别当。 二月，后圆融上皇重伤正室三条氏，怀疑爱妾按察局与义满私通，企图自杀。 六月，义满成为准三宫。 十月以后，南朝后龟山天皇践祚。	一月，明洪武帝向琉球派遣使者，禁止诸王相争。

续表

公历	南朝年号	北朝年号	南朝天皇	北朝天皇	北朝院政	足利将军	日本	世界
1384	元中元年	至德元年					二月，肥前四十六名松浦党结成一揆。 五月，观阿弥清次去世（52）。 十二月，二条为重编撰《新后拾遗和歌集》。	
1385	元中二年	至德二年					八月，义满参诣奈良春日社。 九月，长庆上皇向高野山奉纳愿文。	九月，一百五十艘倭船袭击高丽咸州与洪原。李成桂破之。
1386	元中三年	至德三年					五月，小山义正的遗子若犬丸在祇园城举兵。击败守护代的军队。 七月，义满将南禅寺置于五山之上。氏满出兵下总古河，若犬丸败落。此时《梅松论》成书。	明朝军人林贤的阴谋败露，明洪武帝与日本断交。
1387	元中四年	嘉庆元年					七月，常陆的小田孝朝藏匿若犬丸。上杉朝宗攻打小田城，孝朝逃往同国的男体城。	八月，高丽的郑地提议讨伐对马和壹岐两岛。
1388	元中五年	嘉庆二年					四月，义堂周信去世（64）。 六月，二条良基去世（69）。 九月，义满游览富士山。	七月，春屋妙葩、今川了俊将二百五十名倭寇俘虏送回高丽，并求取《大藏经》。同年，明朝灭亡北元。

续表

公历	南朝年号	北朝年号	南朝天皇	北朝天皇	北朝院政	足利将军	日本	世界
1389	元中六年	康应元年					三月，义满参诣严岛，与细川赖之、今川了俊会谈。 九月，义满参诣高野山。	二月，高丽百艘兵船进攻对马，烧毁船和房屋，夺回百余名俘虏。 八月，琉球国中山王察度向高丽进贡，归还倭寇的俘虏。
1390	元中七年	明德元年					三月，义满命令山名氏清、山名满幸在但马讨伐山名时义的遗子山名时熙、山名氏幸。 闰三月，幕府在美浓国讨伐土岐康行。康行逃亡（土岐氏之乱）。土岐赖世成为美浓守护，仁木满长成为伊势守护。 九月，义满参诣越前气比宫。今川了俊在肥后宇土、河尻击败良成亲王和菊池武朝。	
1391	元中八年	明德二年					四月，细川赖之从四国上洛。细川赖元被任命为管领。 九月，义满参诣春日社、东大寺、兴福寺。 十一月，义满以强占仙洞领地的罪名将山名满幸逐出京都，满幸游说叔父氏清谋反。	

续表

公历	南朝年号	北朝年号	南朝天皇	北朝天皇	北朝院政	足利将军	日本	世界
							十二月，山名满幸、山名氏清在内野被幕府军击败。氏清战死（48）（明德之乱）。 同年，陆奥、出羽被置于镰仓府的管辖之下。	
1392	元中九年	明德三年					一月，除但马、因幡、伯耆外，山名一族的守护国被分配给各氏，大内义弘成为和泉、纪伊守护。 二月，义弘在纪伊讨伐山名义理。 十月，南北两朝达成和解，义弘被派往吉野。 闰十月，后龟山天皇回到京都，将神器移交给后小松天皇（南北朝合一）。	七月，高丽恭让王被废，李成桂继承王位。 十二月，义满向朝鲜递书，发誓禁寇。

公历	年号	天皇	院政	将军	日本	世界
1393	明德四年	后小松	后圆融（—1393）	义满	六月，斯波义将成为管领。 十一月，幕府否定寺社权门对洛中、洛外的土仓和酒屋的扶持，决定征税役。	
1394	应永元年			义持	十二月，义持成为征夷大将军，义满成为太政大臣。	

续表

公历	年号	天皇	院政	将军	日本	世界
1395	应永二年				六月，义满辞去太政大臣职位，出家。 八月，召还九州探题今川了俊。	
1397	应永四年				四月，北山第上梁。	
1399	应永六年				十月，大内义弘背叛幕府。 十二月，和泉堺城陷落，大内义弘战败身亡（44）（应永之乱）。	七月，大内义弘自称百济王后裔，请求朝鲜给予土地。
1400	应永七年				一月，义满以串通大内义弘和足利满兼为由，命令上杉宪定讨伐今川了俊。 四月，世阿弥《花传书》(《风姿花传》)成书。 七月，今川了俊投降。	
1401	应永八年				二月，义满在北山第举行沙汰始。	五月，义满派肥富、祖阿等人前往明朝。同年，义满也向朝鲜派遣使者。
1402	应永九年					八月，遣明使祖阿归国，明使来朝。 九月，义满在北山第会见明朝使者。

续表

公历	年号	天皇	院政	将军	日本	世界
1408	应永十五年				五月，足利义满去世（51）。	十二月，足利义持告知明朝义满死讯，被册封为日本国王。
1409	应永十六年				十月，足利义持从北山第迁至三条坊门第。	
1411	应永十八年					九月，义持与明朝断交。
1412	应永十九年	称光	后小松（—1433）		九月，后小松上皇让位于称光天皇，行院政。	
1415	应永二十二年				四月，幕府为讨伐前一年开始叛乱的伊势北畠满雅而出兵。 五月，上杉氏宪（禅秀）辞去关东管领。	
1416	应永二十三年				十月，上杉氏宪、足利满隆等人袭击足利持氏府邸。持氏退往箱根方向（上杉禅秀之乱）。 十一月，幕府幽禁足利义嗣。	
1417	应永二十四年				一月，氏宪等人被幕府军击败。	
1418	应永二十五年				一月，幕府杀死足利义嗣。	
1423	应永三十年			义量（—1425）	三月，义持让将军位于义量。 八月，幕府认为足利持氏有异心，计划征讨。	

续表

公历	年号	天皇	院政	将军	日本	世界
					十一月，持氏向京都递交表示忠诚的誓约书。	
1425	应永三十二年				二月，将军义量去世（19）。	
1428	正长元年	后花园			一月，前将军义持去世（43）。天台座主义圆成为继承人（还俗后改名义宣，后又改名义教）。	
					八月，伊势国司北畠满雅拥戴小仓宫举兵。	
1438	永享十年			义教（1429—）	八月，上杉宪实与持氏不和。回到本国上野。随后，幕府起兵讨伐持氏（永享之乱）。	
1441	嘉吉元年				三月，岛津忠国攻击大觉寺义昭，迫其在日向自杀。	
					六月，赤松满祐杀死将军足利义教（嘉吉之乱）。	
1443	嘉吉三年			义胜（1442—）	九月，南朝皇嗣尊秀王与日野有光等人闯入宫中，夺走神玺与宝剑，据守延历寺。延历寺僧徒攻打并杀死二人（禁阙之变）。	
1457	长禄元年				十二月，赤松遗臣讨伐南朝皇嗣，夺回神玺（长禄之变）。	

参考文献

（为方便读者检索，本书对原书参考文献各条目均予保留，作者名、书名、论文名、刊物名及出版社名等均按原文照录。）

主要史料　史料集

後藤丹治·釜田喜三郎·岡見正雄校注『太平記』一～三（日本古典文学大系 34 ～ 36）（岩波書店）

東京大学史料編纂所編『大日本史料』第六·七編（東京大学出版会）

佐藤進一他編『中世政治社会思想』上·下（日本思想大系 21·22）（岩波書店）

菅政友編「南山皇胤譜」『菅政友全集』（国書刊行会）

村田正志編『風塵録』（村田正志著作集 7）（思文閣出版）

村田正志校訂『花園天皇宸記』第一～第三（史料纂集　続群書類従完成会）

矢代和夫·加美宏校註『梅松論·源威集』（新撰日本古典文庫 3）（現代思潮社）

本卷涉及时代相关史料

網野善彦編『シンポジウム日本歴史 8　南北朝の内乱』(学生社、一九七四年)
佐藤進一『南北朝の動乱』(中央公論社、一九六五年)
佐藤進一『日本の中世国家』(岩波書店、一九八三年)
佐藤進一『日本中世史論集』(岩波書店、一九九〇年)
佐藤進一·網野善彦·笠松宏至『日本中世史を見直す』(悠思社、一九九四年)
田中義成『南北朝時代史』(講談社学術文庫、一九七九年。原著一九二二年)
田中義成『足利時代史』(講談社学術文庫、一九七九年。原著一九二三年)
永原慶二編『南北朝内乱と室町幕府』上·下(日本歴史大系 5·6)(山川出版社、一九九六年)
森茂暁『南北朝期公武関係史の研究』(文献出版、一九八四年)
森茂暁『太平記の群像』(角川書店、一九九一年)
『岩波講座日本通史 9　中世 3』(岩波書店、一九九四年)

序章

長谷川端他編『太平記の成立』(汲古書院、一九九八年)
兵藤裕己『太平記〈よみ〉の可能性』(講談社、一九九五年)
若尾政希『「太平記読み」の時代』(平凡社、一九九九年)
大隅和雄『中世　歴史と文学のあいだ』(吉川弘文館、一九九三年)

第一章

網野善彦『中世再考　列島の地域と社会』（日本エディタースクール出版部、一九八六年）

海津一朗『中世の変革と徳政』（吉川弘文館、一九九四年）

海津一朗『神風と悪党の世紀』（講談社現代新書、一九九五年）

笠松宏至『日本中世法史論』（東京大学出版会、一九七九年）

笠松宏至『徳政令』（岩波新書、一九八三年）

小泉宜右『悪党』（教育社歴史新書、一九八一年）

新田一郎『日本中世の社会と法』（東京大学出版会、一九九五年）

古澤直人『鎌倉幕府の法と裁判』笠松宏至編『中世を考える　法と訴訟』（吉川弘文館、一九九二年）

森茂暁『鎌倉時代の朝幕関係』（思文閣出版、一九九一年）

第二章

網野善彦『異形の王権』（平凡社、一九八六年）

筧雅博「中世王権の周辺をめぐって」『思想』八九三号（一九九八年）

上川通夫「中世の即位儀礼と仏教」『日本史研究』三〇〇号（一九八七年）

黒田日出男『王の身体　王の肖像』（平凡社、一九九三年）

田島公「延喜・天暦の『聖代』観」『岩波講座日本通史5　古代4』（岩波書店、一九九五年）

細川重男『鎌倉政権得宗専制論』（吉川弘文館、二〇〇〇年）

本郷和人「西園寺氏再考」『日本歴史』六三四号（二〇〇一年）

本郷恵子『中世公家政権の研究』（東京大学出版会、一九九八年）

百瀬今朝雄『弘安書札礼の研究』（東京大学出版会、二〇〇〇年）

森茂暁『皇子たちの南北朝』（中公新書、一九八八年）

森茂暁『後醍醐天皇』（中公新書、二〇〇〇年）

吉井功兒『建武政権期の国司と守護』（近代文藝社、一九九三年）

Andrew E. Goble, *Kenmu : Go-Daigo's Revolution*, Harvard University Press, 1996

第三章

加地宏江『中世歴史叙述の展開』（吉川弘文館、一九九九年）

高柳光寿『足利尊氏』（春秋社、一九六六年）

玉懸博之『日本中世思想史研究』（ぺりかん社、一九九八年）

西村恵信『夢中問答』（日本放送出版協会、一九八九年）

平田俊春『神皇正統記の基礎的研究』（雄山閣出版、一九七九年）

第四章

網野善彦『日本中世の非農業民と天皇』（岩波書店、一九八四年）

石井良助『中世武家不動産訴訟法の研究』（弘文堂、一九三八年）

井上宗雄『中世歌壇史の研究　南北朝期（改訂新版）』（明治書院、一九八七年）

小川剛生「『園太暦』と北朝の重臣たち」五味文彦編『日記に中世を読む』（吉川弘文館、一九九八年）

小川信『足利一門守護発展史の研究』（吉川弘文館、一九八〇年）

小木喬『新葉和歌集　本文と研究』（笠間書院、一九八四年）

海保嶺夫『エゾの歴史』（講談社、一九九六年）

高橋慎一朗『中世の都市と武士』（吉川弘文館、一九九六年）

村井章介『国境を超えて』（校倉書房、一九九七年）

村井章介『中世日本の内と外』（筑摩書房、一九九九年）

森茂暁『佐々木導誉』（吉川弘文館、一九九四年）

第五章

伊藤正敏『中世の寺社勢力と境内都市』（吉川弘文館、一九九九年）
桜井英治『日本中世の経済構造』（岩波書店、一九九六年）
田中克行『中世の惣村と文書』（山川出版社、一九九八年）
段木一行「中世東国の農事暦に関する一考察」芥川龍男編『日本中世の史的展開』（文献出版、一九九七年）
中島圭一「日本の中世貨幣と国家」歴史学研究会編『越境する貨幣』（青木書店、一九九九年）
新田一郎「『虚言ヲ仰ラル、神』」『列島の文化史』六号（一九八九年）
新田一郎『相撲の歴史』（山川出版社、一九九四年）
新田英治「中世後期、東西両地域間の所領相博に関する一考察」『学習院史学』三七号（一九九九年）
二木謙一『中世武家儀礼の研究』（吉川弘文館、一九八五年）
義江彰夫『神仏習合』（岩波新書、一九九六年）
Michael T. Clanchy, *From Memory to Written Record*, Harvard University Press, 1979
Thomas Keirstead, 'The Theater of Protest', *Journal of Japanese Studies*, Vol.16 No.2, 1990

第六章

家永遵嗣『室町幕府将軍権力の研究』（東京大学文学部日本史学研究室、一九九五年）
今谷明『室町の王権』（中公新書、一九九〇年）

今谷明『天皇家はなぜ続いたか』(新人物往来社、一九九一年)
臼井信義『足利義満』(吉川弘文館、一九六〇年)
富田正弘「室町殿と天皇」『日本史研究』三一九号(一九八九年)
ブルース・バートン『日本の「境界」』(青木書店、二〇〇〇年)
村井章介『アジアのなかの中世日本』(校倉書房、一九八八年)
村井章介「徳政としての応安半済令」安田元久先生退任記念論集刊行委員会編『中世日本の諸相』下(吉川弘文館、一九八九年)
森茂暁『闇の歴史、後南朝』(角川書店、一九九七年)

終章

後南朝史研究会編『後南朝史研究』(新樹社、一九五六年)
関幸彦『ミカドの国の歴史学』(新人物往来社、一九九四年)
兵藤裕己『平家物語の歴史と芸能』(吉川弘文館、二〇〇〇年)

出版说明

“讲谈社·日本的历史”是日本讲谈社出版的日本通史系列丛书，由日本史学家网野善彦领衔撰写，邀请各领域的一流学者，讲述日本从旧石器时代到平成年间的历史，共二十六卷。

在日本出版界，各大出版社都曾在不同时期出版过日本通史系列。“讲谈社·日本的历史”问世前，中央公论社于1965年至1967年出版的“日本的历史”系列二十六卷本，是日本通史系列丛书中的权威作品。对于这些日本通史读物，文艺评论家三浦雅士曾指出，若以时间为基轴阅读，即可窥见历史观随时代迁移呈现出的变化。中央公论社的“日本的历史”代表着战后二三十年的研究结晶，“讲谈社·日本的历史”呈现的则是直至当代的研究动向，在承袭前人的基础之上，还有新时代独有的创新之处，兼具权威性与前沿性。

整体而言，该丛书呈现了日本历史发展的主要脉络，也涉及各个时期的学术性问题和专题性问题。考虑到完全引进的工程量与中国市场的实际情况以及中国读者的阅读偏好，此次出版的中文版主要选择呈现历史脉络的卷册，剔除了部分学术性或专题性较强的卷册。选取的十卷本既呈现了日本学者从内部看待自身的独特切入点，涉及的内容亦包罗万象，读者可从中获得对特定时代的全景式了解。

因编者和译者能力有限，本书难免出现各种错误，敬请广大读者提出指正。

图书在版编目（CIP）数据

《太平记》的时代：南北朝时代－室町时代 /（日）新田一郎著；钟放译．-- 上海：文汇出版社，2021.5
（讲谈社·日本的历史）
ISBN 978-7-5496-3446-0

Ⅰ．①太… Ⅱ．①新… ②钟… Ⅲ．①日本－中世纪史－南北朝时代（日本）－室町时代 Ⅳ．① K313.3

中国版本图书馆 CIP 数据核字 (2021) 第 030653 号

《太平记》的时代：南北朝时代－室町时代

作　　者／〔日〕新田一郎
译　　者／钟　放
责任编辑／苏　菲
特邀编辑／高　云　刘　早
装帧设计／尚燕平
内文制作／张　典
出　　版／文匯出版社
上海市威海路 755 号
（邮政编码 200041）
发　　行／新经典发行有限公司
电　　话／010-68423599　邮　　箱／editor@readinglife.com
印刷装订／山东韵杰文化科技有限公司
版　　次／2021 年 5 月第 1 版
印　　次／2021 年 5 月第 1 次印刷
开　　本／787×1092 1/32
字　　数／209 千
印　　张／11

ISBN 978-7-5496-3446-0
定　　价／78.00 元

敬启读者，如发现本书有印装质量问题，请与发行方联系。

《NIHON NO REKISHI 11 TAIHEIKI NO JIDAI》
© Ichiro Nitta 2009
All rights reserved.
Original Japanese edition published by KODANSHA LTD.
Publication rights for Simplified Chinese character edition arranged with KODANSHA LTD. through KODANSHA BEIJING CULTURE LTD. Beijing, China.
本书由日本讲谈社正式授权，版权所有，未经书面同意，不得以任何方式作全面或局部翻印、仿制或转载。

Simplified Chinese language edition ©2021 by Thinkingdom Media Group LTD.

版权登记图字 09-2021-0098